GET BETTER FASTER

A 90-Day Plan for Coaching New Teachers

新教师90天培训计划

如何更快地
变得更好

[美] 保罗·班布里克-桑托约 Paul Bambrick-Santoyo　著

中国青年出版社
CHINA YOUTH PRESS

图书在版编目（CIP）数据

如何更快地变得更好：新教师90天培训计划/（美）保罗·班布里克-桑托约著；
彭相珍译.—北京：中国青年出版社，2022.9
书名原文：Get Better Faster: A 90-Day Plan for Coaching New Teachers
ISBN 978-7-5153-6582-4
Ⅰ.①如… Ⅱ.①保… ②彭… Ⅲ.①教师培训－研究 Ⅳ.①G451.2
中国版本图书馆 CIP 数据核字（2022）第102182号

如何更快地变得更好：新教师90天培训计划

作　　者：（美）保罗·班布里克-桑托约
译　　者：彭相珍
责任编辑：肖妩嫔
文字编辑：周楠楠
美术编辑：杜雨萃
出　　版：中国青年出版社
发　　行：北京中青文文化传媒有限公司
电　　话：010-65511272 / 65516873
公司网址：www.cyb.com.cn
购书网址：zqwts.tmall.com
印　　刷：大厂回族自治县益利印刷有限公司
版　　次：2022年9月第1版
印　　次：2022年9月第1次印刷
开　　本：787×1092　1 / 16
字　　数：290千字
印　　张：21.5
京权图字：01-2019-2527
书　　号：ISBN 978-7-5153-6582-4
定　　价：59.90元

目 录 / contents

序言

　　如果你是一名教育工作者，你可能还记得在第一年教学工作结束后，你写下了许多新学年的期许和策略，等着在下个学年一展身手。第二年的教学将与第一年完全不同——你的教学目标会更明确，教学例程也已经形成，各个教学环节之间的衔接无比自然。你知道如何安排教学流程来保持学生的兴趣和恰当的教学节奏，你有能力从源头就减少教学管理问题。

　　经过第一年的教学工作，你熬过了一切看起来都乱了套的低潮期——在那个时候，你甚至怀疑自己适不适合从事教育职业。同时，你终于摆脱了让你精疲力竭并无比渴望喘息空间的不间断工作模式。现在的你，已经准备好在教育事业中更进一步了！

　　但你能不能在从事教学工作的最初90天里就掌握所有课堂管理技能，并通过教学指令促进学生积极思考和高度参与课堂讨论呢？现在我要告诉你，做到所有这些必须接受专家的指导！在这之后，或许你第一年的教学工作将会大有改变。随之而来的是，你的学生在你第一年的教学工作中将有更多的时间来体验更有效的学习。因为他们的消极怠工、开小差、反应迟钝和注意力不集中等问题几乎都消失不见了。这就是保罗·班布里克-桑托约的这本书能够带给你的。

　　尽管并非所有的新教师都会出现我刚才描述的糟糕情况，但大部分教师会。如果新教师遭遇此类困境，学生和需要留住这些有前途的年轻人的教育行业可能就会付出巨大的代价。我们完全可以防止此类情况的出现。正如保罗在本书第一章中所说的那样："对于一位新教师来说，职业初期的成功不仅决定了他未来的职业走向，还是一个亟待解决的问题。"

这是一本适合教学培训师和新教师的书。虽然我们可以很容易写出一本关于教学例程、学生参与度和课程规划的书，但本书的内容远不止于此。它还是一本培训指南，提供了支持和发展教师的思维和技能的逐步指导，并且按照能够一次性掌握和实践的要求对技能进行了拆分。

因为新教师需要掌握哪些技能才能够实现高效的教学管理已经有可预测的顺序，所以教学培训师们可以合理利用本书提供的培训要领。当接受支持的教师并非毫无经验时，那些为新教师提供支持的管理人员可以将这个培训要领作为一个诊断工具，来判断教学培训应该从哪个地方开始。

本书提供的培训方法巧妙地结合了指导性和非指导性技术，这些技术通常用于培训演员和顶级运动员。保罗在书中重点关注了那些细致、具体、有针对性，并且能够带来巨大变化的行动步骤和反应（将教学技能细节化），提供了与教学培训师一起对这些技能进行直接演练和练习的操作指导（提前规划、认真练习、后续跟进、循环反复）。这些实操演练和反馈（没有学生在场时，以角色扮演的形式进行）是这本成功的"教学指南"最突出的特点。但本书不要求新教师进行死记硬背或照搬照抄，就像训练足球四分卫如何进行预测和调整那样，本书的训练目标是让教师们具备熟练和精准的教学行为和能力。

除此以外，本书通过探究式提问和非指导性方法对教学进行回顾和探讨，为新教师面临的许多具体教学问题提供了可参照的提问和讨论操作范例；通过诸多实际的具体案例展示了实时反馈的操作，提出了一个让学生不能分辨谁是教练、谁是教师的教学模型，使得教学反馈更频繁、更具可操作性。

保罗从不忽视教学内容的精准性，以及教师不断学习如何教授精准教学内容的重要性。之所以将教学精准性要求纳入新教师的经验中,是因为我们默认所有学生都必须达到要求的学术水平。因此,教学培训师们需要学习如何代表学生来定义好的表现和好的工作。同样,他们也要学习如何分发学生作业与分析错误的答案,并将此作为第二天课程的标准准备活动之一。对于刚刚从事教育工作的新教师而言,这个基于价值的学习过程是必不可少的,因为教师们会根据分析结果与教学培训师一起规划针对小部分学生的再次教学,以确保第一次没有掌握教学内容的学生可以再有机会学习。

完成本书的全套教学培训可能需要大量时间,且执行过程极其严格。即便如此,我们也不能不开始行动。不管你有多少时间,构建思维活跃的教学课堂都是新教师必须要学会的事情,也是一个可以实现的目标。教学培训师和教学指导员是新教师的老师。保罗·班布里克–桑托约的专业著作显著提高了教学领导者们以超高的有效性、完整性和决心来充分发挥这一作用的能力。

乔恩·萨菲尔(Jon Saphier)

改善教学研究公司(Research for Better Teaching, Inc)创始人兼总裁,

许多教育书籍,包括《技巧高超的教师》(The Skillful Teacher)的作者

第 一 章

你为什么要打开这本书

"你想用哪个活动来做教学练习？"小学校长尼基·布里奇斯问道。她正在和新教师杰克逊·托宾（Jackson Tobin）讨论两人刚刚联手做出来的课堂活动列表。列表呈现了杰克逊在阅读课上使用次数最频繁的教学指令，以及他希望学生能够给出的回应和行动。虽然列举的行动都很细微，却能够成就或者搞砸阅读课的课堂效果。例如，在听教师发布指令的同时抬头看着教师，或在没有读完的书中做好阅读进度标志等简单的行动。

尼基无法容忍阅读课教学指令，或任何课程的教学指令在发布很久之后，学生才会回应。她管理的学校——海峰领袖预备学校（Leadership Preparatory Ocean Hill）位于纽约州布鲁克林区，并专门为成绩较差的学生提供教育服务。学校92%的学生有资格享受免费或减价午餐（FRLP, Federal Free and Reduced Price Lunch Program①），但大部分学生在进入幼儿园时，从未接受过家庭的阅读训练。然而，尼基在克服这些教育问题方面交出了一份极为漂亮的成绩单：到四年级结束时，海峰领袖预备学校的学生在纽约州的州际数学考试中排名第一；在阅读成绩方面位列前1%。但是仅凭一己之力，尼基也不可能获得如此巨大的成就。要取得如此优异的成绩，就需要确保学校里的每一位老师都能够充分发挥各自的力量和长处。

这就是为什么我们会提到杰克逊的原因。此刻，他对着尼基刚提到的教

---

① 是美国一项针对贫困地区或学生的助学计划。——译者注

学指令和学生回应列表皱起了眉头，"天呐，"他脸上带着沮丧的笑容说，"我觉得自己需要练习所有这些教学指令。"杰克逊才刚走上教学岗位，教学的时间尚不足一个月。作为一名二年级的新教师，尽管他全身心投入了教学工作并渴望学习和成长，却依然感到有些焦虑不安。跟其他老师一样，杰克逊也希望班上的学生能够在他发出列表上那些简单的教学指令时，迅速而顺利地理解并采取相应的行动；希望所有的学生都做好了学习的准备，并愿意积极主动地配合他的教学。但就像所有的新教师那样，杰克逊也感受到了这个任务的艰巨性和挑战性。

但是当杰克逊演练列表上的第一个教学指令——手指定位时，改变就发生了。尼基找了一个座位坐了下来，开始扮演杰克逊的一名学生。杰克逊站起来，开始进入教师的角色。

手指定位指令要求学生用手指标志自己在页面上的阅读进度，然后将视线从页面上移开，抬头看老师。杰克逊最终对这个指令进行了三次演练。在第一次演练时，尼基建议他在检查所有学生是否正确地进行了手指定位时，说一些简短的正面鼓励或肯定（如"尼基你做对了"）。在第二次演练时，尽管还是有点慌乱，但杰克逊已经能够下意识地主动赞扬尼基的积极响应。事实上，那个时候尼基的眼睛盯在课本上，并没有看向杰克逊老师。但是在第三次演练中，当尼基看向远处而不是遵从杰克逊的指令时，杰克逊能够主动与她进行眼神交流，然后弯下腰指着课本上尼基应该将自己的手指定位的位置，对她示意。这样一来，杰克逊就能够确保尼基全神贯注地专注于课堂学习。

"感觉怎么样？"尼基从学生的角色中抽离出来，问杰克逊。杰克逊咧开嘴笑着说："好多了。"事实显而易见，杰克逊通过这次简单的演习，变成了更好的教师。在他无意识的情况下，他的声音，甚至是姿势，都变得更强势了。他刚刚内化了一种全新的教学技能，等他明天早上回到教室，他就能够立刻运用这个技能。更重要的是，他是在如此短暂的模拟教学演练之后就迅速掌握了这项技能。尼基没有等到教学的年中检查后再来指导杰克逊的教学技能，相反，她选择在杰克逊职业生涯刚刚开始的前几个星期内就与杰克逊进行深入的教学练习。这么做的效果如何呢？在她的指导之下，杰克逊成长的速度远远快于没有进行过类似一对一指导的其他人。

我们很容易就会低估让杰克逊学习和掌握如此具体而细微的教学技巧的影响。教学活动本身是一项庞大而复杂的艺术——在那张阅读课程教学指令清单上，杰克逊还有很多东西要学习。想到这条成长之路的漫长和复杂，杰克逊和尼基可能会感到灰心丧气，从而放弃类似前文的演练，并选择让杰克逊在实际的教学过程中通过试错来学习正确的技巧。或者，尼基可以选择给杰克逊提供一长串措辞含糊不清的反馈，让他立刻行动起来，同时着手解决15个不同的教学问题——它们看起来同样重要，没有哪个可以延后处理。但这样的做法同样危险。即使领导和作为教师的杰克逊都有意提升教学能力，变成更好的教师，但杰克逊很难对所有这些反馈立即作出回应，所以最有可能出现的结果就是，这15个教学层面的需求最终都遭遇失败，无疾而终。

但是尼基和杰克逊的教学演练做法，向我们展示了处理问题的另一种方式：以周为单位，对单项教学技能进行专门的训练。这会让教师更好地发展，使其成长速度远远快于那些没有经历专项训练的老师。杰克逊从事教学工作的第一年，进行了很多类似前文中的教学改进，虽然其自身看起来微不足道，但积沙成山，所有细微的进步累积起来最终就能够产生巨大的影响。到了第二年六月，当杰克逊带的二年级学生即将升入三年级时，所有学生的阅读水平都已经达到甚至超过了应有的水平。从事教学的第二年，杰克逊取得了更大的教学成功，其教学成绩甚至可以与那些经验丰富的老教师们媲美。但如果光凭他自己个人的努力，他可能需要很多年的锤炼才能够达到如此高的水平。如果将杰克逊比成一位小提琴家，即使他现在没有能力开一场音乐独奏会，那他肯定也已经能为其他音乐家的管弦乐队贡献出色的音乐了，因为他已经跻身全国数得上名号的熟练音乐家行列。

　　如上所述，本书就是在阐述学校的领导如何通过教学培训使新教师获得成功，揭示每个新教师都可以在开始教学的几个月内学会和应用的大师级教学实践，深入剖析伟大的领导者用来传授这些教学实践的方法和工具。并且，本书还将展示这些工具的使用方法。

彻底改变教学效果

　　"是什么让你的教学效果变得更好了？"尼基接着问杰克逊，"在刚才的演练中，是什么让你的教学指令变得卓有成效？"一开始，杰克逊关注的重点是，他在尼基没能听从指令的时候采取了哪些具体的措施来重新引导她。他记得自己给出了清晰、明确的指令，也记得自己在尼基没有遵从指令的时候与她进行了直接的眼神接触，让她意识到教学指令同样适用于她。

　　尽管所有这些举动具有至关重要的意义，但尼基最感兴趣的反而是那些更为本质的东西。因为杰克逊刚刚获得的成功需要归功于两个关键的基础性行动：搞清楚自己需要做什么才能够有效地施行手指定位阅读行动；根据这个需求采取相应的行动。

　　想象一下，如果尼基只是简单地要求杰克逊"确保你的学生遵循你的教学指令"的场景。这个教学指令听起来好像很简单且容易操作，实际上却非常抽象。教师到底需要做什么才能够确保学生听从指令？对于一小部分或一大部分对教学指令毫无反应的学生，他们需要采取什么具体的行动，或不能采取哪些行动，才能够确保全体学生听从指令？哪怕是给出了"确保你的学生遵循你的教学指令"这个要求的教学领导，都不一定知道应该做些什么，更不要说刚刚从事教学工作不满一年的新教师了。但是确保所有的学生都将他们的手放在了课本上、将他们的脚都乖乖地踩在了地面上、将他们的小脸蛋抬起来看着老师——这些都是杰克逊这样的新教师可以做到的。杰克逊也的确十分精准地执行了这些指令，并在执行过程中学会了一些他可以并且应该已经掌握的技能。就在这样一间没有学生的空教室里，在放学后短短的时间内，杰克逊就掌握了一项全新的技能。所有这些切实可操作的教学行动的演练，增强了杰克逊引导课堂的能力，给他的学生们带来了一份巨大的惊喜，因为他们不需要苦苦等待自己的老师经过漫长的试错过程才能成长为一名合格或优秀的教师。在第二天重新站上讲台的时候，杰克逊的教学能力就已经得到了显而易见的提升。

正是这种对可操作性，或者说可实践性的关注，让尼基的教学指导工作获得了巨大的成功。

> **核心理念**
> 专注于可操作性，或者说可实践性，能够确保教学指导的成效。

在尼基指导新教师时，她的关注点不仅是激励和启发这些新教师（尽管她也能够完美地做到这一点），还包括如何教授他们一些切实可行的具体教学技能，让他们能够反复练习、不断完善并最终付诸行动。这也能确保她花在引导教学技能发展课程、协助教学规划和观摩课堂教学上的时间可以有所回报。她所花费的所有时间都能够对教师的工作和学生的学习方式产生直观的影响。这是因为她将自己作为教育者的经验和智慧归纳成为具体的技能，确保任何新教师都可以对它们进行逐个练习和完善，并最终熟练掌握。

尼基的做法与传统的教师培训方法看起来大相径庭。正如罗伯特·马扎诺（Robert Marzano）及其同事在《有效的教学监督》（*Effective Supervision*）中指出的那样，绝大多数的教师，每年最多能够得到一次或两次的观摩，而在这些被观摩的教师中，几乎没有几个人得到反馈或改进教学的意见。这说明教师们并没有得到足够的教学指导，大部分教育工作者也几乎没有被要求对那些能够提升教学效果的细微教学技能进行练习。更糟糕的是，大部分教师没能接受专家的监督和指导，也没机会在现场获得教学建议或提升。与足球运动员、演员或医生等职业不同，教师们往往需要通过自己的摸索来成长。哪怕教师群体得到关注和反馈，其形式往往也是一年一度的观摩和好几页的书面反馈——所有这些其实更像是年度教学的评估而不是实际教学的指导。

尼基彻底改变了这种教师培养的模式，因为她的目标不是对教师进行评估，而是帮助他们实现发展。她跟教师们一起投入培训和发展的过程，孜孜不倦地专注于那些能够让教师们获得成功的具体并重要的教学行动。

核心理念

教学引导的目标不是评估教师，而是教师培养和发展。

开展这种微观教学演练的挑战在于，除了将个人的教学经验和智慧细化为具体且有实践价值的教学行为之外，尼基还必须精心设计自己给出的教学反馈，让这种反馈成为环环相扣且能够产生多米诺效应的有效建议。这就意味着每次的教学指导都需要深入训练和研究一个具体的教学技能，且每一项教学技能的演练都建立在已经掌握前一项技能的前提上。这也恰好是尼基的教学指导方法能够获得成功的秘诀。如果在单次教学指导中试图同时培养多种教学技能，多米诺骨牌就会坍塌和断裂，毕竟接受培训的教师没有足够多的时间和精力同时内化如此多的教学技能。这也将导致他们无法收获杰克逊在手指定位阅读技巧训练中所取得的成效。但是如果我们可以在正确的时间教授正确的教学技能，那我们将能够获得成功而稳定的多米诺效应。

这种教学演练活动的短期成效看起来似乎是令人痛苦的缓慢提高。但如果尼基要求杰克逊一次性练习她在清单上列出的所有教学技能，或者如果她试图提供的是一整套完备的教学技能工具包，而不是一个简单有用的教学策略，会出现怎样的结果？那就会像你给某人提供了一大堆不熟悉的工具，令他无从下手一样。而且还可能出现更糟糕的情况——这个人根本就不愿意打开这个工具箱。当然，也可能会有好的情况发生，即这个人最终能够搞清楚如何使用最重要的几样工具——但这个数量可能不多，他学会的速度也不够快，并且对工具使用的理解也比不上你亲自挨个给他介绍那么深刻。

与近年来第一本尝试论证拆分和深度练习单项技能成效的书籍相比，本书的内容大不相同。此类书籍最具代表性的当属丹尼尔·科伊尔（Daniel Coyle）的开创性巨作《一万小时天才理论》（*The Talent Code*）。在这本书中，丹尼尔试图研究从日本到巴西、从田径运动员到宇航员等来自不同地域和领域的专业人士的成功秘诀。他想知道，全球排名前二十的网球运动员，与来自美国达拉斯州的流行歌星以及勃朗特三姐妹（这三位备受推崇的作家都来自一个"贫穷且受教育程度不高的英国家庭"）之间，到底有什么共同之处。

答案就是：才能不是天生的，而是通过反复练习获得的。在莫斯科的斯巴达克网球俱乐部，在挥拍和击球之前，学员们需要花费无数个小时来练习如何将球拍摆到正确的位置。在Septien声乐工作室，歌手们需要花费数年时间逐步完善他们的声乐技巧。十几岁的杰西卡·辛普森（Jessica Simpson）也曾经在此训练了整整两年，仅仅是为了消除声音中的颤音。在英国小镇霍沃斯，年轻的夏洛蒂·勃朗特与自己的姐妹们在一系列被后来学者称为"迷你书"的笔记本上潦草地写下各种虚构故事，她们在无意识地接受高强度的文化创作训练，也因此孕育了《简·爱》的创作灵感。奥林匹克运动员、流行音乐排行榜名列前茅的流行歌星，以及杰出的文学巨匠们之所以获得成功，不是因为他们天生具备所需的才能，而是在变得伟大的路上经受了艰苦、精心的训练。他们一直在一遍又一遍地练习技能中的每个小细节。

尼基在教育领域所取得的成就与科伊尔的书中的运动员和艺术家们所取得的成绩一样引人瞩目，并且她采用的方法也与他们相同。杰克逊练习的方式与那些网球运动员挥动冰冷的球拍进行训练的方式并没有什么不同：杰克逊反复练习能够获得教学成功的一项关键教学技能，直到它深深地融入他的肌肉记忆，成为条件反射。只有这样，等杰克逊再次回到讲台上，他才能够下意识自动地采取同样的教学策略。在从事教学的第一年，杰克逊将不断重复这个演练和学习的过程，直至最终掌握其他几十种教学技能。他刚刚掌握了如何确定学生是否及时响应教学指令的技能，这个技能让他能够在学生进行独立写作的任务时随时查看学生状态，可以让他在学生需要的时候提供即时支持。杰克逊今天学会的技能不仅会立即对他的教学产生积极影响，也会为他铺平作为一名教师的成长道路。更重要的是，这项技能将成为他的本能，持续发挥作用。这才是让这项技能变得强大的原因。

核心理念

伟大的教学领导力不是发现那些已经训练有素的伟大教师，
而是引导新教师成为教学大师。

本书研究的不仅仅是尼基和杰克逊的成功，还包括像他们一样获得了迅速成长的教育者群体的成功。从美国的东海岸到西海岸（以及海外的其他国家和地区），成千上万的教育工作者在培养，而不是发现优秀教师的过程中取得了巨大的成就。你在阅读本书的过程中，将认识和了解到其中的某些人，他们来自以下城市（按照西海岸到东海岸的顺序排列）：

加利福尼亚州圣何塞市；纽约州罗切斯特市；犹他州奥格登市；弗吉尼亚州亚历山大市；科罗拉多州丹佛市；宾夕法尼亚州费城市；得克萨斯州达拉斯市；特拉华州威明顿市；俄克拉荷马州塔尔萨市；新泽西州纽瓦克市；路易斯安那州什里夫波特市；纽约州布鲁克林区和皇后区；路易斯安那州新奥尔良市；康涅狄格州纽黑文市；伊利诺伊州芝加哥市；马萨诸塞州波士顿市；加利

福尼亚州圣地亚哥市。

这些教师和教学领导们代表了几乎所有类型的公立学校：小型、大型、社区、特许、转型、初创，等等，还有其他诸多城市指定学校。他们开创了本书中收录的一些教学实践，并提供了参考书目和资料，或慷慨地自主拍摄了一些最好的课堂教学或教学培训过程，以此展示真正的示范教学演练应该如何操作。

在本书各个章节中，我们将逐一论述为了获得示范教学的成功，教学领导和教师们必须采取的关键行动。通过本书，你将看到：为确保学生永远无须为了学习而空等教师的指令，新教师必须学习的技能；新教师们需要掌握的通用教学技能与他们现在急需掌握的教学技能的区分；各种可以让学校教学领导利用的培训技巧，以此培养新教师的教学技能。最重要的是，你还可以收获你所需的所有培训工具，以确保本书提供的培训策略可以适用于你的教师指导，让你能有针对性地将自己下属的新教师群体都培养成为优秀的教师，实现与本书中那些成功教师们同样的成功。

为何要专注于新教师

教师培训是一个宽泛的主题，在撰写本书的时候，它也是一个热门话题。在过去的几年里，教育领域的研究人员出版了诸多著作，从谁应该负责进行教师培训、技术在教师培训中扮演的角色，到教学是否是一种可以训练的技能等方面对教师培训进行了论述。既然已经存在如此众多的前人研究，那为何本书仍坚持将刚刚走上讲台不足一年的新教师作为关注的重点？为什么从事教学工作的第一年，在我们看来特别重要？

确保所有学生获得学业成功

毋庸置疑，从事教学工作的第一年很重要，因为这些刚刚走上讲台的教师们已经是专职教师，从事的是非常重要的日常教学工作。可能他们正在教授一年级的语言艺术，或者十年级的化学。对于教师来说，这可能只是他们从事一份工作的第一年，但对于学生来说，这却是他们学习和掌握这些学习内容的唯一机会。

从事教学工作的第一年，新教师和教学领导可以承受无法取得良好教学效果的风险，但学生不能。因为对他们来说，这将导致他们荒废一年学业，而且很少有机会补偿回来。尽管这种结果在任何情况下都是不可容忍的，但在当下的美国，这种灾难性的现象并不罕见，因为越来越多的教学工作和课程将由新教师来承担。

正如理查德·M. 英格索尔（Richard M. Ingersoll）所说的那样，美国目前正在经历其教学人员的整体"新手化"。也就是说，与几十年前相比，美国现在具备教学经验很少的新教师的比例变得更大。在1988年，普通教学工作者的教学经验是十五年；但是到了2008年，大部分普通教学工作者都是刚刚从事教学工作不满一年的新教师，而且约四分之一的教师从事教学工作的经验不足五年。

如果我们对新教师的发展秉持顺其自然的态度，我们将让前所未有比例和规模的学生身处无法获得高质量教学的劣势之中。因此，本书所关注的内容，对当前美国的教师群体来说是最好的，也是唯一的选择——即带着决心和专注，通过培训确保新教师能够更快更好地成为职业教师。只有这样，新教师和他们的学生才能够获得良性发展。作为经验丰富的教育工作者，我们需要尽可能多地传递我们所积累的经验和教训，因为如果我们放任新教师完全依赖自己的经验，从试错中学习和成长，那么在新教师从事教学的第一年中，学生将处于可能得不到良好教学指导的境地。而我们教育的目的应该是，我们必须确保学生能够获得良好的教学指导。正如本书中所引用的来自教学领导们的实践经验证明的那样，对新教师进行培训对于保证每年学生都能够取得令人满意的成绩是至关重要的。

确保所有新教师取得教学成功

为新教师提供高质量的指导对于学生及新教师本身的发展至关重要。事实上，教学培训可能是决定教师职业生涯的成功程度、教师是否愿意继续从事教师行业，或沿着这条职业道路继续发展的最重要因素之一。

最近，《美国教育周报》（*Education Week*）及全美教学和美国未来委员会（NCTAF）等著名的教学信息来源记录了一个令人担忧的趋势：越来越多的美国教师（40%~50%，远高于以往的历史比例）在从事教学工作的四到五年内会离开这个行业。更糟糕的是，教师流失率最高的往往是那些根本没有时间每年挑选一批全新教师入职的学校。全美教学和美国未来委员会发布的报道显示，"超高的教师流失率对美国那些学业成绩不佳，且贫困程度较高的学校造成的影响和后果尤为严重。虽然大部分的这些学校都正在努力缩小学生的成绩与标准要求的差距，但从未能够缩小教学质量层面的差距，究其根本是因为它们的教师团队在不停地变动"。

是什么导致了新入职教师的大规模离职？专家们一致认为，是因为美国新入职的教师没有得到足够的教学培养和发展方面的支持。当新教师们接手第一份教学工作时，与自己上的大学相比，他们新接触的学校和社区的合作程度往往要低很多。在大学里，他们通常能够持续不断地接收来自领导和同学们的见解和意见。当他们毕业之后走上讲台，从事实际教学工作的时候，他们被要求关起门来自己看着办。因此，在这些新教师最需要指导的时候，他们基本上找不到可以求助的地方。

即使在那些承诺会提供指导和团队合作的学校，这种闭门教学文化的普及也将导致学校层面很难履行这些承诺。"美国很多个州的学校会为新教师提供某种形式的教学指导。"美国教育协会的辛西娅·科普科沃西（Cynthia Kopkowsi）肯定地说。事实上，现在能够获得教学指导或培训的新教师的数量比十年前多了一倍。"但是零星的或偶然的培训与深度参与的常规培训之间存在着天大的差距。"缺乏有效的教学培训和指导，或完全没有获得任何教学培训或指导，会导致新教师迅速跳离教育行业。

但如果新教师能够得到良好的培训和指导，他们就能够在教学岗位上坚持下去。正如英格索尔在进行广泛的研究后揭示的那样，当学校能够为新教师提供有意义的教学领导和教学合作时，新教师留下继续任职的意愿就会变得更强烈。事实上，英格索尔发现，学校提供的教学支持越多，新教师愿意继续工作的意愿就越强。那些仅仅获得一种或两种基本形式的教学支持（比如与学校领导的"定期的教学支持沟通"）的新教师，他们继续从事教学的意愿，仅比那些完全没有得到任何教学支持的新教师高一点点。但那些获得了全面的入职培训系列指导，包括职业发展和课程规划等教学支持的新教师，继续从事教学工作的意愿则大大提升。

为什么教学培训和支持能够让新教师们愿意继续从事教学工作，甚至其吸引力比薪资激励还要大？因为总的来说，教师们从事教学的主要驱动力是他们期望学生获得更好成绩。如果他们在陷入困境时得不到任何关注或帮助，他们完成既定教学目标和任务的希望就很渺茫。但是当他们能够获得来自教学领导的帮助时，新教师在从事教学工作第一年的紧张和焦虑就可以迅速转变为教学层面的进步和成功，他们的教学激情也将得到提升而不是逐渐熄灭。虽然无论是否得到系统的培训和帮助，新教师在掌握教学技能方面都付出了同等的努力，但在得到帮助的情况下，他们将能够以充满智慧的方式开展工作，他们取得的进展将是显而易见的。当新教师在学生的身上看到自己教学的进步时，他们就会渴望获得更大的进步，做更多的改变。

所有这一切意味着，如果我们想要让新教师继续从事教学工作，也就是如果我们想要打造能够很好地完成教学工作，并充满热情地在教学岗位上继续工作的一代伟大教育工作者，那我们就必须在他们刚刚从事教学工作的第一年，在他们遭遇困境向我们求助时，伸出援助之手，而不是任由他们自己摸索数年无果之后，才轻描淡写地提出没有针对性的教学反馈。我们必须在关键的第一年中引导每一位教师形成良好的教学习惯，为了达到这个目标，我们就需要运用正确的教学策略，并密切观察他们的教学工作。如果我们无法做到这一点，这些新教师就会很容易离开教育行业；而如果我们能做好这一点，他们将会成为学生们最需要的全明星教师。

确保教学领导取得工作成功

不仅新教师可以从本书的指导中受益。鉴于大多数教师在其职业生涯的早期阶段没有得到有效的教学支持，本书中的技能和实践也适用于从教多年的教师。事实上，当我们在自己的学校试用本书中提供的一系列技能时，我们发现大多数教师的教学领域和技能都依然存在提升的空间，而本书提供的技能则帮助他们弥补了不足之处。总而言之，伟大的教学培训和指导适用于所有教师。并且，如果你在指导新教师方面做得更好，那你就可以更好地指导其他教师。

在过去的十年中，我们为超过15 000名教学领导提供了指导和培训。在讨论教学领导力的挑战和问题时，我们发现存在一种极其普遍的模式：教学领导们遭遇的教学和管理问题，超过80%都是由极少数的教师造成的。这些教师有的引发了更多学生出现纪律方面的问题；有的因为能力不足，所以将更多的学生工作转交给同事或上级；有的导致更多家长心怀不满，并造成教学和管理工作量的增加。正如一线教师们在遭遇教学困境之后会选择逃离教育行业那样，教学领导们也存在同样的问题：全美学校领导协会（School Leaders Network）在2014年所做的一项调查显示，仅有约50%的校长担任职务的年限超过三年，且很多校长辞去职务的主要原因是他们渴望将更多的时间花在有意义的教学领导工作上，而不是浪费在如何完成美国当下普遍盛行的学校文化所要求的任务上。身为学校领导，学会将宝贵的指导时间花在这些教学的"热点问题"上，不仅能够显著提高教学指导和培训的成功率，还可以提升你作为学校领导的成就感。成功的教学指导和培训将对学校管理的各个方面都产生积极的多米诺效应。

新教师培训的错误观念及其背后的真相

本书中推荐的每一个教学培训技能都基于一个不可动摇的核心理念：**有效的培训和指导能够让人们更好地完成他们的工作。**对于任何一个相信教学的神奇力量的教育工作者来说，这听起来似乎是一个显而易见的真理。但是，极少有人能够给予新教师合格且高效的教学培训和指导这一事实，恰恰证明现实的情况远不如想象中美好。在下文中，我们将剖析一些常见的错误观念并揭示这些观念背后的真相。正是因为这些错误观念的存在，才让学校领导们无法通过教师培训来推动教师的发展。

错误观念1：教学行业以教学经验论成败

精通教学需要多长时间？从事教育行业的许多人会说是十年。从这个观点来看，只有丰富的教学经验才能让教师学会如何开展教学工作。然而，当我们仔细剖析教学行业时，会发现这种普遍被认同的观点并不成立。从事教学工作超过十年的老教师们也并非都精通此行，反而有一部分资历相对较浅的教师，在任何方面都比其他教师更成熟和成功。诸多内外在因素导致教师成长和发展的速度参差不齐，我们唯一能够确定的就是，有效的教师培训和指导能够加快教师成长和发展的速度。并不是只有那些具备了一定年限教学经验的老教师，或一些具备天生潜力或天赋的人才能够成为伟大的教师。对于那些能够通过学习掌握教学秘诀并且能够持之以恒地练习直到成为自己本能的教师来说，成为伟大的教师也是短期内触手可及的梦想。

错误观念2：随便一种教学训练都能够实现完美教学

最近，一些普遍被接受的关于实践的真相受到了挑战。一万小时定律的实践规则得到了马尔科姆·格拉德威尔（Malcolm Gladwell）的大力推广。这一众所周知的定律声称，只要经过10 000小时的训练就可以掌握任何特定技能；只要投入上万小时的练习，几乎任何人都可以保证掌握任何技能并达到精湛级别。

现在，有一个科学研究团队认为他们可以证明这个定律是错误的。该团队的研究成果在许多出版物上都得到刊发，标题通常是"实践并不一定能够创造完美"。这项研究发现，以实践的时间长短作为未来成功的预测因素是不稳定的。许多专业人士从这些研究结果中得到的结论是，相较于长时间的练习或实践，天生的才能或许是更好地预测成功的因素。

事实上，这两种观点都过分简化了现实：实践确实能够创造完美，但前提是这些实践是高质量的有效实践。花在练习某项技能上的时间质量，比单纯的数量堆砌，能够更有效地影响到实践的结果。我们将在本书第二章详细阐述何为高质量的练习，但是，在这里，让我们先简单地陈述下"实践的确可以造就完美"这一真理，并强烈赞同科学的训练和指导一定能够获得完美的练习结果。

核心理念

反复练习并不会造就完美，但科学的练习可以。

错误观念3：教师只有在完全掌握课堂管理技能之后才能专注于学生的学习

有太多的教育工作者相信，在从事教学工作的初期阶段，新教师们更应该关注校园文化和课堂管理，而不是学生的学习。这就意味着你需要等待数月才能够开始思考学生的学习问题。但实际上，促进学生的学习效果就像播种。正如一颗种子需要水、空气和光照等特定的提前准备好的环境因素才能茁壮成长那样，学生也需要一个井然有序的课堂来开展学习。但即便提供了足量的水、空气和光照，播下的种子也不会一夜之间神奇地长成参天大树。在这个过程中，你首先需要浇灌几日，耐心等待它发芽，并且精心呵护，等小苗从泥土中冒出头来；接着你需要继续浇水，把长出的新芽摆到窗台上正确的位置接受光照，等小苗慢慢长出叶子。这就是说，营造适宜的生长环境和精心照料让种子逐渐生长是相辅相成的持续过程，而不是一蹴而就的。

就像播种那样，在提供了完美的课堂环境之后，我们也不能默认学生的学习就能够自然而然地突飞猛进。这就是为何我们制定了一系列教学管理和精准教学技能，因为我们相信教师们有必要在从事教学工作的头几个月内，逐步学习和掌握这些技能。当然，教学管理和精准教学是教师职业发展的两条独立主线，因此我们也将在本书中分别对应阐述。哪怕我们已经具备了完美无缺的课堂管理，但是我们的学生无法承受老师在几周之后才开始关注他们的学习。虽然在对新教师进行培训的最初90天里，教学管理的培训更为重要，但精准教学训练的重要性将贯穿教师的整个教学生涯。本书中提供的教师培训案例则充分证明，在刚开始从事教学工作时，花费一点时间来进行教师学习和培训将获得巨大回报。

何为"更好"和"更快"

更好地满足学生最迫切的需求

我们力图确定新教师首先需要做什么才能够尽快做好自己的本职工作。那何为"更好"？即能够更好地满足学生最迫切的需求。如果我们能够做好新教师的培训，那么新教师的学生的学习效率，将能够比肩那些经验丰富的教师的学生的，从而防止了这些学生的成绩落后于他人。

还有其他许多人也记录了实现更好教学的技巧，尤为值得一提的是道格·莱莫夫（Doug Lemov）的《像冠军一样教学：引领学生走向卓越的62个教学诀窍》和乔思·萨菲尔的《技巧高超的教师》。如果你身为教育工作者，并且对我们这本书感兴趣，那么这两本书对你来说也同样极具价值。因为得益于这两本书，本书中提及的诸多技能才能够得以确定和成型。

但是，这两本书都没有告诉不知所措的新教师，首先要掌握哪些最至关重要的技能。而给所有这些至关重要的教学技能进行分类和排序则是本书的目标之一。我们对所有关键的教学技能进行了排序，确定了哪些技能是新教师必须优先学习的最重要内容，然后将所有这些技能领域拆分成更具体的教学步骤，确保每个教师都能够有效地实施。正如你将在本书中看到的，所有具体的教学行动需要教学领导与教师进行一对一的演练，就像前文中尼基与杰克逊进行的演练那样。正是这种演练的具体特性，让杰克逊的教学实践变得有效。而确保所有类型的教学技能都能够拆解成具体的实施步骤，并涵盖所有最重要的教学技能，正是本书的最大特色。这就确保了本书所有的读者都可以直接利用本书提供的教学培训策略对新教师展开培训。

更快地完成新教师的培训

本书同时为所有新教师掌握技能制订了一个90天的培训计划。但提出类似长度的培训周期并非本书首创。迈克尔·沃特金斯（Michael Watkins）在他的教师培训专业手册《最初的90天》（*The First 90 Days*）中声称，接受调查的所有教学领导中，75%的人认同这样一个表述："在最初几个月里，对新教师的培训是成功还是失败，在很大程度上直接决定了他们整个教学职业的成败。"

然而，尽管本书也专注于新教师在入职后90天内的培训，但本书的角度和观点与《最初的90天》略有不同。对于一位新教师来说，职业初期的成功不仅决定了他未来的职业走向，还是一个亟待解决的问题。因为，教师能够越快地掌握最重要的教学技能，学生就能够更快地进入学习角色，继而掌握必学的内容。虽然在教学的前三个月内达到这种水平和掌握这种能力，是一项极具野心的壮举，但是如果教师能够遵循本书提出的各项技能训练，那实现这个目标还是可能的。除此以外，为了学生的发展，我们也应该付出这样的努力。

尽管本书提供的训练方法适用于大多数学校进行新教师入职后90天内的培训，但本书提供的一系列技能和训练可以随时开始操作。如果教师培训开展较晚，或教师发展速度不够理想，那么这个90天的训练计划可以即时启动，用以弥补发展差距。经验较为丰富的教师，可以选择较为靠后的训练项目（例如，如果他们已经掌握了本书中列举的应该在前30天内掌握的所有技能，那么他们就可以从第二个30天的阶段训练开始着手）。无论教师选择从哪个阶段开始，本书提供的培训技巧都将帮助教师加速职业发展，并为教学工作提供全年无休的帮助。

你将学到什么

下面，我们简单阐述一下本书的内容安排。

表1-1　教师培训原则

原则名称	技能描述
将教学技能细节化	一口吃不成胖子，试图一次学完所有的内容并不能带来持续的发展。只有每次尝试一个或两个技能，并将这些技能细化到最具体的细节，进行培训才可实现长久的进步
提前规划、认真练习、后续跟进、循环反复	提前规划教师们将如何改善教学反馈意见，引导教师进行演练，然后就下一条教学反馈重复这一流程。这才是更快地变成更好教师的精髓所在
更频繁地提供反馈	有些反馈最好能够现场给出。对培训原则三进行阐述的章节将给出实施实时反馈的指导，这种做法已经在医学和音乐领域得到广泛运用，现在可以运用到教育行业

表1-2　教师培训周期

周期（阶段）	培训要领	教学管理技能培训	精准教学技能培训
开学前（第一阶段）	职业能力发展，包括开学前的临场培训，即实战演练	制定核心的教学例程和教学流程	编写教学方案
开学第1~30天（第二阶段）	制订反馈计划并召开第一次反馈会议	执行并监控教学例程	带领学生开展独立练习
开学第31~60天（第三阶段）	每周的教学数据会议	调动全班学生的参与度	响应学生的学习需求
开学第61~90天（第四阶段）	对精准教学工作进行实时反馈	制定课堂讨论的流程	引导学生讨论入门
开学91天后（后续拓展）	（囊括上述所有项目）	无（专注于精准教学安排）	引导学生讨论进阶

本书内容总的来说可以分为两大部分：第一部分教师培训原则提供了教学领导力的入门指南，确保教学指导能够卓有成效；第二部分是对教学培训技

能的拆分讲解，是新教师在上述90天的培训中最迫切需要掌握的内容。下面，让我们进一步详细地介绍一下这两部分。

培训原则

以下是教师培训的三个核心原则。

- **原则一：将教学技能细节化。**对新教师进行培训时，每次只完成一到两项教学技能的完善。将技能拆分成最具体的细节行动进行打磨可能会让人感到乏味，但这是获得显著的、持久的教学能力发展的关键步骤。这部分内容将解释为何精确的反馈具备强大的作用，以及我们给出的细节反馈是否足够细致。

- **原则二：提前规划、认真练习、后续跟进、循环反复。**简而言之，这个原则是让新教师更快成为更优秀教师的关键所在。一旦我们掌握了恰如其分的细节化反馈，获得成功的关键就是反复的演练，即提前规划实施的方案、执行该方案，然后重复这一流程直到新教师完美掌握所涉及的技能。本书这一部分内容将详细阐述如何开展这一训练流程。

- **原则三：更频繁地提供反馈。**反馈越及时，转变就越快。实时反馈这一训练方法已经在医学和音乐等诸多领域得到广泛应用，而本书这部分内容将充分展示这一高效训练方法的价值。在这部分章节中，我们将给出实时反馈的操作指南，但同时尊重教师作为课堂领导者的角色。

培训周期

开学前（第一阶段）

第一阶段的训练应该在学生开学之前的暑假就开展。暑期教师发展培训为新教师提供了尽可能多的机会，让他们尽可能多地练习新技能，并在培训最后开展一次全体员工出席的实战演练。

- **培训要领**。第一阶段的训练将专注于引导新教师进行暑期职业能力培训和发展，并在开学前进行最终临场培训——实战演练。

- **教学管理技能培训：制定核心的教学例程和教学流程**。新教师们将设计教案，力求列出每一个最细微的教学操作步骤、流程和方案，以确保在学生入学开课之后能够顺利开展教学。

- **精准教学技能培训：编写教学方案**。新教师们需要预先规划好教学流程的主要原因是，确保他们能够完成规定教学内容的传授。在第一阶段的培训中，通过学习和掌握最基本的教学方案的撰写和修订，新教师们将极大提高自己开展精准教学的能力，即从最终的教学目标入手（教学评估和目标），构建核心和关键的教学方案和流程。

开学第1～30天（第二阶段）

新学期开始了！虽然在第二阶段我们仍将为新教师介绍一些全新的教学技能，但我们的培训将重点关注如何完善教师们在第一阶段已经掌握的教学技能，并且这一阶段的培训将把学生的参与作为教师培训的大背景。

- **培训要领**。第二阶段的培训将注重构建一个教学观察和教学反馈的机制，并计划第一次教学反馈会议的召开。

- **教学管理技能培训：执行并监控教学例程**。新教师们在第一阶段设计了课堂流程和教学步骤之后，必须在这一阶段带着学生开始尝试实施这些既定的方案，并不断进行打磨，直至这些教学设计和流程在学生们身上取得的效果能够媲美新教师们在暑期培训中的演练成效。新教师们需要在这个过程中不断地修改或调整任何课堂效果不好的设计，因此，基本的课堂管理技能的培养不但需要学生能够遵循教师提供的基础教学指令，而且需要确保学生们都能够专注地完成最重要的学习任务。

- **精准教学技能培训：带领学生开展独立练习**。学生学习的终极目标是学会开展有效的独立训练。如果学生不能独立练习，他们就无法掌握应学的内容。这一阶段训练的主要内容是，如何为学生提供足够的时间来开展独立练习，以及如何让新教师学会监督学生是否熟练地按要求完成了独立练习。掌握监督学生独立练习的方法，是确保新教师能够针对学生最迫切的学习需求给出针对性教学指导的基础。

开学第31～60天（第三阶段）

进入学年的第二个月，新教师们已经打下了坚实的基础，能够全力以赴地追求100%的教学效果了，即学生对学习任务的100%投入、100%的智力参与，以及100%的学习效果。

● **培训要领**。第三阶段的培训将侧重如何利用学生的努力和成就来反推教学的发展，并通过每周的教学数据会议来确保教学领导和一线教师能够相互支持。

● **教学管理技能培训：调动全班学生的参与度**。在这个阶段，教学管理已经实现了以下效果，即大多数的学生都能够较好地完成学习任务且课堂管理效果看起来很到位。新教师们现阶段的任务则是如何帮助剩下的学生赶上大多数学生的进度，因为这将能够确保教学效果的突飞猛进。

● **精准教学技能培训：响应学生的学习需求**。随着越来越多的学生能够专心投入学习，教师可以开始尝试找出学生间存在差距的原因，并给出针对性的教学指令，以缩小这些学习成绩方面的差距。首先应该从收集教学和学习数据着手，即首先要求学生以口头和书面形式，以个人和集体为单位，陈述个人的学习思考。这些信息让教师可以在学生需要再次学习或示范某些内容时能够在现场重新教授和示范。

开学第61～90天（第四阶段）

到了这个阶段，课程和教学的设置已经完全围绕学生的学习需求展开，教师可以开始尝试给学生布置最繁重且对脑力要求最高的学习任务。要做到这一点，关键在于培养和促进以学生为中心的教学对话。

- **培训要领**。第四阶段的培训重点在于给出实时反馈以实现井然有序的教学。实时反馈是一种自然的教学策略，却往往被教学领导忽视。

- **教学管理技能培训：制定课堂讨论的流程**。教学管理的重要性就在于它能够为井然有序的教学打下一个坚实的基础。随着教学范围的扩大和教学进度的推进，教学管理和井然有序的实际教学之间的关系变得更加清晰和紧密，这一点在第四阶段体现得尤为明显。因为在这个阶段，教师最迫切需要适当的教学管理技能来直接为丰富的师生对话创造空间。这其中包括对教学节奏的完美控制，以确保学生能够有充裕的时间展开对话；还包括促进学生积极参与小组对话，并为后续的整个班级的讨论和对话打下基础。

- **精准教学技能培训：引导学生讨论入门**。如何引导全班学生展开有效的讨论是教学管理和指导中最艰难的一个任务，也是最伟大的教学形式之一。因为一旦学生给出了错误答案，教师就会面临巨大挑战。在这个阶段，新教师们将学会如何通过在正确的时间向正确的学生提出正确的问题这一颇具艺术性的教学手段来加快学生达到教学目标的速度。

开学91天后（后续拓展）

首先要恭喜诸位教学领导！因为你们已经带着自己的新教师们，为未来数年的优秀教学打下了良好的基础。那么我们接下来要做什么？在后续拓展这个阶段，我们为教师们提供了持续发展、成为终身学习型教师或教学管理领导的机会。因此，本书在这一部分的内容陈述中，不会列举新教师们在完成90天的入职培训之后还可以继续学习的一些内容（因为这可能又会涉及众多相关书籍），而是就新教师们在下一个阶段最迫切需要学习和掌握的教学技能给出建议。我们将不仅描述这些内容是什么，还将解释为何它们如此重要。

- **培训要领**。在后续拓展这一阶段，最重要的任务就是要确保新教师们在前面阶段取得的进步能够继续保持，并鼓励教师继续将需要在课堂上完成的大部分脑力和思考工作逐步地转交到学生手中。

- **精准教学技能培训：引导学生讨论进阶。**第四阶段的精准教学技能培训侧重培养教师鼓励学生在讨论和对话过程中提出自己见解的能力。到了后续拓展阶段，我们对学生的参与度提出了进一步要求，希望学生能够完成自我鼓励和督促的任务。教师将培养学生养成对话的习惯，以确保各个年龄阶段的学生都可以通过合作而非竞争来进行有意义的对话。

如何使用本书

本书的设计初衷是将其做成一本工具书，让诸位教学领导和培训人员能够在开展新教师培训工作的过程中不断回顾和反复使用，确保诸位能够顺利地展开新教师的入职90天培训工作。本书凝聚了诸多杰出教师的经验和教训，他们具备丰富的教师培训经验，并且能够带领学生取得名列前茅的成绩。我们希望能够传播他们的优秀做法。理论上说，为学校的领导们提供一本纸质版的教师培训手册就已经足够，但我们的培训经验告诉我们，完善教学技能所需要的远不止理论的阅读。只有亲身体验这些培训内容，新教师才能够掌握所需的技能，并在日复一日的真实教学实践中，将自己打磨成大师级教师。

因此，本书的目标就是让诸位能够阅读、掌握和实践真实有效的教师培训。书中每个章节，都将包含文字表述（描述一项技能）及教学领导们可以就该技能展开培训的实践指导。有了本书提供的诸多指导，你会发现在成为优秀教师的道路上，已经有无数优秀前辈的经验可以借鉴！

下面是使用本书的一些指导原则。

准备好纸笔

在本书中，我们的目标不只是让诸位阅读和掌握信息，更重要的是要促使各位付诸行动。因此，本书将所有涉及的教学技能都进行了拆解，让诸位能够看懂、规划和执行每个必须掌握的技能。

- 我们在书中特意设置了"暂停并思考"模块。在继续阅读全新内容之前，这为诸位提供了消化、批判性思考和自我归纳总结的机会。如果我们在阅读的过程中养成即时记录的习惯，我们就能够记得更清晰和长久。在阅读本书的过程中，诸位需要养成这种"边做边学"的阅读习惯和方式。

- 这不是本书带来的附加福利，而是本书的核心概念——诸位需要在阅读的过程中随时随地开展思考和进行教学规划。本书的内容已经完成，但如何在自己的教学工作中谱写新的辉煌则需要诸位各自努力。因此，请准备好纸笔并随时随地使用！

不可跳过培训原则和培训要领的内容

作为本书基础框架的培训原则，以及每个培训阶段列出的培训要领（我们会在相关章节的第一小节详述此内容），对每个培训阶段给出的具体培训步骤来说，并非只是锦上添花，更是不可或缺。跳过这些内容而直接实践具体的培训步骤，会使你缺乏相应的培训基础，导致你无法有效地深入了解本书为每种教学技能列出的特定培训方法，相应地，你也就很难取得长久有效的进步。

对于那些已经从教学研讨会或《构建杰出学校的7个杠杆》（*Leverage Leadership*）一书中了解了培训方法的读者，我们也建议你不要略过这两项内容。因为在本书中，每一项教师培训原则都经过了反复打磨，更加细致地关注教师发展的具体和关键方面。我们都知道将教学技能细节化、反复地演练和更频繁地提供反馈是取得良好效果的有效办法，但是直到最近我们才真正意识到，这些原则为何以及如何对教学观察和教学反馈产生深刻的影响。

除了前述教学规划之外，本书还提供了五十多个"一线教学实践反馈"。这些反馈包括一线培训师和教学主管的培训建议和意见，以及一线教师在使用本书的资源和材料之后总结的心得体会和使用方法。希望诸位能够享受他人的智慧结晶！

制定个人专属的"教学指南"

本书每一章最核心的内容，也将是你最常翻阅的部分，你可以在阅读完本书后，根据自身情况，制定更方便你使用的教学指南。

- **教师培训范围和顺序。**这是本书中最经常被引用和翻阅的部分。培训范围和顺序的总结分解了新教师为了掌握本书提供的每个教学技能而必须执行的每项操作。

- **教师培训策略。**它不仅包含了培训范围和顺序的内容，还添加了关键的探索性提问、计划和练习和提供实时反馈的技巧等实操内容。这是教学领导在规划针对一线教师开展的反馈会议时必备的操作指南。

> ### 一线教学实践反馈：打造自己专属的"彩虹指南"
>
> 我和本校的其他教学领导发现，使用本书提供的培训工具的最大困难就是不知从何处着手。为了解决这个问题，我创建了一个称为"彩虹指南"的方案，即将本书列出的每种技能分别打印在不同颜色的纸上。这参照了我们在《构建杰出学校的7个杠杆》中学到的方法，随后我为每种教学资源都添加了一个简单的标识卡。这种做法取得了显著的成效。现在，在每月一次的教学主管培训例会中，我们都会拿出自己的"彩虹指南"，并直接翻到本书提供的教师培训范围和顺序部分。"彩虹指南"让学校的教学领导们能够以一种十分有趣且方便的方式直接找到所需的教学培训工具。"彩虹指南"这个做法现在已经广为人知，它就像是魔法师的魔石，让我们的教学领导能够在更短的时间内更快地变成更优秀的教师。
>
> 艾琳·麦克马洪（Erin McMahon），教学主管，科罗拉多州丹佛市

从教师自身的需求着手

在你将本书提供的培训原则消化之后，你可以继续往下阅读本书的具体

章节，在这些章节中，本书将逐一分解和阐述教师培训范围和顺序等核心内容。在掌握了培训原则的基础上，我们不强制你从头到尾地仔细阅读本书的每一个章节。但如果你有足够的时间来阅读全文，那我们强烈建议你一定要这么做！如果你正在对新教师进行培训并且需要直接切入到具体的培训操作内容，那么本书的章节设计也能够满足你的需求。你只需要首先阅读教师培训范围和顺序，而后直接跳到与你的新教师最需要的技能相对应的部分即可。

我们推荐你最好遵循下面的方式来使用本书。

如果你是在开学前阅读教师培训范围和顺序，则：

● **先阅读培训原则，再阅读第一阶段的培训要领。**第一阶段的培训技巧将帮助你准备好新教师的暑期职业发展培训，这能够帮助新教师快速掌握在开学第一天上课时最需要的教学技能。

● **从第一阶段的实操步骤开始演练。**对于刚刚开始从事教学工作的新教师来说，一个坚实的理论和实践基础至关重要。因此，他们需要从教学管理技能培训和精准教学技能培训开始接受培训。在新教师熟练掌握这些内容之前，不要急于求成地开展下一阶段的培训！

如果你是在学年开始之后的任一时间段阅读教师培训范围和顺序，则：

● **首先，阅读培训原则的内容。**

● **其次，明确新教师需要采取哪些教学培训步骤。**先使用教师培训策略，明确自己的教师最需要执行哪些教学培训步骤。在这个过程中，要遵循瀑布流原则，即从最高处开始，一遇到问题就停下来解决。

● **再次，翻到对应培训阶段的相关内容，并阅读相应的培训要领。**例如，新教师正面临的问题是无法有效引导学生援引证据，那么请跳到第三阶段的培训章节，并阅读第三阶段培训要领的相关内容。

● **最后，在同一个培训阶段中，跳到精准教学技能培训或教学管理技能培训部分（具体取决于拟采用的培训步骤），并阅读能够解决教师当前面临问

题的相关内容。可以充分使用精准教学技能培训或教学管理技能培训速查表来明确新教师当前面临的困难，然后跳到本书中能够解决前述困难或问题的对应内容，选择正确的教学技能来解决问题。

时刻做好开始教师培训的准备

每个学年都将给每个不同的学校带来独特的全新挑战和机遇。但有一件事是不变的，即在世界范围内，总会有一大批新教师即将踏上讲台。无论他们是刚刚大学毕业还是从其他行业跳槽进入教育行业，他们都做好了要达成一番成就的心理准备，却不确定自己要如何才能实现这个理想。这就是我们需要开展教师培训的原因。

让我们开启改变新教师能力和命运的征程吧！

第二章

培训原则

　　职业足球运动员、脱口秀演员和心外科医生有何共同之处？他们都以表演为生，即都需要在当下以完美的准确度完成任务。在对方球员四面八方的围追堵截中，在看台球迷的尖叫呐喊中，足球运动员需要踢出得分的一球；在日复一日、夜复一夜的演讲中，脱口秀演员需要在不同的观众面前重复同样的段子，而且每一次都要满怀激情与诚意；在紧急情况的手术进行中，心外科医生只有一次机会来修复病人的心脏。

　　教学其实也是一种表演专业。就像足球运动员为了射门得分，脱口秀演员讲段子和心外科医生进行急诊手术一样，教师也必须在当下时刻提供完美无缺的教学指令。除此之外，教师不仅需要准备完美的教学方案，还需要在开展教学的时候，能够迅速而积极地响应学生当天遇到的挑战或取得的成就，并即时对既定教学方案进行修改。足球比赛的每一秒都是足球运动员带领球队走向胜利的良机，同样，课堂上的每一刻都是向学生传授他们必须掌握的知识和内容的唯一机会。

　　因此，教师培训的方式与其他表演专业人员接受训练的方式一样，即教师培训应着重于如何让他们为现场教学做好准备。

　　足球运动员、脱口秀演员和心外科医生都接受了专门的训练，为他们提供尽可能多的机会来练习他们需要在紧急情况下完成的任务。只有这样，当关键的时刻到来时，他们才有可能做好充分的准备。在教育领域，很多人十分关注教学领导如何对自己的教师进行评价，这是因为我们发现比评估教师们历史表现更为重要的是，我们要做些什么才能够确保他们今天、明天以及未来的整个职业生涯都能够取得成功。与所有伟大的足球教练或脱口秀演员一样，我们必须将注意力从评估转移到培训，这样才能够确保我们的教师在教室挤满了学生且宝贵的时光在一点一滴流逝的时候，能够在最重要的时刻交出令人炫目的答卷。

核心理念

听从各个领域大师们的引导，少一点评估，多一点培训。

本章内容将涵盖进行卓有成效的教师培训的基本技巧，揭示每个教学领导都应该掌握的内容，以确保他们能够从专业的角度对教师展开培训。本部分主要涵盖下面三个教师培训原则。

● **原则一：将教学技能细节化**。将教学拆分为细节技能，开展连续和循序渐进的培训和训练。

● **原则二：提前规划、认真练习、后续跟进、循环反复**。通过有效的实践进行教师培训。

● **原则三：更频繁地提供反馈**。通过增加反馈的频率，充分发挥每次教学观摩的作用。

这三个原则并没有涵盖教师培训相关的所有内容，但包含了这个领域所有最基本的基础技能，即所有必需的内容，确保你能够成功地形成一套体系，让作为表演专业人员的教师们能够接受应得的培训和指导。在后续阶段的讨论中，我们将结合教师发展过程中与该阶段相关的具体培训规划，深入探讨这些原则的应用。但我们将首先深入剖析的原则，是那些既可以改变教学领导培养教师的方法，又可以改变其作为学校领导者的角色的原则。遵循这三个教师培训原则展开教师培训，将能够确保教师培训工作直接对学生的成绩产生持续而深远的影响。

原则一：将教学技能细节化

我曾经管理过的一所高中，校园面积极其狭小，仅仅包括纽瓦克市一所现有学校顶层的一部分教室。我们知道学校扩建迫在眉睫，并且我们有一个完美的扩建地点——现有学校后面的一片空地。

动工之后，我们所有人见证了一所全新的高中如何在短短18个月内，从一片荒芜的空地上拔地而起。施工人员先挖掘地基，然后铺设一个复杂的支撑框架，看起来像是房屋的骨架，而不是像模像样的建筑物。但在他们添加了墙壁、地板和屋顶之后，你会惊奇地发现，原来一所全新的学校的建成速度可以如此之快。

我现在依然经常会想起我与施工队经理的一次对话。那个时候他们还在铺设建筑物的框架，他说："我们在这个阶段需要特别谨慎，因为一旦某个框架存在0.5厘米左右的误差，整个建筑结构都会被破坏。"

我当时觉得很震惊，0.5厘米左右的误差就可以破坏一栋30多米高的建筑物的稳定性？但是我越想越觉得他说的很有道理。毕竟，确保精细目标的完成是确保更大型、更长远项目完成的关键前提。这一点并非建筑行业的专属规则，同样适用于航天领域和音乐行业，因为只有精准的计算才能够确保火箭的顺利发射；只有指法精准，音乐会钢琴演奏者才能够确保配合整个协奏曲的演出。如果我们无法确保基础的精准和牢靠，我们就无法走得长远。而一旦基础打牢了，我们就可以一飞冲天。

培养教师的教学技能的过程，与修建一所全新的学校的建筑过程并没什么不同。如果你只专注于设想新教师应该成为什么样的教师，你可能就会忽略最基础的框架，因为你只看到了完工后金碧辉煌的建筑。在你的设想中，完美的教师应该既温和又严谨，能够完美地组织课堂教学，也能够灵活应对突发事件，动态地调整教学方案。他能够在教学过程中传递快乐，也能够帮助学生跨越死记硬背的阶段，培养出批判性思维和学术创造力。最重要的是，整个班级的学生都能够在教师的指导下，掌握所有必须学会的知识和内容，因为他的课堂不会落下任何一个学生。

当我们进行教师培训的工作时，我们常常需要十分努力才能够将这种完美教师的光辉形象从脑海中剔除。这种完美教师的形象十分普遍，因为当前流行的教师评估标准反映了我们对这种完美教师的渴求。这些评估要求观察者同时记录教师在40、50甚至70多个不同领域的进展情况。这些评判标准可能全面地表达了我们对伟大教学的看法。正如这些评估标准的拥护者所陈述的那样，"这是为了表达他们对教学复杂性的尊重"。

从某种程度上来说，这个观点可能是正确的，但这些评判标准没能意识到的是，学会如何教学也是很复杂的。这些评估标准专注于描述最终的教学效果应该是什么样子，甚至不惜精确到每个细节，但它们并没有关注如何为完美教学打下坚实的基础。如果我们的目标是培养和指导新教师成为这种完美的教师，我们就需要从最基础的框架结构着手。

核心理念

想要成就一项长久有效的事业？那就从基础着手，在细节上下功夫。

在我们开始围绕教学效果的提升花费时间之前，我们对于教学基本技能的培训需要精确到0.5厘米的程度。简而言之，我们需要尽可能细节化——针对教师们最需要提升的某个具体教学技能提供少而精的具体反馈，而不是涵盖

一系列技能或主题的大而空的意见。

曾经与我有过合作的最成功的教学领导们提供反馈的方式是这样的：他们经常定期地对教师的课堂进行观摩，并且每周只要求教师们对一个或两个教学步骤进行完善。就像前文中处于打基础阶段的高中学校建设那样，这种细节化的教师训练方法在初期的进展极其缓慢，但一点一滴地，这些步骤开始逐渐积累和叠加，并最终形成了一个强有力的庞大体系。因为在初期阶段精心打下了坚实的基础，所以教师们能够在未来的职业生涯中取得长足的进步，并持续保持较高的教学水平。

注重培训步骤的精准度

将教学技能细节化的核心要义就是，如何在正确的时间，为教师们提供恰如其分的教学技能培训步骤。要实现这一点，其难度往往出乎意料。我们如何才能判断所提供的教学技能培训步骤是恰当的？办法很简单，在实践中检验。我们首先来观摩一个案例，在这个案例中，一个教学领导试图确定一个具体的教学培训步骤。案例观摩之后，我们将给出有效教学培训步骤的一些规范和标准，最后我们将为你提供实践和演练这些步骤的机会，包括课堂管理和精准教学活动中的实践。

正确的教学培训步骤

假设我们有一位名叫约翰的新教师，他正在努力提升自己的课堂管理能力。约翰的校长克里斯蒂娜正在针对他的需求进行培训。下面是克里斯蒂娜昨天在观摩约翰的教学时做的记录。

案例研究一：课堂观摩

周三上午10:30，克里斯蒂娜悄悄走进了约翰所在的教室并坐在了最后一排。课堂教学看起来进展得十分顺利，约翰正带领九年级的学生们安静地进

行方程组的练习。"好了，时间到了！请大家把手里的笔放下。"克里斯蒂娜
进入教室后不久，约翰就发出了教学指令。"现在，我希望你们都能够抬头看
着我。"

大部分学生抬起头看向了约翰。但是，丹尼尔仍然低头苦苦思索某一个
方程式问题；伊莎贝尔一边用手指不停地转着铅笔，一边呆地看着门外；在
教室的另外一个角落里，特雷西正在摆弄她桌子底下的一张纸。约翰没有发现
他们的动静，继续提问哪些学生知道第一个问题的答案。这个时候，其他的一
些学生也逐渐转移了注意力，开始神游天外。约翰点了德莱尔斯来回答问题。
德莱尔斯知道需要添加两个方程来消除x变量，但是在添加负整数时犯了一些
错误。约翰询问德莱尔斯得到答案的过程，然而，随着德莱尔斯开始解释自己
的解题思路和步骤，更多的学生开始开小差。特雷西也开始向周围的同学展示
她刚刚玩的那张纸，于是他们就开始扎堆说话。很快，他们的声音就盖过了德
莱尔斯回答问题的声音。

"停一下，德莱尔斯。"约翰不得不打断德莱尔斯的回答，并开始环顾教
室，想找出是哪些学生在嘀嘀咕咕。很快，嘀咕声弱了下去，约翰示意德莱尔
斯继续回答问题。但是当德莱尔斯再次开始讲话后，底下学生的嘀咕声也越来
越大。看到这里，克里斯蒂娜一边走出教室，一边思考约翰下一步应该做些什
么来改进他的课堂管理。

假如你是克里斯蒂娜，你会给约翰的这次教学做出什么样的评价？相信
从约翰第一次踏上讲台开始教学以来，他已经在课堂管理方面取得了长足的进
步。因为他能够确保所有的学生在一开始能够安静而独立地完成练习，并且能
够在全班讨论环节刚刚开始时确保大多数学生都专心听讲，虽然很快学生们就
开始分神了。克里斯蒂娜可以要求约翰采取什么方法来确保班上的每一个学生
都能够更加全神贯注地学习和提高课堂参与度？

暂停并思考

在继续阅读前，请思考一下，如果你是克里斯蒂娜，你将要求约翰进行哪些教学步骤的训练？

_____

_____

_____

克里斯蒂娜的第一反应可能是对约翰说：

克里斯蒂娜教学培训步骤版本一

"请运用一系列不同的教学技能来提高你的课堂管理能力。"

你可能马上就看出来克里斯蒂娜的这个建议存在很大的问题。约翰当前的课堂管理并非一无是处，他现在需要的是具体且切实可行的建议，否则他很难做出针对性的改进。克里斯蒂娜提出的这个行动建议没有给出任何具体操作方面的指导——如果按照这个建议去采取行动，那么在一周之后再度观摩约翰的课堂教学时，可能不会发现他有任何的改善和进步。

如果克里斯蒂娜给了约翰下面这个反馈呢？

克里斯蒂娜教学培训步骤版本二

"如果学生在上课过程中分了神，你要确保自己能够立刻引导他们把注意力放回学习上。这能够帮助确保其他的学生也专注于手头的学习，进而帮助你避免出现更大规模的课堂管理问题。"

克里斯蒂娜第二个版本的建议显然更直接而有效。因为她已经将建议的重点放在了约翰课堂开始出现问题的时间点上，即当约翰没能及时解决第一批分神的学生时。她也选择了从一个更具体的角度来引导课堂管理改善这个庞大的话题，重新引导和吸引部分注意力分散的学生。因为约翰在开始布置任务时，全班大部分的学生都能够集中精力听从指令，所以克里斯蒂娜认为，在少部分学生刚刚开始出现分神的苗头时就立即采取行动是约翰下一步最需要提升的管理能力。无疑，克里斯蒂娜的想法是正确的。

但是，克里斯蒂娜的建议依然无法保证约翰能够在下周的教学中取得显著进步，因为克里斯蒂娜的建议依然存在许多问题。比如，当她提及"分神"行为时，她到底指的是哪些行为？而且，约翰到底应该怎么做，才能够"重新引导"学生以及如何确定学生的行为体现了引导的效果？只有解答了这些问题，约翰才有可能提升自己的教学技能。而且克里斯蒂娜需要再次观摩约翰的课程教学才能意识到自己的建议依然存在这些问题。

那么克里斯蒂娜要怎么做才能够进一步完善自己的反馈呢？让我们来看一看克里斯蒂娜在细化自己给约翰提出的建议后，重新写出来的建议包含了哪些内容。

克里斯蒂娜教学培训步骤版本三

"你需要特别注意学生们在完成你布置的任务时表现出的行为，你可以这么做：
- 在教室里设定三到四个'热点区域'（即那些特别容易走神的学生坐的位置），并持续关注这些区域的动态；
- '假装时刻关注'：时不时地移动视线，假装自己关注了整个班级各个角落的学生。"

暂停并思考

是什么让克里斯蒂娜第三个版本的反馈能够有效地指导约翰的教学操作？

_____

_____

_____

有效教学培训步骤的标准

克里斯蒂娜给出的教学行动指导的最终版本提升约翰课堂管理能力的可能性比前面两个版本要大很多，这是为什么？因为最终版本包含以下三个使得它比其他版本更有效的主要特征。

● **可观察性和可操作性**。克里斯蒂娜建议的最终版本列出了明确无误的行动步骤。这些建议的操作和效果可以在约翰的教学过程中观察到。假设克里斯蒂娜选择任何一个时间段再度观摩约翰的教学，她几乎立刻就会知道约翰是否按照建议采取了相应的教学步骤。她能够看出约翰是否关注了特定的"热点区域"或移动自己的视线来巡视整个班级；她也能够立刻知道约翰是需要更多的指导和训练来掌握这些教学步骤的操作，还是已经养成了全新的教学习惯。可观察性也提升了这些建议的可操作性——在再次开展教学之前，约翰完全可以轻松地自行演练这些具体的教学操作。

● **效用最大化**。克里斯蒂娜本来可以提供任何其他同样也可以改善课堂管理和提升学生学习效率的行动步骤，但她最终定下来的建议能够解决约翰在当前的教学工作中面临的最紧迫挑战，即约翰首先需要"看到"自己的问题，然后确保学生能够相信他时刻都在关注全班的动态。只有做到这两点，约翰才有可能解决自己的教学困境。提升教师的课堂扫描技能是帮助教师发现课堂问题的关键。假设克里斯蒂娜为约翰提供了一个教学行动步骤的指导来帮助他发现哪些学生走神了，但约翰根本没办法在教学过程中发现学生的走神行为（大部分新教师很可能根本看不出来），那么克里斯蒂娜给出的行动建议将是徒劳的。因此，提升新教师发现学生的问题行为的能力，是解决课堂教学问题的先决条件。由此可见，克里斯蒂娜给出的这个建议具备最大化的效用，并且能够为未来更长足的进步奠定坚实的基础。

- **细致而具体**。克里斯蒂娜给出的这些改进步骤都不是什么大而空的建议，例如"确保更多的孩子能够全神贯注"等。这些建议都是具体的操作步骤，约翰回到教室后就可以立即着手实施。约翰可以立即养成一些看似细小的具体教学习惯，而不是试图瞬间完成一些伟大但空泛的事情。想要确定细节化的教学步骤是否足够具体，你可以问问自己："这个教学步骤可以在一周内就完成吗？"如果答案是否定的，就意味着你给出的教学操作步骤不够具体和细致（我们稍后再解释确保教学步骤在一周内可完成的重要性和价值）。

有效教学培训步骤的标准

1. 是否具备可观察性和可操作性？
2. 是否是一个教师当前可以采取并产生最大化效用的教学步骤？
3. 是否足够细致和具体，以确保新教师可以在一周内掌握？

教师培训范围和顺序

如果这是你首次尝试给出一个具体的教学步骤的建议，那么你可能会发现想要给出一个同时满足上述三个标准的教学步骤建议非常困难。如果你遭遇了困难，也别灰心丧气，因为你不是唯一遇到类似问题的人。我曾经合作过的大部分教学领导，在刚开始尝试于教学观摩之后提出正确而细节化的教学步骤指导建议时，都遭遇了类似的困境。一想到你需要选择某个特定的教学技能，来帮助班上的大部分学生在短短一周的时间内取得显著的进步，而且还需要确保这个技能可以同时适用于不同教师的课堂，你可能会觉得压力巨大。

但是你不必盲目地草率投身观察和反馈的过程。正如与我交谈的那个施工经理所说的那样，没有一份事先科学规划的建设蓝图，想要建设一栋庞大而坚实的建筑是不可行的。虽然我们没有教师发展的完美规划蓝图——因为没有任何一份单一的文件可以解释不同行业的人需要遵循什么样的规则才能够成功地掌握所需的行业技能，但我们依然能够判断哪些方法能够对新教师的发展发挥最大的作用。

过去几年，我们一直在与同事们观看和筛选由数百位教学领导提供的观察视频和笔记，他们对数千名新教师进行了观察和记录。在这个过程中，我们最密切关注的是那些在新教师培训方面成就最显著的教学领导，例如前文提到的尼基·布里奇斯。当我们走进有着类似尼基这样的教学领导的学校时，他们在教师发展方面的成就让我们感到震惊，因为学校里的新教师没有一个看起来像新手！

我们在研究这些教学领导的观摩记录和所采取的培训步骤时注意到，他们的反馈与那些效率较低的教学领导的反馈截然不同。他们所采取的培训步骤不仅更精准、更仔细具体、效能更高（符合前述的三个标准），而且具有相似的顺序。虽然针对个体教师的反馈没有一模一样的，但这些教学领导在针对新教师的培训方面保持了一种神奇的一致性。例如，在教会新教师如何重新引导和吸引学生的注意力之前，他们会先培养新教师发现课堂问题的能力，并在培养课堂讨论能力之前培养教师引导学生开展独立练习的能力。

这项调查的成果促使我们为新教师制定了技能培训步骤的范围和顺序，并且已经被成千上万的教学领导者运用到教师培训中。此外，我们每年还会对这个培训范围和顺序进行修订，以反映教育行业的最新趋势。这个资源将为你提供教师培训的规划蓝图和顺序，并帮助你选择或制定正确的教师培训步骤。

表2-1　教师培训范围和顺序

周期	教学管理技能培训	精准教学技能培训
开学前（第一阶段）	制定核心的教学例程和教学流程	编写教学方案
提前进行教学演练	**1. 教学例程和教学流程入门：**制定和执行 **2. 强有力的教学指令：**教师的站和说均应有目的地进行	**1. 制定高效教学方案入门：**以学生的需求为导向，打造高效教学的基础 **2. 内化现有的教学方案：**将现有的教学方案内化为自己的知识
开学第1~30天（第二阶段）	执行并监控教学例程	带领学生开展独立练习
快速投入课堂教学	**3. 告诉学生该做什么：**发出清晰、精准的教学指令 **4. 教学例程和教学流程进阶：**修改和完善 **5. 教师雷达：**及时发现学生的分神行为 **6. 全班重置：**将整个班级的注意力拉回正轨	**3. 编写标准答案：**以追求完美为标杆 **4. 独立练习：**设置日常的教学例程，确保学生有时间进行独立练习 **5. 积极监控：**检查学生独立练习的成果，以确定他们是否真正掌握了课上所教授的内容
开学第31~60天（第三阶段）	调动全班学生的参与度	响应学生的学习需求
量身打造教学内容	**7. 营造课堂氛围：**激励学生完成学习任务 **8. 控制教学节奏：**营造一种紧迫的感觉，让学生感受到持续的参与度 **9. 确保全班学生的参与：**确保所有学生都参与了课堂学习 **10. 肯定学生的优秀表现：**强调学生们做得好的地方，不要揪着他们的不足或错误不放 **11. 一对一指正**	**6. 培养引用例证的习惯：**教导学生论据的识别和引用 **7. 检查全班学生的理解情况：**收集可以证明全班学生学习情况的相关证据 **8. 再次教学入门（亲自示范）：**教师给学生示范如何进行思考/解题/写作

（续表）

周期	教学管理技能培训	精准教学技能培训
开学第61~90天（第四阶段）	制定课堂讨论的流程	引导学生讨论入门
创造课堂讨论文化	**12. 全员参与的小组讨论**：最大限度地提高每个学生在小组工作中的学习时间	**9. 再次教学进阶（教师引导的讨论）**：引导学生通过讨论自主探讨问题并提供解决方案 **10. 通用型提示**：通过使用可以在任何情况下使用的通用型激励语来鼓励学生们完成思考任务 **11. 培养讨论的习惯**：教授并亲自示范可以强化课堂讨论效果的良好学习习惯
开学91天之后（后续拓展）		引导学生讨论进阶
激发学生主动思考	无培训内容！ 到了这个阶段，教师可以全身心专注于精准教学技能的培训和内容知识的深化	**12. 战略型提示**：引导学生以解决错误为目标来提供问题答案 **13. 概念化**：要求学生进行概念性理解

教师培训范围和顺序将教师发展分成了四个阶段，以反映新教师在职业生涯前几个月的发展轨迹（即构成本书主要内容的四大块）。每个阶段的培训和发展都有一个核心重点——新教师需要发展的主要领域，以及该领域发展需要采取的具体和细化步骤。例如，第一阶段教师精准教学能力培训的具体操作步骤包含了制定高效教学方案入门，下面就是针对该领域培训列出的具体而细致的行动步骤：

- 以数据为基础，编写精确的学习目标（需根据评估结果得出的学生应该学习的内容来制定）；
- 将"学生自主学习"作为有效的教学手段并作为课程的核心内容；
- 根据设定的目标，设计相应的过关标准（即简要的期末迷你评估）。

在前进途中的每一个操作步骤，都应该能够用来帮助新教师们成长为更优秀的教师。

可以肯定的是，教师培训范围和顺序并不是单纯地罗列出新教师应该在学年的各个阶段中需要掌握的所有内容，而是提供了效用最大化的培训步骤。这些步骤都是基于杰出教学领导者们的实地观察结果而确定的。此外，你自身使用的一些高效能培训步骤可能在本书中并没有被提及，如果是这样，请你一定要与我们分享你的独家秘籍！因为本书作为新教师培训的指南，正是得益于成千上万一线教师的贡献，才能够不断地优化和扩充内容。而你也可以为本书的继续完善尽一份力！

我们还应该意识到，并非所有的新教师都能够按照教师培训范围和顺序所列出的步骤实现自我发展。但如果你领导的新教师们能够跟上本书设定的节奏，那么教师培训的成果将在这些教师的课堂上呈现，你将看到显著提升的教学效果。

因此，教师培训范围和顺序所提供的并非教学效果的终端评估工具，而是教师培训发展的指导蓝图。因为它不仅提供了可以衡量成功的精细化教学步骤的操作，还给出了实施各类培训工作的完美顺序和节奏。

核心理念

教师培训范围和顺序不是终端教学效果的评估工具，
而是促进新教师发展成更优秀教师的指导蓝图。

尽管这些培训步骤并未解决如何进行教师培训的问题（因为这是下一个章节的内容），但掌握这些步骤的相关信息依然对成功地实施教师培训具有至关重要的作用。因为通常情况下，如果反馈步骤的效果不佳，那问题的根源往往是教学步骤出了差错。如果身为教学领导的你都不知道在教学反馈会议上应该分析什么问题，那也不用指望一线教师能够看到自身的问题所在。

为了给诸位提供一个机会来演练如何设计细节化的教学步骤，在下面的内容中，我们将提供两个真实的案例研究，所有的信息都基于对一线新教师的实地观察。所以请诸位拿出自己的笔记本，准备好进行实际操练，尝试根据案例信息制定正确的教师培训行动步骤！

正确的课堂管理行动

下面，我们将一起看看如何在实际教学中使用教学培训范围和顺序，以及其如何帮助解决新教师的课堂管理问题。

案例研究二：课堂管理

达内尔正试图与你共同努力设置合理的课前热身流程。他自己创建了一个在教室门口迎接学生走进教室的仪式，并希望学生能够尽快进入教室坐好。此外，他还准备了一个学生们需要在课前完成的练习（一个五分钟的写作任务），并放在了学生们的课桌上，确保学生们进入教室坐好后就可以立即开始写作。他还设定了一个五分钟的闹钟来营造紧迫感，以督促学生尽快完成任务。尽管这个教学例程在学年刚开始时取得了不错的效果，但是当你现在观察达内尔的课堂时，你发现这个课前热身流程已经开始出现问题。

达内尔在每个学生走进教室的时候都跟他们打招呼，但是在学生们走向自己的课桌时，有些学生会在教室的其他地方逗留或徘徊，然后才走到自己的位置上。其他已经坐好的学生会相互交谈，甚至嬉笑打闹——有那么一两个闹得很厉害的学生甚至会咯咯笑地摔到地上。几乎没有学生立刻开始动笔完成达内尔布置的写作任务。

达内尔走到台前，站稳之后对学生喊道："同学们！要记住你们要走到自己的座位上，不要跑到别人的座位那里。"学生们还是老样子。过了一会儿，达内尔再度喊道："你们应该安静地完成课前写作的任务。"——还是无济于事。两分钟过去了，全班学生基本上都坐到了自己的位置上，但只有一半的学生开始动笔完成写作任务。达内尔告诉全班同学，他们的表现导致全班同学的课堂表现分都要被扣掉0.5分。听到达内尔的话，一些拖拖拉拉的学生加快了节奏，但窃窃私语的声音并没有完全消失。

观察到这些现象之后，你认为，你可以给达内尔设计什么教学步骤？请确保它是可操作性最强、效用最大且最恰如其分的。在构思你的行动步骤时，请牢记下面的内容。

● 教师培训范围和顺序是按照问题的优先顺序编写的。你可以将这个顺序看成是一道瀑布，它从源头一路向下，在遇到阻碍（即新教师开始觉得困难或存在问题的地方）时就会停下来。

● 教师培训范围和顺序中提供的教学步骤是针对大多数教师编写的。因此在实际应用时，你需要针对具体教师的具体问题进行调整。

● 决定某个教学操作步骤是否简短有效的标准并非描述该操作步骤的篇幅长度，而是这个教学操作步骤能否在一周内施行完毕并取得效果。因此有的时候增加表述或描述的内容的长度有助于帮助新教师获得更清晰和更精准的理解。

将这些建议牢记于心后，你可以尝试写下自己建议的操作步骤。

暂停并思考

将你希望给达内尔提出的简短有效的教学操作步骤写下来，以帮助他在下周的教学中提升课堂管理效果。

_____

_____

让我们来仔细分析一下这个案例。根据所提供的信息，达内尔已经设计并实施了一个行之有效的教学例程，但问题在于学生们不再听从他的指令。在实施强有力的教学指令方面，达内尔看起来已经掌握得不错（我们都知道在一个书面的案例研究中，确定教师的仪态和语言风格比真实的课堂观摩要困难得多）。鉴于第一阶段的行动步骤似乎不是核心问题，让我们转向第二阶段。在这个阶段，我们开始看到一些可以真正解决问题的可能性，因为问题的根源在于：

- 是否缺乏明确的指令，导致学生不知道应该在接下来的教学例程中做什么（对应表2-1中教学管理技能培训步骤3，下同）？
- 这是否是一个不完美的教学例程（步骤4）？
- 达内尔是否具备发现问题的能力（步骤5）？
- 达内尔是否具备在既定教学例程失败的情况下重新抓取学生注意力的能力（在这种情况下，可以采取步骤4或步骤6）？

从许多方面来看，这些领域都应该是你在分析问题时重点关注的地方；而你对于解决步骤的选择很大程度上要取决于你对达内尔的弱点的了解程度，以及你在观摩他的实际课堂操作中获得的见解。如果你针对他的问题给出的解决方案属于第二阶段的范畴，那么你的思考方向就是正确的。

基于达内尔课堂的实际情况，我们为他推荐了下列最佳行动步骤。

案例研究二的培训步骤建议

- 全班重置：针对教学热身环节实施一个事先规划的"重启"程序。
- 发出明确的指令去引导学生"应该怎么做"："停下。所有人都回到教室外面去。所有人都看着我（需要等全部的学生都回到教室外面后再发送这个指令）。我们的课堂不应该看起来是这种拖拖拉拉的样子，所以，在你们进入教室的时候，你们需要做三件事情：（1）安静地走进教室；（2）立刻走到自己

的座位上坐好；（3）马上开始着手完成'课前热身练习'直到提示截止时间的闹铃响起。请大家按照我的指令来做，只有全班同学都能够听从指令完成这三件事，我们才会开始讲课。明白了吗？明白了就开始吧。"

• 点名表扬一两个完成得特别好的学生（例如，"谢谢你，玛利亚。你做得很好，这才是七年级学生该有的样子"）。

• 在教室里走动。如果发现有学生没有按照既定的要求进行练习，教师需要走过去纠正。

在这个行动步骤的建议中，你注意到有什么不同之处吗？

• 这遵循了教师培训范围和顺序中教学操作步骤的思路，并为达内尔的特定需求量身定制了具体的做法。

• 这是一个累积性的解决方案。虽然这些行动步骤专注于全班重置（步骤6），但它也包括了达内尔在之前的阶段中已经训练过并精通的其他教学操作步骤（在这个案例中，具体指的是给学生发出具体的行动指令，以及有目的和针对性地在教室里走动）。正如钢琴演奏者在学习一个新的曲目时依然会反复练习已经掌握的姿势、手部位置及和弦那样，教师也会在学习新的教学操作步骤的过程中反复锤炼前期已经掌握的教学操作步骤。

• 这个行动方案足够细微而具体。达内尔肯定可以立即练习这个行动步骤，并在一周内掌握它，将之付诸实践。这恰好是建立有效教学行动步骤的关键。

一线教学实践反馈：少花时间来琢磨"给什么反馈"，多花时间来思考"如何传达"

在我尝试运用教师培训范围和顺序内容来操练教师的教学行动步骤后，我对于教师培训和发展的思路和做法发生了改变。

以前，我觉得自己针对教师提供的反馈有点像"打鼹鼠游戏"——刚刚解决了这边的一个问题，新的问题又从另外一边冒了出来。这导致我感到杂乱无章。现在，我有了一个清晰的出发点，即我的教师应该掌握第一阶段还是第二阶段的技能。与此同时，我也有了一个清晰的培训轨迹。于是，我花在琢磨"反馈的内容"上的时间变少了，相应地，我花在"如何传达反馈"以及如何锤炼教师的教学技能方面的时间变多了。在这个实践过程中，我看到自己的新教师们以远超以往的速度快速成长起来。

帕特里克·帕斯托雷（Patrick Pastore），校长，纽约州罗彻斯特市

正确的精准教学行动

鉴于我们已经成功地解决了课堂管理方面的一个不足，让我们接着来尝试解决精准教学方面的问题。这对某些人来说易如反掌，但对其他人而言可能难如登天。不管怎样，让我们来试一试！

案例研究三：精准教学

艾希莉是一名高中英语教师。如果你走进她的教室，你会发现她正在给学生布置需要独立完成的写作任务。艾希莉对学生们说："同学们，我们已经基本理解了莎士比亚第65首十四行诗的基本含义。我想请大家回答下面的问题：莎士比亚如何通过象征性的描述来引出本诗的主题？请尽量从原诗中找出更多的信息来论证你的分析，并且在动笔写作之前整理好思路。我会给你们15分钟来完成这个任务。现在，大家可以开始啦！"

当你审视艾希莉的课程计划时，你会发现她布置的这个任务十分契合她的教学目标，也符合接下来的写作任务对精准教学流程的要求。很显然，她的教学操作步骤试图引导学生去完成既定的写作任务。

在艾希莉设定倒计时闹钟后，学生们立刻开始了写作。你可以看到他们在认真地分析诗歌、起草问题答案的大纲并开始动笔写作。艾希莉站在讲台上，眼神关注着全班学生，确保他们都在按照要求动笔写作，并时不时低头看

自己的教学大纲。大概过了五分钟，艾希莉发现全班水平最差的学生还没有开始动笔，于是她走到该学生的身旁，进行了大概五分钟的指导。然后她提醒全班的学生，他们还有五分钟的时间来完成任务。

计时器提示时间已经到了，艾希莉提醒全班学生注意："好了，大家都已经写完了。那么你们的理解是什么？莎士比亚是如何通过象征性语言来引出诗歌的主题的？"有三个学生举手抢答。艾希莉挨个点名让他们回答。迈克尔首先发言，虽然他找出了诗歌中几个主要的比喻，但没能确定诗歌的主题。安娜在迈克尔发言的基础上做了补充并表达了自己的看法，这让艾希莉不得不暂停讨论并给出评价。艾希莉说："你们俩都找出了很好的案例来说明象征性语言是什么，但你们都没能够结合诗歌的主题进行分析。詹姆斯，你有没有什么可以补充的？"詹姆斯回答了艾希莉的问题，但他犯下了跟前面两位同学同样的错误。这让艾希莉感到有点沮丧。艾希莉继续解释莎士比亚在这首诗歌中对象征性语言的使用，她一边说，班上的学生一边点头表示赞同，一些学生甚至表示自己可以找到答案了。

在课程结束时，艾希莉收集了学生们的课堂写作作业。她发现班上只有三个学生能够确定正确的主题，并运用象征性语言来支撑他们的观点；另外三个学生给出了接近正确的答案；还有大部分的学生都很困惑，因此他们都没有完成写作，也没能找出足够的论据。

请你参考教师培训范围和顺序的内容，在回顾上一个案例研究给出的建议和提示的同时，写下你建议的教学行动步骤。同样，我们从头开始分析，并在出现第一个主要问题时就停下解决它。

暂停并思考

将你希望给艾希莉提出的简短有效的教学操作步骤写下来，以帮助她在下周的教学中提升课堂管理效果。

_____

_____

_____

在我们分析这个案例时，我们发现艾希莉实施的许多操作都是有效的。她设计的教学例程和流程非常合适，因为学生们表现出全神贯注的状态，这让我们能够立刻专于研究她对于精准教学步骤的安排。如果我们按照第一阶段的标准来审视艾希莉的课堂，我们会发现她已经很熟练地掌握了相关技能，因为她所设计的高质量教学目标能够与她即将开展的评估保持一致，且她为此设置了质量较高的学习任务（对应表2-1精准教学技能培训步骤1，下同）。因此我们继续推进，按照第二阶段的标准来分析艾希莉的课堂。我们发现，教学过程中的师生对话显示艾希莉已经知道学生们应该给出什么样的答案（步骤3），她为学生布置的独立写作任务也设计得当——时间长短适宜，学生也表现出较好的执行状态。

明显存在问题的地方就是艾希莉管理课堂讨论的能力和技巧。关于这一点，我们可以联系到第三阶段（步骤6）或第四阶段（步骤9或步骤11）。事实上，在我们与诸多教学领导者的合作中，这正是大部分新教师会出现问题的地方。

如果我们进一步分析导致课堂缺乏高质量讨论的根本原因，我们会发现这是因为艾希莉不够了解学生们在开始讨论之前对所选主题的理解和掌握情况。因为她在学生独立完成任务的准备阶段仅仅关注了班上水平最差学生的表现，这导致她根本不知道全班学生中只有三个人实现了合格的分析，且只有三

个学生选择了高质量的象征性语言论据来支撑自己的观点。如果艾希莉能够在
教室里走动一下，观察一下其他学生的进展情况，她应该当时就会发现学生们
存在的问题，并在进行全班讨论之前及时地给出指导和纠正。

通过分析问题的根源，即导致问题出现的环节，我们就能够给出下列重
要的教学行动步骤来解决相应的问题。

案例研究三的培训步骤建议

积极监控：检查学生独立完成所布置任务的情况以确定学生是否真正掌握了
所授内容。
- 创建和实施有效的监控机制：
  —创建座位表，以最有效地监控学生；
  —首先监控完成速度最快的学生，然后再关注那些需要更多协助的学生。
- 监控学生作业的质量：
  —以标准答案为范本检查学生的答案；
  —检查学生对课堂提问给出的答案是正确的还是错误的。
- 随时记录（在教室里走动观察的时候，随手记录学生的完成情况）：
  —使用代码系统来确定正确的答案；
  —提示学生修改答案，给出尽可能少的口头干预或提示。

你给出的教学行动步骤建议是否和上面的内容类似？如果是的话，恭喜
你！如果不是，那么下面这些终极策略可能对你有所帮助。

- 如果我们按照从上至下的思路（瀑布流方法）来进行分析，那么积极
监控（步骤5）将会是第一个出现问题的地方。尽管其他方面也同样存在可以
继续提高的空间，但首先着手解决积极监控的问题，能够立竿见影地提高学生
的学习效率，并为其他方面教学技能的提升打下一个坚实的基础。因此，你需
要充分发挥教师培训范围和顺序的效用。

- 我们每个人都有个人比较倾向或重点关注的教学领域，在提供教学反

馈时，我们会自然而然地更倾向于针对这些领域进行评价。但这些领域可能并非某个特定教师最急需提升的领域，所以我们可以充分利用教师培训范围和顺序的相关内容来拓展我们的教学视野，帮助我们针对自己并不擅长或不熟悉的其他教学领域提供反馈。而这反过来也将拓展我们关于教学培训的专业知识，帮助我们为更多的新教师提供更好的服务。

一线教学实践反馈：从头开始分析，采用瀑布流方法解决问题

无论你在走进一个即将被观摩的课堂之前能否确定自己将要看到的是什么情况，本书的教学培训范围和顺序都能够为你提供万无一失的指导。在一个瞬息万变的课堂里，每一秒钟都可能会同时发生五六十种不同的情况，教学培训范围和顺序可以成为你赖以生存的生命线，让你避免迷失在问题的汪洋大海之中。你可以直接从教学操作的启动阶段开始分析，即从课前准备阶段开始着手，然后按照瀑布流的模式有条不紊地推进。我在课堂上有没有观察到支撑这个结论的相关证据？如果有，则可以进入下个阶段；如果没有，就意味着你已经抵达了本次课堂观摩的目的地，你需要准备着手为这个教师规划教学培训的操作步骤了。这个方法让你专注于规划能够帮助该教师提升的简短培训。无论这个教师是新手还是已经从事教学工作长达七年的熟练工，这个方法均可适用。它能够让作为教学培训导师的你摒弃课堂中其他杂乱信息和问题的干扰，专注于为教师设计能够帮助他一步一步提升和完善的培训步骤。

凯思琳·苏利文（Kathleen Sullivan），教学主管，纽约州布鲁克林区

本节小结

如果我们以往惯用全流程的评估观察，那么对我们的教学行动步骤进行细节化的操作可能会带来显著的变化。毫无疑问，在初始阶段，这种变化发生的速度可能可以媲美蜗牛的爬行速度。正如前文中提到的高中学校大楼框架建设时期的进度那样——看着地基一寸一寸地落实到位，你会感觉这个建筑永远

也没办法完工。但是你要相信，一开始看起来非常缓慢的进展，在短短数月之内就可以演变成令人瞩目的成果——一个能够真正推动学习显著进步的不朽之作。

确定正确的教学步骤意味着你已经赢得了一半的战斗。另外一半的成败则取决于接受培训的教师对它们的掌握程度。而这将是我们在下一个培训原则中需要详细阐述的内容。

暂停并思考

对于一个教师来说，你认为能够确定正确的教学培训步骤的最佳方法或策略是什么？

_____

_____

在教师培训范围和顺序中，哪些培训行动步骤能够最有效地强化你既有的分析和观摩能力，并可以帮助你给出更有效的教学反馈？

_____

_____

回想一下最近与你共事的一个新教师，并回忆他存在问题的教学领域。对他来说，什么样的培训行动步骤能够帮助他实现教学能力的提升？

_____

_____

原则二：提前规划、认真练习、后续跟进、循环反复

几年前，我的大女儿开始参加各类公开演讲比赛。她天生自信、外向，但是当她需要在一组评委面前发表演讲时，她依然会感到紧张。她总是担心自己会在演讲的过程中犯错。一想到自己只有一次机会来展示自己的演讲，并且

评委们会根据这唯一的一次表现进行评判，她就感到紧张和害怕。

最终安抚了我女儿这种紧张和害怕情绪的，是她在比赛之前的无数次练习。我和我的女儿（后来她的高中演讲教练也加入进来）一起反复地练习，直到她将每一项精彩演讲的技巧都融入到肌肉记忆中。例如，在恰当的时候加入一个戏剧性的停顿，在确保听清的情况下降低讲话的音量以确保悦耳，以及假装与现场的每个观众都进行了眼神接触。等到她真正登台演讲的时候，她已经明确地知道自己要怎么做，因为她已经无数次完美无缺地演练过这篇讲话。一个又一个技能的专项训练，加上技能整合后的反复彩排，让她的演讲脱颖而出。

就像发表一篇演讲，或参加某种体育运动、进行某种手术、在剧目中表演那样，教师们应该如何克服我女儿曾面临的困境，即害怕搞砸只有一次机会的自我展示呢？方法很简单，就是像我女儿那样，反复练习特定的技能，直到自己可以达到完美的程度。熟能生巧这个道理适用于任何领域。

表2-1的教师培训范围和顺序提供了完善教学能力需要的技巧，而反复的练习则是更快掌握这些技能的唯一方法。

我们要如何在教师培训领域实践这些技能？让我们先回顾一下在本书的第一章中提到的尼基·布里奇斯针对她的教师杰克逊开展的培训。

在杰克逊走进尼基的办公室时，他完全不知道如何去了解学生的行为和确保学生及时听从他发布的教学指令。但在他离开办公室的时候，他已经完成了多次的练习，并做好了在课堂上实施这项技能的充分准备。他在课堂之外拓展了自己的教学知识和能力，这意味着在学生最需要这项技能的时候，杰克逊已经可以提供给他们。

尼基和杰克逊的实践证明，教师可以通过在课堂之外的练习来实现显著的技能提升。这也驳斥了新教师在十年之内无法迅速成长为优秀教师的错误论断。这个错误论断的根源在于，默认教师们主要甚至必须完全从自己的教学经验中学习和成长。尽管经验或教训是最好的老师，但我们不能接受"成为优秀教师的时间无法更快"这个论断。有着英明教学领导的新教师们完全不用等十年，因为他们已经掌握了一个自20世纪初以来就一直屡试不爽的实践真理——反复操练，直到你不可能犯错为止！

核心理念

普通参赛者反复练习的目标是正确掌握，
而冠军反复练习的目标则是确保绝不犯错。

那么，普通参赛者和冠军的练习之间又有何不同呢？尼基在针对杰克逊的培训中遵循了下面几项基本原则，你可以参照使用：

- **明确"完美"的培训步骤**：确定最理想的练习效果应该是什么样的；
- **在练习开始前先做好计划**：在现场演练之前先完成一个有效的规划；
- **反复练习**：开始实际操练；
- **跟进和重复**：观察教学技能实施的情况，确保所有的教学操作步骤在台下和台上都能够完美无缺地呈现。

明确"完美"的培训步骤

假设一个游泳教练告诉她的学生们，今天他们将学习如何浅打水（爬泳的经典踢腿动作）。她给每个人发了一个踢水板，然后站到泳池边上对学生们说："好了，孩子们，让我们开始吧。让我看看你们最厉害的踢水表现吧！"但是她根本没有解释浅打水要怎么做。

所以接下来学生们的练习不能够被认为是有效的实践。她的指令虽然可以让学生们下到泳池里开始练习，但根本没有告诉他们应该怎么做。这导致教练也没有办法真正地评估学生们的学习成效。泳池里肯定会水花四溅，但学生们可能什么都没有学到。

现在，我们假设教练要求孩子们在泳池边自己的踢水板上躺好："首先，保持你的双腿伸直，想象自己是硬邦邦的没有煮之前的意大利面条，并像芭蕾舞女演员那样绷直你的脚背。接着，像剪刀一样分开你的双腿，一条腿向前，一条腿向后。然后，交换双腿位置，向前变成向后，向后变成向前。好了，现在加快双腿交换位置的速度，想象你正在用自己的剪刀腿剪纸。往下踢时要用力，往上抬时要温柔！"在这个过程中，教练员可以四处走动，给那些做错动作的学生纠错。等到学生真正入水时，他们已经大大提高了自己踢水的技能，并很有可能成功掌握这个动作。这两种不同练习模式的结果可能是云泥之别。造成巨大差异的原因可能有很多，但最重要的原因是教练明确地知道自己想要得到什么样的结果。因为她知道如果学生没能掌握最基本的浅打水动作，她就不可能让学生去开始练习真正重要的游泳技能。

核心理念

在给出确切的"完美"定义之前，你不可能获得完美的训练。

让我们回想一下在上一节内容中看到或设计的一些教学行动步骤。可能我们所设定的行动步骤具有可观察性和可操作性，对存在的问题来说也是最具有针对性和效能性的，也符合简短、易操作的要求，并且明确提出了哪些方面需要完善和提高，可即便如此，"完美"定义每个具体行动步骤的任务仍未解决。例如，我们再来回顾一下尼基和杰克逊的培训过程。杰克逊需要训练的行动步骤是，扫描整个教室以确保学生对教学指令的回应。要对这个培训目标进行拆解训练，尼基就必须要求杰克逊做到下面几点：首先他们需要选择杰克逊想要进行练习的特定课堂时段（例如，当杰克逊告诉学生"手指定位：跟着我的指令做"时），然后他们需要一起将这个时段的各项操作细化。

老师要做什么：

- 在发出教学指令之前先在教室里走动，观察学生的情况；

- 发出手指定位指令：跟着我的指令做；

- 扫描全班，查看学生的响应情况；

- 点名表扬做得对的学生，激励全班学生参与的积极性；

- 如果有学生的手指放在了错误的地方，教师可以亲自用手指示范，也可以告诉他手指应该放在哪里。

教师发出教学指令时，学生应该做什么：

- 双脚踩在地面上；

- 双眼看着老师；

- 手指放在书本上并指向老师要求的位置，或双手拿住书本两侧空白处。

在这里，我们将培训的行动步骤进行了拆解，使得每一个操作都与教师的实际教学结合起来。这么做可以让我们清晰地判断教师和学生的行为是否能够让该行动步骤取得成功。同时，这也让我们在观摩该教师的操作时，能够明确地知道应该要仔细观察哪些特定的表现或行为。

同样的做法适用于精准教学技能的培训。

暂停并思考

选择你曾写过或在本章前面内容中读到过的行动步骤，设定一个即将与你共事的新教师身份，想象一下他的班级构成和教学背景。为了确保所选教学行动步骤的成功实施，这个教师和他的学生们应该做些什么？在下方的空白处写下你就这个行动步骤给出的关于"完美"培训步骤的定义。

所选行动步骤：

_____

_____

> "完美"培训步骤的效果应该是什么样的？
>
> 老师正在做什么？
>
> _____
>
> _____
>
> 学生正在做什么？
>
> _____
>
> _____

在练习开始前先做好计划

一旦你对"完美"的培训步骤有了清晰的认识，下一步就是确保你指导的教师在开始练习之前能够具备与你相同的愿景。这个步骤很容易被忽视，而对它的忽视往往是导致无效练习的罪魁祸首。

假设你六年级的老师正在练习第三阶段精准教学中"培养引用例证的习惯"这一具体的教学操作步骤，即教会学生在阅读文本的过程中标注文本中最佳的论据，并能够在稍后的课堂讨论中引用那些论据。你介绍了这个教学行动步骤，告诉你的老师："现在让我们开始演练吧。"接着，接受指导的教师站了起来，开始发布教学指令，要求学生标注文本中的最佳论据，并练习如何要求学生引用论据。听起来这个过程非常有效，对吧？

但这里有一个问题是：让这个教学行动步骤变得很困难的原因，不是要求学生进行标注或引用论据，而是如何让学生养成寻找最佳论据的习惯。可是上文描述的做法不过是让教师鹦鹉学舌般地发布相应的教学指令。如果这么做，那么课堂上最有可能发生的情况就是，教师给出指令之后，并不是所有的学生都能够成功地根据指令完成任务。所以，在开始演练这个行动步骤之前，先制订一个计划，会发生什么改变呢？

　　假设我们要针对同一个教师进行培训，这一次我们在演练之前先制订一个计划。你抽出她的教案，发现在下一节课上她将要教授的内容是《勇士不哭》（*Warriors Don't Cry*）的节选片段。《勇士不哭》是梅尔巴·比尔斯（Melba Beals）的回忆录，讲述了她作为一名学生，在民权运动时期将中央高中融入阿肯色州小石城的经历。教师即将教授回忆录第七章的内容，并计划将重点放在培养学生们通过阅读文章中描述作者第一天上学的四个关键段落，来确定作者情绪状态的能力。请参阅下面的文章摘录。

《勇士不哭》第七章节选

　　贝茨太太告诉我们，在所有人离开之前，我们都要坐在自己的位置上。于是我一动不动，安静地坐了很长时间，直到我身边的每个人都开始移动。所以，上帝，你真的希望我回到那所学校啊。有那么一段时间，我觉得自己就像独自一人待在一条无声的隧道里，所有人都在另一端。我会永远记得那个法官和他仿佛能够穿透人心的黑色眼睛。我想，他心里肯定有一些美好的东西。

　　我玩命地想要跟上一个看都不看就朝我们大吼大叫发号施令的女人下达的命令，但是到目前为止，没有任何人告诉我她是不是值得我们信任、我们是不是应该听从她的指令。在人群愤怒的喊叫声中，我挣扎着移动——我拼命地眨着眼睛，努力适应异常昏暗的光线。这个令我感到陌生的环境让我想起了博物馆的室内——同样的大理石地板，同样的石墙和同样仿佛没有尽头的蜿蜒走廊。它是一个巨大的洞穴状建筑，是我曾经去过的体型最庞大的建筑物。我尽可能快步跑起来，想要迅速穿过那些面带怒色的白色人群，同时还要躲闪那些试图打到我脸上的拳头。

　　我们飞快地比对了手上记录的信息。我们分别被分配到了不同的教室。"为什么我们不能够待在同一个教室或一起上课？"我问道。一个男人坐在长桌后面，非常不友好地说，"你们想要打破种族隔离实现融合……于是我们就帮你们融合了啊"。

在我走进教室时，学生群里发出一阵嘘声。引导员给我指了一个空位，我走了过去。坐在那个位置周围的学生迅速收起课本走开了。我坐了下来，周围都是空荡荡的座位，这让我感到无法忍受的难堪。但终于能够坐下来让我松了一口气。我迷失了方向，我的世界模糊不清，向左倾斜，就像一张从扭曲的角度拍摄且失焦的照片。讲台上有一个中年妇女，我觉得她是老师，但她则完全无视了我。

你可以要求教师明确她希望看到学生给出哪些最佳的论据，而不是单纯停止在选择摘录的内容这一步。这样，她就可以开始自己着手进行文本标注，圈出她将要监控的关键论据，她还可以在写作提示中添加答案范例并突出范例的关键部分。等她完成这些工作之后，你可以帮助她编写教学指令和教学计划，让她可以按照计划在教室中走动，看看学生是否找出了正确的论据。然后你帮助她制定应对那些没能找到较好论据的学生的方案。

通过帮助教师在进入教室之前制订完整的计划，你可以大大加快教师培养学生引用最佳论据能力的速度。如果教师在没有准备好带注释讲义的情况下，试图练习如何寻找强有力的论据，那么这个练习的效果将会流于表面。

通过制订计划，你可以为教师设定一个愿景，让他们在开展实践演习之前就能够预测到课堂教学应该是什么样子。通过这个方法，你能够大大提高教师演练和教学的成功概率。

核心理念

在练习之前做好计划，方可实现完美的练习效果。

这个过程与制定完美的课程方案异曲同工。格兰特·威金斯（Grant

Wiggins）和杰伊·麦克泰格（Jay McTighe）是首批尝试和强调"逆向教案设计"的先驱者。他们强调我们所设定的教学目标，应该是学生在结束课程时需要掌握哪些内容或具备哪些能力，根据这个目标逆推我们的教学方案，并以实现这个终极目标为前提。针对新教师开展的教学技能培训规划过程也应该采用类似的思路，因为明确"完美"的培训步骤就是明确培训目标，而解决问题的下一个操作，即规划演练，就是帮助你达到既定目标的具体行动路线。

赛琳娜·伯纳姆（Syrena Burnam）在针对自己下属的生物课老师罗威娜进行培训时就采用了这个方法。赛琳娜正在与罗威娜一起想办法提高学生课堂讨论的质量。为了确保学生在课堂实验结束后，能够通过实验结果讨论环节的训练养成积极参与讨论的习惯，赛琳娜正在与罗威娜一起规划如何在课堂上实施一个名为"学生主导的讨论"的教学环节——身为教师的罗威娜在不干预不介入的情况下，要求学生通过相互讨论和互相引导得出正确的答案。罗威娜以前很少让学生自己主导对话并完成思考过程。

下面是一些能够确保赛琳娜或其他任何教学领导者的计划得以有效实施的最重要因素。

- **有备而来**。赛琳娜在开始培训之前已经知道她们接下来需要练习的教学操作是什么，并且针对这个训练做了相应的前期准备。她已经规划了高效的教学操作的全流程，这让她可以在罗威娜出现困难的时候，及时地推荐恰当的表述或教学指令。赛琳娜事先要求罗威娜带上了自己的教案来参加培训，这让罗威娜可以在演练的过程中随时在原有教案上添加修订，大大提高了她记得在教学过程中实施相应教学操作行动及要点的可能性。

- **撰写详细的脚本**。赛琳娜详细地规划和罗列了罗威娜为了实现既定教学目标而必须使用的具体教学指令和教学行动，而不只是给了她一些含糊不清的培训指令。赛琳娜需要确定自己给接受培训的罗威娜提供了明确的语言表述和教学操作步骤等信息。她们两个人一起把这些信息逐一记录以确保罗威娜能够牢记于心。经过这个步骤的操作，罗威娜在稍后的实战演练中能够清楚地知道自己何时应该做何事。

- **直面错误**。赛琳娜知道罗威娜当前面临的问题是，无法有效地激发学生积极主动参与"学生主导的讨论"。因此，赛琳娜的培训方案以这个问题为重点。培训方案的详细脚本关注的重点问题可以是教师对课堂节奏的掌控，或学生可能出现的行为问题等。无论具体的问题是什么，我们制定的教师培训方案都应该既可以在顺境中顺利实施，也可以在逆境中取得成效。

在实战演练之前贯彻这三个准备要素，针对新教师展开的培训便更有可能取得成功。

一线教学实践反馈：共同制定教学方案，并进行对比分析

当我还是一个新教师的时候，我的教学主管做过的最重要的一件事就是，跟我一起坐下来进行教案的比对和修改。比如，他会对我说："让我们一起来规划一下你下次课的提问顺序。我们各自写一份提问顺序，然后我们来分享和比较一下。"这个方法非常有效，因为我不仅可以尝试自己编写教案，还可以了解到经验更为丰富的教学主管对同一个问题的不同看法。经过这样的训练，我发现自己制定教学方案的能力得到了显著提高。

劳伦·卡列特（Lauren Catlett），校长，纽约州特洛伊市

暂停并思考

想想你想针对哪项教学技能进行培训，制定详细的培训方案，请包含可能出现的问题和挑战等。

反复练习

在你完成了针对新教师展开培训的方案制定之后，就可以开展实地演练

了！下面是为了让教师培训取得绝佳效果，而需要注意的和演练有关的几个关键因素。

● **实操实练。**为了确保练习卓有成效，接受培训的教师必须反复演练他即将在课堂上实施的教学操作。如果在培训中，接受培训的新教师仅仅扮演了学生的角色，坐着听讲，或仅仅与培训指导员就他下节课上计划实施的教学操作进行了口头的探讨，那么他将学不到任何他应该学会的技能。即便这个教师已经做好了实施拟定教学操作的心理准备，他也需要通过反复的演练将这些操作步骤变成他的肌肉记忆，即在反复的练习中体验成功实施的感觉，直至其变成条件反射般的操作。

● **及时打断不完美的演练。**当接受培训的教师对学生监控出现轻微的偏离或失误时，开展培训的教学领导需要及时打断此次演练。这么做意味着接受培训的教师永远没有机会内化或养成任何可能导致他的课前热身活动失败的习惯。我们必须这么做，因为培训的目标是让接受培训的教师养成正确实施教学操作的习惯，而不是养成操作错误或失败的习惯。

一线教学实践反馈：演练三遍，其义自现

在开展教师培训的过程中，我最开心的时刻就是，看到接受培训的教师完善或提高了自己的技能或表现，因为这意味着他们在自己的发展过程中又迈进了一大步。在我们的实践中，有一个简单的操作屡试不爽，总是能够带来最佳的培训效果，即第一遍时，亲身示范教学技能的实施；第二遍时，在接受培训的教师一出现问题或失误时立即打断该次演练；然后要求接受培训的教师进行第三遍的演练来进行最终的调整。以这种方式开展培训，接受训练的教师很快就能够从新手成长为熟练的教师。

希梅娜·萨维德拉·费尔南德斯（Jimena Saavedra Fernandez），

教学培训师，加利福尼亚州圣地亚哥市

● **逐步增加演练任务的复杂性。**在第一轮演练中，接受培训的教师只需

要检查大部分学生的作业。到了第二轮，他们需要重点关注如何提高自己针对单个学生给出的反馈的质量。到了演练的最后一轮，接受培训的教师就可以循序渐进地建立更高效、更紧凑的教学操作技能。

● **反复演练直到获得成功。**在本章的开篇，我就描述了我女儿的亲身经历。她在登台演讲之前，已经无数次成功地演练过自己的讲话。这确保她在接受打分的正式比赛时，能够放松地表现，因为她已经确定自己绝对可以成功地在无数次演练之后条件反射地呈现最完美的演讲。同样的做法也适用于新教师的技能培训，这或许会让你感到有点惊讶。但如果我们采用了同样的训练思路，当我们的新教师回到课堂时，成功监控学生的教学操作不再是他心里认为自己偶尔可以正确实施的某项技能，而是他可以毫不费力地完成的完美操作。正是这种通过反复练习实现的技能内化，让我们的演练成为了改变游戏规则的工具。

一线教学实践反馈：频繁的演练和保持教学领导的谦逊姿态

有的时候，最有效的想法往往是最显而易见的。如果你想要确保自己培训的教师们能够不断地复制成功的做法，他们就必须要反复地练习。因为新教师们不仅需要学习和掌握这些全新的教学技能，还需要反复地锤炼，直到他们可以完美地实施这些技能并将它们内化为习惯。在我个人的职业发展过程中，以及我针对下属的新教师和教学领导开展的职业化发展培训中，事先规划和不断演练既定的教学方案，直至获得完美的效果是最具备效力的做法。

我想给教学领导们提出的建议是，为教师们创造一个有利于持续发展和自我反思的环境时，身为教学领导的我们需要以身作则、亲身示范。因为教学领导们应该被学校和教师群体视为学习领头人，我们不要害怕公开自己的教学失误或需要提升的教学领域，我们需要能够随着时间的推移，不断地向自己的同仁和下属展示自己在这些不足方面的发展和提高。

拉蒙特·布朗博士（Dr. Lamont Browne），教学主管，特拉华州威明顿市

核心理念

为了实现高效教学，要确保演练先于授课，而规划先于演练。

跟进和重复

后续跟进在确保教师有效实施与你共同制定的教学方案中发挥了至关重要的作用。在下一次观摩该教师的课堂教学时，你只需要专门检查某项教学技能是否成功实施，并在下一次与该教师会面时，将观察的结果告知他即可。如果该教师成功地展示了该项技能，则可以重点表扬；如果该教师还存在问题或不足，则应该再次开展反复的练习。

遵循下面这些原则可以确保后续跟进行为取得显著的效果。

● **事先约定观摩时间。** 当你想去观摩你给新教师的培训内容在课堂教学中的实施效果时，先简单地询问教师何时可以。这将向教师传达一个强有力的信息，即你十分希望这些教学行动能够得以实施，并且他可以取得成功。

一线教学实践反馈：拍摄课堂教学

我的教学主管非常头疼如何让教师们按照既定方案实施教学操作步骤，因为教师们从来都没能真正地贯彻执行他们在教学反馈会议上制定的教学操作方案。于是我们决定拍摄教师们的课堂教学过程。在下一次的反馈会议上，我们一起观看课堂视频，教学主管们几乎立刻就能看出教师们在哪些地方偏离了既定方案。看到自己的失误之后，教师们开始重新实施既定方案的意愿变得更强烈。一周之后，等教学主管再度观摩课堂时，他发现既定教学方案执行的效果大大提高。而教师们也继续沿用这个方法进行后续的培训。

桑德拉·左洛维奇-莫茨（Sondra Jolovich-Motes），

教学主管，犹他州奥格登市

● **锁定需要完成的任务。** 对于一个经验相对不足的新教师或任何教育工作者而言，最重要也最困难的一件事就是要记住所有必须要完成的教学任务。因此，你最好能和你的新教师坐下来一起编写教学任务清单和完成时间（我们将在第二阶段培训要领章节详细探讨这一点）。

- **充分利用各类资源来提供支持。** 确保你可以使用任何可用的资源来支持教师们的发展。无论是教学指南的复印件，还是用于进行课堂效果自我评估的视频摄像机等。

后续跟进能确保我们自然而然地过渡到下一轮练习。强调教师们在本轮培训中做得好的地方，并在下一阶段行动步骤的练习和技能掌握训练中以此为基础。这样，每个阶段打下的坚实基础就都会成为下一阶段发展的基石，教师们也就可以获得持续的周期性发展。

一线教学实践反馈：营造后续跟进反馈教学文化

我一直以来都是观察和反馈的坚定拥护者，但本书提供了与这有关的一些新思路，即后续跟进反馈。当你持续性地施行后续跟进和反馈后，你的教师们会形成习惯，如果你忘了回到他们的课堂去进行后续的跟进和反馈，他们甚至会主动要求你去这么做！因为这对于他们来说成了一个重要的反馈流程，他们也十分欣赏这种做法。他们知道你何时会再次观摩他们的课堂，并且期待你进一步给出更多的反馈。这些反馈无需包含太多信息，却能够营造一种教学文化，让教师和教学领导们能够亲密无间地展开合作。

姜康·罗伊（Ginger Conroy），校长，科罗拉多州丹佛市

本节小结

当教学问题出现时，你肯定希望在现场提供帮助的人已经做足了事前的准备。这就是为什么在教师职业化发展中，反复演练有着不可忽视的重要作用。在需要使用特定教学技能之前进行反复的演练，是确保真正需要应用时可以万无一失的关键。不要希望一个陌生的教学操作能够奇迹般地帮你克服一个

巨大的教学挑战，这种事件的发生不过是偶然。如果你想要确保自己一定能够取得成功，那么反复的练习就是确保万无一失的唯一做法。

到目前为止，为了更快地帮助新教师获得更好的发展，我们已经介绍了教学领导者在开展新教师培训时必须利用的两个核心培训原则：将教学操作步骤细节化，让接受培训的教师清楚地知道自己需要做什么；为新教师提供课堂外演练的机会，确保新教师在课堂上使用新技能时能够取得成功。下面，我们将继续讨论第三个教师培训原则：更频繁地提供反馈。

暂停并思考

回顾一下你在上一个暂停并思考部分写下的内容，从中选择一个设计教学步骤。

第一步（提前规划）：你可以与接受培训的教师一起制订什么样的计划，以确保下一步的演练能够取得最佳效果？

_____

_____

第二步（认真练习）：练习的重点是什么？即该教师最可能遭遇困难的地方是什么？

_____

_____

第三步（后续跟进）：为了夯实培训和学习的效果，你与该教师应该重点完成哪些后续跟进的任务和操作？

_____

_____

原则三：更频繁地提供反馈

当医院的住院实习医生第一次进行手术时，他们绝对不能孤军奋战。相反的，他们需要与一位经验丰富的医生一起合作。在任何看起来可能会出现问题的时候，这个指导医生负责提供意见，有时候甚至会直接中途接手。我们大多数人默认手术室里的这种操作和关注是理所当然的。在医学领域，我们完全能够理解在手术过程中有一位经验丰富的专业人员存在的必要性，因为他们的存在有的时候就意味着病人的生存希望存在。在手术过程中，没有这样一位经验丰富的医生来纠正错误，其后果可能是无法想象的。这其中包含的潜在前提是，在医疗保健领域，患者的生命是最重要的。而负责指导的医生在确保患者生命权的同时，还可以培训住院实习医生——他只需要在可能出现问题的时候介入即可。但是让这种操作产生效果的另外一个前提是，通过及时介入和实时指导，经验丰富的医生事实上给住院实习医生提供了更多的反馈，从而让住院实习医生更快地变得更好。任何接受过经验丰富医生陪同手术的住院实习医生都会承认，通过这种做法，他们能够以更快的速度成长为合格的医生。这种操作并不是锦上添花，而是不可或缺的培训。因为没有这种操作，我们将无法提供足够多的训练有素的医生来满足不断增长的医疗需求。在过去、现在和未来，作为接受医疗服务的病人，我们都是这种加速成长过程的直接受益者。

新教师跟医院住院部的新手医生类似，他们都是新手，但他们都需要能够立刻投入到服务大众的工作中去。如果我们在新教师培训领域也采用新手医生培训的方法，会产生什么样的成果？

汉纳谢克和瑞弗金以及许多其他人已经证明，连续多年的优质或者糟糕的教学的确会对学生的学习效果造成巨大影响。尽管这种影响不像医学领域那样生死攸关，但对于我们的孩子而言，需要承担的风险和代价依然十分高昂。但更有效的教学培训则可以扭转这种局面。

如果我们能够为教师提供更频繁的反馈，并在需要时介入，就像我们期待经验丰富的医生能够为住院实习医生所做的那样，那我们将不仅能够改善学生当前的学习效果，还能够加快教师的成长速度。

核心理念

得益于主治医师的亲自指导，住院实习医生能以更快的速度成长，并为患者提供更好的服务。为了加速新教师的发展和帮助学生取得更好的学习成绩，我们也应该在教师培训领域遵循医生培训的原则。

但是，在当前的教育领域，必不可少的频繁和实时反馈往往是缺失的，有时候甚至是被禁止的。仅仅是强调更频繁的反馈的重要性，就是一个不小的挑战（我们将在第二阶段培训要领中进一步详细地探讨这一点）。更值得注意的是，有一条不言而喻的默认规则，即当教学正在进行时，学校教学领导者至多能够扮演一个沉默观察者的角色，因为当教师走上讲台的那一刻，他就成了不可触及甚至是神圣不可颠覆的权威存在。这条规则之所以根深蒂固，是因为教学过程中的实时介入和反馈的确存在真实的风险。如果实时反馈的质量较差，那授课教师的权威，或其在课堂上的领导力和掌控力可能会被削弱。

然而，高质量的实时反馈可以发挥类似医疗实践的效果，帮助教师迅速成长。课堂教学时间就代表了学生智力和精神层面的生活。如果我们在课堂上看到一些问题，并且这些问题已经影响到学生的学习效果，但我们未能在学生失去宝贵的学习时间之前纠正这些问题，那么这对于学生和授课的老师来说，都是一种严重的损害。如果我们放弃了实时反馈，学生和教师就都会错失重要的学习时机。就像我们担心外科实习医生可能会发生状况一样，从未获得实时反馈的教师，同样承受着在关键时刻无法正确完成工作的风险——并且很有可能在未来的教学中，无数次重复同样的错误。而那些将孩子的未来放在教师手上的人，也同样会遭受损害。此时，虽然我们尊重老师对自己课堂的控制和主导权利的初衷是好的，结果却是糟糕的，因为我们牺牲了教育最本质的目标——确保学生的学习效果。

擅长快速培养教师的教学领导，能够通过实时改进教学质量，来突出和强调学生的学习效果，并且能够在不破坏教师主导性的前提下做到这一点。然后教师就可以在未来的教学工作中，继续结合这些实时反馈进行完善。在首次提供反馈的教学领导离开教室后的很长一段时间内，该教师依然能够持续有效地为更多的学生提供更优质的教学。

> **一线教学实践反馈：不要纠结我们原本可以怎么做，而要强调我们当下正在怎么做**
>
> 实时反馈可以让我们教学关注的重点从"我们原本可以怎么做"转移到"我们当下正在怎么做"上来。实时反馈能够让授课教师和观摩的教学领导形成一种共同关注当前教学的关系。这使得二者的关注重点，不再是我们原本可以如何操作或课堂教学原本可以取得何种效果。尽管实时反馈有时令人不爽，也需要二者之间建立一定的信任，但在实施得当的情况下，实时反馈能够带来巨大的变化。
>
> 詹妮弗·杰克逊（Jennifer Jackson），校长，科罗拉多州丹佛市

为了更好地了解良好的实时反馈的效果，即如何能够有效地将教学指令的效果提升到全新的高度，以及实时反馈的操作思路，让我们来看看亚特·沃雷尔（Art Worrell）如何指导他下属的全球历史课老师迈克尔更深入地了解授课内容。他们针对学生拓展练习的"概念框架提炼"能力进行了培训，即要求学生能够在基本理解的基础上，表达对更大层面的概念的理解。在接受培训的这节课上，学生们将《汉谟拉比法典》与《摩西五经》（比《汉谟拉比法典》成书时间晚几百年）进行比较，并分析时代之间的延续性或发生变化的程度。迈克尔不知道如何才能够引导学生对这两本古籍进行简单的比较。于是在课程结束时，亚特向迈克尔的学生们提出了一个重要的批判性思维问题："我可以提个问题吗？这些书籍内容会随着时间的流逝而发展吗？"随后，亚特和迈克尔又一起反思和讨论了这个问题对精准教学的推动作用。亚特决定在这个时候介入教学的做法，事实上立刻改善了学生的学习效果。这对迈克尔来说也是

一个实现自我突破的时机，因为他能够看到提问在概念化提炼和理解方面的作用。亚特和迈克尔完全可以在课后的回顾会议中探讨这个问题，但能够在当下亲眼看到学生的进步，会更快地给教师留下一个持续性更久的深刻印象。这就是实时反馈效果的最佳体现——同时促进教师和学生的发展。它不仅加快了课堂改善的进程，还能够立刻带来显著的转变。如果没有实时反馈，这种转变可能需要教师花费数天或数周的时间才可能实现。

毫无疑问，想要收获实时反馈的丰厚回报，尤其是在许多教师不习惯实时反馈做法的时候，就需要非常谨慎地操作。本节将介绍实时反馈的各个重要步骤，以确保我们在收获其益处时，能够对学校的教师们表达我们的尊重。其操作步骤如下。

- **创建实时反馈的教学文化**。为了确保实时反馈的作用，教学领导必须公开对其表示支持，而教师们则需要参与其中。幸运的是，在精心准备的教师职业化发展培训的帮助下，我们可以在开学之初就完成这项任务。

- **选择恰当的时机**。能够选择合适的时间来提供实时反馈，将能够最有利于学生和教师的发展。

- **选择侵入性最低的方法**。就像做外科手术那样，我们应尽可能以快速、清晰及侵入性最低的方式来提供实时反馈。

- **开展后续跟进和反馈**。在实时反馈后总结经验和教训，以确定哪些因素让全新的教学实践取得了杰出的效果，以供未来继续实践。

创建实时反馈文化

从未接受过实时反馈的教师，可能一开始会因为它而感到灰心丧气，尤其是当他们没有预料到自己会收到实时反馈时。而避免这种心理产生的最佳方法，就是在学校里创建实时反馈文化。因此，在学年一开始就需要向教师们明确传达，教学领导在观摩他们的课堂教学时，会定期给出实时反馈，且实时反馈作为教师培训的一个重要环节和内容，并不会对收到反馈的教师产生任何不利影响。这意味着我们不仅需要确保实时反馈的意图和定义公开透明，还需要说明每个教师能够如何利用实时反馈获得最大的益处。做到这两点，将大大有助于实时反馈成为学校文化的一部分，并得到教师们的期待和欣赏。

确保实时反馈成为学校文化一部分的关键因素是，使其成为一种习惯。如果你可以定期提供实时反馈，那么这种一致性会使其成为一种常态。为了确保施行的顺畅，在学年之初就以实时反馈的效用开展针对性的教师职业化发展的简短培训（如果教学演练的效用对你们学校的老师来说也是一种常态的话，可以结合二者进行培训）是非常有益的。

第一阶段，即教学开始之前的阶段，将详细描述在开学前进行教师职业化发展培训的价值，以确保新教师们可以在新学期的第一天之前，就掌握必需的教学技能，并做好教学的准备。这些培训过程将是向新教师们介绍实时反馈的最佳时间。

一旦教师们做好了接受实时反馈的心理准备，剩下的工作就是实时反馈的实施和演练。身为教学领导，你需要确保实时反馈能够定期而持续地进行。与其他任何事情一样，正是不断重复的后续跟进使得良好的教学操作成为一种习惯。不久之后，你就能够在校园里建立文化期望，即你的学校将定期实施实时反馈，并且整个学校的师生都将从中受益并对其充满期待。

选择恰当的时机

在选择开展实时反馈的恰当时机时，第一个最重要的决定因素是，它是否有助于学生开展学习并使得课程教学更顺畅。例如，假设你正在观摩一位教师的课堂，并发现他还没设定一个很好的教学目标，就开始了实际的授课。在这种情况下，指导该教师制定更有针对性的教学目标将是一项非常有价值的工作，但实时反馈并不是进行这项工作的最佳方式。因为这么做会完全打乱该教师的既定教学方案，很可能会让他不知道该如何讲完剩余的课程内容。并且，对学生来说，一堂完全脱离原定计划的课程的危害，比一堂设计不完美的课程要大得多。但如果你观察到的问题是一个学生没有按照要求完成教师布置的任务，那么你可以通过实时反馈，让该教师立即纠正这个学生的行为，这样你就可以在当下立即改善学生的学习效果，且不会对他们的未来造成任何负面的影响。

　　决定开展实时反馈的恰当时机的第二个因素是，反馈的信息量是否足够小，即是否能够在无需额外训练的情况下立即实施。我们在前文中提出的教师培训的第一条原则就是将教学技能细节化，这就要求我们在提供反馈的时候，专注于确保行动步骤的细节性和可操作性，以确保接受反馈的教师可以立即实施。而当我们给出实时反馈时，反馈的信息量和可操作性要求就更高了。我们需要更进一步地细化，即我们要确保我们能提供可以让该教师在当下时刻，无需任何额外的培训或演练，就能立即实施的细节化操作。这一点对实时反馈来说至关重要。如果教师没能立即正确实施反馈给出的建议，那么耐心地等到在稍后的反馈会议中再就同一问题进行更深入的反馈和训练将是最佳的做法。

确定何时开展实时反馈的要诀

1. 确保不会打乱既定的教学计划，并且能够改善学生的学习效果；
2. 可以在无需额外训练的情况下立即执行。

　　选定了恰当的时机后，下一步操作就是如何有效地向该教师传递反馈的信息。

如何传递反馈的信息

　　正如我们在本章开头所述的外科医生那样，向教师们提供实时反馈的教学领导们，也必须尽可能采取最不具有侵入性的方式，即确保接受反馈的教师依然能够控制尽可能多的教学操作。下面我们将提供一系列可以用来给出实时反馈的方法，并按照侵入程度进行排序。见效最快且侵入性最低的方法将是最佳的方法。但在比较复杂的情况下，我们可能不得不采用侵入性较强的实时反馈。

见效最快且侵入性最低的方法：非语言提示

阿什利·安德森（Ashley Anderson）下属的教师阿耶欧玛·杜鲁（Ijeoma Duru）正在接受教师发展第二阶段的培训，且培训的重点是她监控整个课堂和找出没有响应教学指令学生的能力。在阿耶欧玛上课的第一天，阿什利坐在教室的后面，采用具有最低侵入性的实时反馈——非语言的提示来为他提供帮助。她准备了很多白纸板，当教室里的学生没有将注意力放在老师要求的内容上时，阿什利在白纸板上写"跟踪"一词来提示阿耶欧玛要关注学生的行为；当阿什利举起写着"扫描"一词的白纸板时，就是在提醒阿耶欧玛下一步应该采取什么操作。没有学生发现他们之间的交流，这就确保了实时反馈不会打断正常的教学流程。

因为非语言提示非侵入性的特质，它也成了一个提供实时反馈的强大工具。除了阿什利采用的白纸板外，还有很多不同的形式，例如：

● 打手势——以食指相触来表示转身交谈；

● 视觉提示——例如，你可以举起一张红牌来提示你在课前与该教师归纳的某个特定错误（如该教师在不需要过多解释的情况下讲得太多了）；

● 另一种肢体非语言提示——例如，用夸大自身的站立姿势来提示授课教师需要抬头挺胸地站好。

但通过非语言提示的方式来提供实时反馈，需要花一些时间进行准备工作，因为你需要让接受信号的教师知道你发出的信号是什么，以及它代表了什么含义。如果你事先已经知道自己计划针对教师的授课做出哪些实时反馈，你就可以和该教师在课前联系，让他事先了解你打算应用的一些提示或信号。一且你与授课教师达成一致的理解和预期，那么授课过程中提供的非语言实时反馈，就能够取得闪电般的成效。因为来自教学领导的一个快速手势，能够将它所代表的所有内容无缝地转化为教师的执行行动，并将对该教师的课堂产生持久的积极影响。

侵入性相对较低的方法：耳语提示

还记得前文中的尼基·布里奇斯和她的教师杰克逊·托宾吗？经过第一阶段的培训，杰克逊已经掌握了引导学生完成任务的技能，但因为他无法判断学生什么时候会开小差或不按照要求完成任务，他就不知道什么时候使用这些技巧。因此，在第二阶段的培训中，提升其扫描课堂的能力是他接受培训的重点。尼基在学生独立练习期间，低声向杰克逊给出了反馈："当我把手举过学生头顶时，暂停讲课，与其进行眼神接触，然后发布'告诉学生该做什么'的教学指令。"

这就是另一种侵入性相对较低的提供实时反馈的方法：耳语提示。实施得当的情况下，耳语提示可以像非语言提示那样实现绝佳的效果，哪怕我们已经发出了声音。即便使用了耳语提示，我们依然能够在不打断教师课堂教学的情况下传递我们的反馈信息。前提是我们能够遵循使用耳语提示的两个关键因素：

- 挑选一个学生正在完成任务的恰当时机；
- 速战速决：快速地讲清楚教师需要采取的行动，以及你给出建议的理由。

提供耳语反馈的最佳时机很显然应该是学生进行独立练习、小组讨论或轮流发言等任务时。在这些时刻，学生们不会因为教师和教学领导之间的互动而受到影响或分神。且在学生自行完成任务的情况下，教师将能够更加专注于聆听教学领导所提出的反馈。

只有在反馈非常简洁时，所有这些技巧和做法才能奏效。这就意味着你的耳语反馈长度不应该超过三句话。因为在教学正在进行时，一个老师不可能长时间地将所有的注意力都放在教学领导的反馈上。因此，尽可能确保耳语反馈内容的简洁性——简洁明了地陈述你希望该教师采取的教学操作及背后的理由。正如一位外科医生总会选择最有效的手术操作那样，我们给出的耳语反馈也应该同样的简洁高效。

一线教学实践反馈：通过寥寥数语给出解决方案

我下属的一位教师在引导学生进行阅读练习时，遇到了如何确保流畅性的难题。她以前的做法是，让学生按照座位顺序依次大声地念出文章内容，但这剥夺了每个学生专注于理解文章并自行练习阅读的机会。通过一个简短的耳语反馈（"让学生自己轻声朗读"），该教师能够立刻发出教学指令——让学生轻声自行朗读。这确保了每个学生都能够专注于文章的学习，而不是无聊地等着轮到自己朗读。我下属的教师们热爱实时反馈的原因是，它能够立刻带来转变并取得成效，也使得学生成为最直接的受益者。而且，类似细小的调整和改动在实际课堂教学过程中生效的速度，比我们在课前的培训环节中模拟的速度更快，这就意味着通过类似的耳语反馈，教师们能够更迅速地采取下一阶段的教学操作。

泰拉·郝林（Tera Hering），校长，俄克拉荷马州塔尔萨市

侵入性程度较高的方法：亲自示范

有时候光是语言描述无法产生效果，接受反馈的教师可能需要亲眼看到，才能够理解具体的操作要怎么做。在这个时候，最佳的处理办法就是亲自示范。亲自示范取得成效的速度，并不逊色于前面提到的两种反馈方法，并且我们可以在不挑战授课教师的课堂权威性的情况下，完成亲自示范的任务。

前文中的亚特·沃雷尔就采用了亲自示范的方法。在迈克尔的教学课堂上，亚特扮演了授课教师的学生这一角色，遵循了该教师的学生为了融入课堂学习而必须遵循的所有规则。例如，在发言之前，亚特也举手示意，并在得到许可之后才发言。当授课教师确定亚特可以在某个时刻向全班同学提出一个问题时，亚特也是以听课学生，而不是教学领导者的口吻，当着全班同学的面向

授课教师发出了指示，并将班上的学生当成了学习伙伴。这就意味着在亚特亲自示范的整个过程中，授课教师依然保持了对课堂的控制权。

亲自示范还有一个额外的好处，那就是可以让授课教师立即看到他本应该完成的工作。接受过我们采访的很多新教师表示，这也是他们在整个教师职业化发展培训过程中最喜欢的内容。一旦他们能够亲眼看到一个经验更为丰富的教师，对自己的学生进行亲自示范，他们就会增强对自己能够完成的教学效果的信心。虽然一开始可能会有点尴尬，但尊重了授课教师对课堂控制权的亲自示范，无论是对授课进行的当下时刻，还是对该教师未来数年的职业发展而言，都将产生无比深远的影响和益处。

一线教学实践反馈：简短的亲自示范可以带来翻天覆地的变化

作为一个新教师，我遭遇的最大问题是不知道如何保持正式的语气。我必须要意识到自己的语言需要匹配教学的预期。通过提供实时反馈和在我的语气偏离轨道时及时介入，我的教学指导员成功地帮助我掌握了这一项技能。在我需要提示的时候，她迅速地亲自示范正确做法，这让我受益匪浅。因为当她亲自示范一些能够快速调整的细节操作时，我能够立刻掌握并将偏离的语气迅速拉回正轨。如果没有她的亲自示范，我大概也不会发现自己在授课过程中存在语气方面的问题。

雷切尔·喀什纳（Rachel Kashner），教师及教学领导，新泽西州纽瓦克市

侵入性最高的方法：长时间的亲自示范

有的时候为了将课堂教学拉回正轨，你花在亲自示范上的时间要比前文描述的情况更长。你可以适当地延长在课堂上亲自示范的时间，这意味着你可能需要引导学生度过课程中存在问题的某个特定关键时刻，然后再将课堂的主导权交回授课教师手中。一定要记得在课后跟该教师再度回顾和总结课堂上的做法，以确保他能够理解你为何要这么做，并能明白哪些做法是有效的。

一线教学实践反馈：亲自示范带来的顿悟

我刚刚开始从事教学工作的第一年就遭遇了巨大的挑战。不管我花多少时间准备教案和消化其他人通过邮件给我提出的反馈信息，我都没能取得突破性的进步。这让我总是无法成为一个高效的教师，也不知道如何为学生提供有效的教学。每一天我都尽可能花最多的心思来准备教学和吸收其他人给出的反馈，但看起来收效甚微。我就是不知道到底哪里出了问题，甚至开始怀疑自己是不是适合做老师。但这个时候，我的教学领导以一种特别的方式给我提供了教学反馈，并终于让我顿悟了。

我当时刚刚要求学生在倒计时结束之前放下手中的铅笔，并将注意力放到老师身上。但是，大部分学生没有按照我的要求做。这个时候，我的教学领导站了出来，对着全班学生说："让我们再来一遍。"然后她亲自示范了要如何通过坚定的态度、毋庸置疑的声音以及与学生直接的眼神接触，来确保学生听从教学指令。让我感到惊奇的是，她示范完之后立刻将课堂主导权交回了我手上，并低声对我说："现在，你来试试看！先站直了，然后用坚定的语气要求学生把他们的作业交上来。"尽管在我重新掌控课堂之后，我的教学领导走到教室最远处与学生交流，但只要知道她仍然在我的教室里观察，我就觉得很安心。我按照她的方法又试了一遍，发现我的指令突然间就奏效了！亲眼看到她在几秒钟之前对着我自己班上的学生进行教学示范，让我能清楚地了解到自己哪些地方需要调整。通过亲自示范，我终于能够体会和理解她的肢体语言和发出教学指令的语气语调！我只不过是一丝不苟地模仿了她的做法，我的学生们就展现了惊人的配合度。

我随后在没有教学领导指导课堂的情况下，实践了同样的操作步骤和做法。神奇的事情发生了，我竟然取得了预期的教学效果！从那之后，我就无比热情地欢迎教学领导和校长来观摩和指导我的课堂。因为在每一次的指导和示范之后，我的教学效果都能够得到显著提升。从此，我不需要自己一个人坐在家里冥思苦想，或揣摩那些书面的反馈到底是什么意思，也不再盲目地猜测我的教学领导和校长是不是只看到了我最差劲的课堂教学。相反，我能够亲眼看到经验丰富的教师们利用我课堂教学的一个小环节进行示范，从而理解真正有效的教学操作应该如何实施，并且能够当堂尝试和实践。这样一个良性的循环，即亲眼看到优秀前辈的示范，然后立即在班上尝试和实践他们的优秀做法，实时观察教学的效果，正是让我成长为一名优秀教师的根本原因。

莎拉·沙纳汉（Sara Shanahan），教师，新泽西州纽瓦克市

开展后续跟进与反馈

实时反馈之所以如此有效，是因为接受反馈的教师能够立即现场应用和实践，使学生的学习效果更好，教师发展的速度更快。通过在提供实时反馈后与老师进行回顾和讨论，你可以进一步加强这种效果。可是，如果接受反馈的教师可以顺利地按照反馈实施教学操作，却不知道为何这样的反馈能带来教学的改进，那么教学改进的效果就不会持久。因此，我们需要进行后续跟进与反馈。这个过程可以在同一个课堂时段进行，也可以在与该教师进行的下一次反馈会议上进行。你可以这样开场："当你在课堂上提问学生以查看他们是否理解教学内容时，我让你先点大卫再点艾伦。你知道这样做对你教授剩余教学内容的方式有何影响吗？"

这么做能够让该教师指出具体的教学行动并理解其影响，从而增加他在未来教学中继续实施该行动的可能性。

◎ 本章小结

实时反馈是一个可以加速教师职业化发展的实践。因为它缩短了教师对反馈作出回应的时间，所以学生可以学到更多的东西。此外，正如莎拉·沙纳汉在她的教学实践反馈里所说的那样，实时反馈往往也会成为教师反思自己职业能力发展的一个突破契机。

如果实施得当，实时反馈可以成为教学领导者的撒手锏。正如住院实习医生能够凭借其主治医生给出的实时反馈飞速成长那样，教师也可以在教学领导的实时反馈支持下快速发展。

本书后文中的内容会对每个教学步骤都提供相应的实时反馈策略和建议。现在，先让我们将刚刚论述过的何时以及如何实施实时反馈进行简要汇总吧。

按照侵入性最低到最高顺序排序	范例
非语言提示 • 事先约定好的信号或非语言提示： - 手势； - 视觉提示（白纸板、红牌等）； - 非语言提示（姿势）。	• 手势： - 在教室后面指向某个学生：暗示该学生开小差了； - 双手交叠：审视一下自己的教学姿势；手指指向眼睛：扫视全班学生以寻求学生的响应； - 对空写字：给学生布置"每个人都要动笔写作"的任务。 • 视觉提示： - 红牌：教师讲的太多了； - 带词的提示牌/白纸板："不定时点名""为什么"（即教师提问"为什么"）及"扫描"等。 • 非语言提示： - 通过夸张的肢体动作提示授课教师要站直或站稳。
耳语提示 • 恰当的时机：即学生在进行独立学习、小组交流或轮流发言等学习任务时，以及教师不在教室前面时； • 正确的行动：在30秒内陈述学生要做什么，以及为什么要这么做。	• 学生没有跟上老师的节奏： - "你有一些学生在你发出指令时没有跟上你的节奏。停下来，对学生说'按我说的做'，然后看一下学生的反应。学生没有跟上你就不要继续进行下一步的教学。" • 注意时间分配（老师做的工作太多了）： - "当学生结束小组交流时，在你进行讲话之前，让四个学生分享他们的观点。" - "蒂安娜有一个一般的答案，雷蒙的答案很好。请蒂安娜和雷蒙在课堂上分享他们的答案。"

（续表）

按照侵入性最低到最高顺序排序	范例
亲自示范 • 恰当的时机：即如果不及时介入将导致学习效果或课堂管理效果变差的时刻； • 获得授课老师的许可：可举手示意并征求授课教师介入教学的许可； • 以夸张和强调的方式亲自示范：运用能够促进高效教学的语言进行表述，并阐述自己行动背后的理由； • 在后续的回顾会议上再进行事后检视，可以提出下列问题： 　－ "我为什么要介入你的课堂？我做了什么？" 　－ "我的介入对你的教学指导产生了什么影响？"	• 向全班学生提出下列问题： 　－ 在你们开始写作后，X女士希望看到你们包含哪些重要内容？ 　－ 如果我提前完成了写作任务，我应该要做什么？ • 以正确的方式来引导或激发学生给出正确的答案： 　－ 写作任务："同学们，你们能够在自己的答案里引用原文作为例证，这一点做得特别好。下面，我希望大家能再调整一下自己的答案，让它能够清晰明确地将你的例证与你的论点结合起来。" 　－ "同学们，听好啦。我希望大家在回答问题时可以援引问题里的表述来回答。接下来我会点几个同学来回答问题，看看大家能不能做到。" • 亲自示范教学技能： 　－ "同学们，请看着我。"亲自示范如何假装关注全班的每个学生，然后轻声向授课老师低语："看看我是怎么假装关注全班学生来监控学生们的表现的。" 　－ "下面我将私下向大家提出问题，因为我不知道大家是不是都理解了刚刚讲过的内容。" 　－ 在学生独立完成任务时，与学生进行三四次单独对话，向授课教师示范如何通过私下提问来确保学习效果。 　－ "下面我想要重点强调一下大家做得好的地方，比如我看到××同学在××方面做得很棒（表扬的具体内容可视情况调整）。"
长时间的亲自示范 • 恰当的时机：即课堂的情况要求你不得不延长主导课程的时间来确保教学效果时； • 事先规划：事先约定好就课程的部分或全部内容进行示范授课的时间。	• 介入： 　－ "B女士，你刚刚讲了一个很关键的信息点。不介意我在你的基础上继续补充吧？" 　－ "我下面提出两个问题。我希望大家能给出'完全正确'的答案。" 　－ "X同学，你的答案不算完全正确，因为它没能体现最重要的一个细微差别。"

暂停并思考

设想一个实时反馈能够帮助你更好地培训新教师的情况。在上面给出的四个方法中，哪一个将有可能成为你给出实时反馈的最佳方法？请在下面的选项中圈出你的选择：

非语言提示；

耳语提示；

亲自示范；

长时间的亲自示范。

并在下文的空格处写下你计划下一步开展的实时反馈计划。你将对该教师说什么或做什么？

_____

_____

　　读到本章结尾意味着你已经掌握了如何有效指导教师的基础。接下来，我们将更仔细地研究在新教师的各个培训阶段中到底包含哪些具体的技能。必要时，利用下表，你可以更快速地查阅你想阅读的章节。

表2-2　教师培训范围和顺序速查表

如果教师存在下列问题	请跳到
不知如何制定课程的基本框架和流程	第一阶段的教学管理
不知如何制定高效的教学方案	第一阶段的精准教学
如教师已经完全掌握了第一阶段的所有技能，且存在下列问题	**请跳到**
不知如何去实施课程既定流程并监测教学效果	第二阶段的教学管理
不知如何引导学生开展有效的独立练习	第二阶段的精准教学
如教师已经完全掌握了第二阶段的所有技能，且存在下列问题	**请跳到**
不知如何确保全班同学100%的专注度	第三阶段的教学管理
不知如何调整课程计划来满足学生当下的学习需求	第三阶段的精准教学
如教师已经完全掌握了第三阶段的所有技能，且存在下列问题	**请跳到**
不知如何留出课堂时间让学生以小组为单位进行讨论	第四阶段的教学管理
不知如何引导开展学生的讨论	第四阶段的精准教学
如教师已经完全掌握了第四阶段的所有技能，且存在下列问题	**请跳到**
不知如何将教师主导的讨论变为学生主导的讨论	后续拓展的精准教学

第 三 章

开学前：提前进行教学演练

在从事教学工作的第一个学期开学前，诺埃尔·博尔赫斯（Noel Borges）跟其他新教师一样，还没有为第一天的教学工作做好准备。诺埃尔毕业于一所优秀的大学，曾观摩和体验过无数优秀教师的课堂教学，也学习了与优秀教学策略相关的最新研究成果。尽管做了前述种种准备，但在九月份即将到来的星期一，诺埃尔也是第一次站在一个坐满了中学生的教室里独立完成教学。

作为教学领导，我们如何确保类似诺埃尔的新教师，能够适应从学习教学到实际教学的重大转变？如何确保诺埃尔可以赢得学生的尊重、得到学生的关注？如何确保诺埃尔能够在学生全神贯注时，顺利地开展六年级第一节历史课的教学？

诺埃尔的校长，塞雷娜·萨瓦里纳雅将这些问题放在了心上。那她的解决方案是什么呢？把诺埃尔第一天的教学当成是百老汇首次登台演出。所以在开学前的几周里，塞雷娜与诺埃尔和同批次的新教师们一起，反复演练开学第一天的教学。就好像彩排一台备受期待的新剧那样，一点一点地琢磨，一遍又一遍地演练，按照实际上课的时长，在实际授课的教室里，要求新教师们按照正式讲课那样反复锤炼和打磨自己的教学技能。

教学和舞台表演有着一个至关重要的相似之处，即二者都需要根据现场观众的响应和反馈来调整自身。为了确保能够提供完美的现场表演——值得观众起立鼓掌，你就必须要同时平衡好两部分的内容，即需要根据现场观众的反应而做出的调整，以及无论什么情况下都必须按照原定计划完成的内容。因为我们很难为未知的变化做准备，而且我们无法提前预测所有的变化，所以只是知道变化可能随时会出现，就能够让经验丰富的舞台表演者在大幕拉开（或学校大门打开）之前感到无比紧张。但是如果你能够无数次排练即将呈现的内容，让它们变成你的条件反射，就像你早上会下意识地泡咖啡那样，那你就具备了鼓足士气的能力、从后台走到台前的勇气，以及在任何情况下，都能够为你的观众呈现他们所预期的完美表演的本事。因为你已经形成的肌肉记忆，能够帮助你克服怯场并确保表演的顺利进行。

这正是我们需要每一位新教师能够在开学第一天做到的事情。但与演员、歌手或舞者不同的是，新教师在第一次踏上讲台的时候，极有可能从未实际体验或演练过开学第一天的教学工作。正如诺埃尔那样，这些新教师们很有可能接触过和引导教学或管理课堂相关的通用准则或要求，但从未提前准备过自己一个人如何管理或引导教学，不知道这里会有什么具体的要求或挑战。正如德博拉·勒文贝格·鲍尔（Deborah Loewenberg Ball）和弗朗西斯卡·M.弗扎尼（Francesca M. Forzani）在《构建教学培训的共同核心课程标准》（*Building a Common Core for Learning to Teach*）一书中所说的那样，美国当前的普遍做法是，更多地关注如何聘用"更好的"教师，而不是在新教师刚接触教学工作时对他们进行培训。正如鲍尔与弗扎尼所说的那样，这是一场"豪赌"，因为我们将每位新教师在课堂上取得的实际成功，归功于他们已经取得的相关资格，而这却不一定能够确保他是一名"更好的"教师。

塞雷娜拒绝类似的豪赌。她通过暑期的教师培训，确保了新教师可以实现教学的成功。因为这些培训课程要求所有接受培训的教师，能够在开学前掌握或完善教学所需的所有技能。之所以在开始教学之前而不是之后进行培训，恰好是因为新教师需要掌握这些技能。这就是为何本章第一阶段的培训需要在开学第一天的前几天或前几周完成。新教师们需要在与学生见面之前掌握这些技能，因为这些技能是确保新学年能够顺利展开的入门技能。

> **核心理念**
>
> 开学第一天第一次踏上讲台的新教师会因为紧张而怯场，
> 但反复的演练能够打破这个魔咒。

让我们一起来看看第一阶段的培训要领，了解一下哪些方法可以帮助我们更好地培训教师，并让他们更好地掌握相关技能。

引导教师职业化发展

让我们先回忆一下本书在第二章提到过的三个基本培训原则：

- 将教学技能细节化；
- 提前规划、认真练习、后续跟进、循环反复；
- 更频繁地提供反馈。

在学年之初，这三个培训原则要如何操作？我们应该在开学前的教师职业化发展培训中融入这三项原则。但因为教师们尚无真正的学生可以练手，所以此阶段的所有培训均以工作坊或模拟的形式展开。培训的成效最终呈现于开学第一天的课堂，接受培训的教师应该能够在这一天将所有这些技能付诸实际教学。

实践出真知

实践是最好的学习方法。成年人学习新技能不是通过聆听或阅读相关内容，而是通过将技能付诸实践。这个想法完全改变了传统教师职业化发展的培训思路。因此，高效教师职业化发展培训的目标不再是提供内容，而是提高所开展实践的质量。

核心理念

教师职业化发展的质量要取决于培训参与人员的实践质量。

用最简单的话来说，有效的教师职业化发展能够为参与者提供一个亲眼见证、亲自描述和亲身实践的机会。在这里，我们简要概述了能够实现这一目标的教师职业化发展的基本组成部分。

1. 亲眼见证。眼见为实这一道理在有效的教师职业化发展中被体现得再明显不过了。教师们需要看到某项教学技能在优秀实践中的操作过程，无论是通过观摩优秀教师前辈的实际操作，还是阅读示例课程的规划。这种示范将成为教师们理解技能该如何实施的基础。

2. 亲自描述。亲眼看到就会相信，而亲自描述则会让参与培训的教师形成深刻记忆。当参与者有机会分享他们在前辈的示范中看到的东西，并用行内话来描述时，他们就能够有效地内化在示范中学到的东西。此外，你还可以创建一种共享语言，让整个学校的教师群体都可以使用该语言来为彼此的技能实践提供支持。

将亲眼见证和亲自描述结合用在教师职业化发展中，能够取得令人难以置信的教学效果。凯莉·道林（Kelly Dowling）就是这么做的。在引导教师们进行积极的课堂监控（属于第二阶段的精准教学技能培训）时，她并没有直接告诉教师应该如何准备监控课堂，而是向接受培训的教师展示了一份教师讲义的范例。在范例讲义中，她把教师在监督学生学习情况时应该要关注的所有关键点，都标注出来并做了笔记。接受培训的教师需要查看这个范例讲义，并讲出其中包含的重要的教学操作步骤。在这个过程中，凯莉的目标是，让接受培训的教师尽量通过自己的分析和发现找出尽可能多的教学行动步骤，而不是直接告诉他们答案。在教师们都找出关键点之后，凯莉会肯定他们的理解，并灌输一个他们在稍后的演练中可以坚持的核心理念。

3. 亲身实践（练习）。 当接受培训的教师在观看示范案例，并能够找出其中重要的教学操作步骤之后，他们就可以站起来进行练习了。这是教师职业化发展中最有效的行动步骤，但目前尚未得到充分的重视和利用。我们需要再次强调这个百听不厌的真理——如果教师们没有机会在教师职业化发展培训中实践相关技能，他们就永远没办法掌握它。

> **一线教学实践反馈：利用速查表来完善实时反馈**
>
> 在教师职业化发展培训期间，进行实战演练对帮助他们成长有着至关重要的作用。我们在这里可能遭遇的问题是，如何要求教师们在完成角色扮演后，针对他人的表现给出恰当的反馈。因为他们的反馈往往含糊不清，且没有什么帮助。为了避免这种情况的出现，我们为所有参加培训的教师提供了一张"反馈速查表"，表中列出了教师们在实战演练时常犯的典型错误及建议的行动步骤。如果你希望教师们能够给出具体的反馈意见，那你可以创建一个简单的反馈速查表，让教师们的实时反馈变得更加高效。
>
> 凯莉·道林，校长，新泽西州纽瓦克市

在正式教学开始之前，通过类似的教师职业化发展培训，新教师能够得到第一阶段所包含的所有独立技能的培训。这种形式的教师职业化发展培训能够取得很好的效果，是因为它以循序渐进的方式介绍了所有这些教学技能。例如，教师们可以从设计教学例程着手，接着继续设计如何实施该教学例程，并最终通过角色扮演和实施该例程来掌握具体的教学技能。

如果你在构思教师职业化发展培训的框架时，对其计划和设计感到不知所措，请不要害怕。我们在本书中为你提供了诸多可用的资源来帮助你规划教师职业化发展培训课程。例如，《像冠军一样教学：引领学生走向卓越的62个教学诀窍》(*Teach Like a Champion 2.0*)、《像冠军一样教学2：引领教师掌握62个教学诀窍的实操手册与教学资源》(*Teach Like a Champion Field Guide*)，以及《给教师的40堂培训课》(*The Ten-Minute InService*)等均提供了针对教师开展的教师职业化培训课程的规划和讲义。你可以从这些资源入手，量身打造自己的教师职业化发展培训。这将让你更容易行动起来，以及更迅速地取得成效！

一线教学实践反馈：你只需要45分钟

即便你已经准备了明确的培训行动步骤，但在亲眼见证和亲身实践之前，教师们也无法完全理解它们。只有通过亲自实践，教师们才能够明白自己需要做什么。为了实现这一目标，你并不需要长篇大论的教师职业化发展规划。你要做的很简单，即翻开本书相关实践章节，要求老师进行角色扮演（即练习，练习，再练习），然后向他们提供课堂反馈。遵循这个简单的框架，你就可以在教师培训方面取得重大进展。

克劳迪亚·雷秋里（Claudia Ricciulli），培训师，加利福尼亚州圣地亚哥市

开学前的最后准备：实地演练

即便我们完成了前述所有步骤，我们依然缺失了一个重要环节。新教师们依然缺乏将所有这些他们在第一天教学时必需的教学技能整合到一起的经验，即引导教学例程、进行授课、实时吸引学生注意力、在长达六到八个小时的全天候教学工作中维持最佳的工作状态。为了填补这一空白，朱莉·杰克逊和其他类似的教学领导者们一起，将百老汇的思维更推进一步——让教师们进行实地演练。

实地演练要求教学领导在学校开学第一天之前的两到三天，将全体教职员工聚集到一起。就像演员的带妆彩排那样，教师们的实地演练也需要在万事俱备的情况下开展。所有的材料都已经准备妥当，所有的教职员工都已经就位，想象所有的学生都在场，他们要逐步完成各个教学环节。如果可能，学生的角

色甚至可以由教师来扮演，前提是扮演学生的教师没有其他的实地演练任务。

实地演练是整个开学前教师职业化发展培训的谢幕演出。它将新教师所做的所有其他准备工作整合到一起，并为每个人提供了一个机会来确保开学之后的日常教学——每一门课、每一次课堂环节的转换、每个学生的到来和离开都能够正常运转。如果教学计划仍有不够完善的地方或任何教学例程仍有需要提升的不足，那教师们在最终的登台展示之前仍有机会和时间来进一步完善。

一线教学实践反馈：改革学校文化

一开始，在整个学校层面实施到校惯例的过程存在诸多漏洞，于是我们重新从调整和实施到校惯例开始着手。这是一个理想的切入点，因为这意味着一天教学的开始，并且每个人都要参与其中。我们要求全体教职员工都参与到校惯例的演练。一开始有些员工感到很困惑，不知道为什么要这么做。但是我们不断地反复演练，并运用描述和赞扬教学法。我们告诉员工："因为我们希望学生在来到学校的时候有个愉快的体验，所以我们需要这么做。每天早上，当学生来到学校时，在他们进入教室之前，我们要遵循'五一原则'，即在第一节课之前，每个学生都能够得到五个教师的肯定和赞扬。"

因为距离新学期开始已经没几天了，留给这个教师职业化发展培训的时间并不多，所以我们削减了所有"我们以前都是这么做"的老惯例。由我来直接决定哪些内容或做法应该通过邮件或文件，而不是通过提议的方式传达给全校教职员工，将让我们能够把宝贵的时间专注在最重要的事情上。

丹尼尔·彼得斯（Danielle Petters），校长，美国得克萨斯州达拉斯市

我们现在已经详细介绍了朱莉等领导人如何通过开学前的培训来培养新教师在关键领域的技能。现在让我们更深入地了解，新教师将在暑期教师职业化发展培训中学习什么。

我们将重点放在第一阶段要解决的三个核心技能领域：制定核心的教学例程和教学流程，在课堂上构建强有力的领导角色，以及编写教学方案上。这三个核心技能对应了在开始教学之前需要进行排练的关键领域。下文中的表

3-1更详细地阐述了每个技能领域应包括哪些具体内容。

制定核心的教学例程和教学流程

表3-1 第一阶段教学管理技能培训速查表

如果教师存在下列问题	请跳到
教学例程和教学流程	
不知如何制定课程的基本框架和流程	时刻牢记要规划和实践核心教学例程和教学流程
不知如何教会学生遵循新推出的例程	规划和实践该例程的实施
强有力的教学指令	
不知如何形成能够树立教师权威性的肢体语言（如教师存在懒散的姿态、眼神飘离或背对学生等问题）	抬头挺胸地站直
.不知如何以冷静而权威的姿态讲话	应用正式的表述

表3-2 第一阶段培训范围和顺序

教学管理技能培训	精准教学技能培训
制定核心的教学例程和教学流程 1. 教学例程和教学流程入门：制定和执行 • 时刻牢记要规划和实践核心教学例程和教学流程： 　- 解释清楚每个教学例程的含义及其如何操作； 　- 书面规定教师和学生在每个步骤应该如何操作，并讲明如何处理没有按照例程操作的学生。 • 规划和实践该例程的实施：如何首次介绍该例程： 　- 做好"教师该做什么"的计划，即自己将如何示范该例程的实施； 　- 事先规划好出现学生不遵守例程的情况时该如何处理。	编写教学方案 1. 制定高效教学方案入门：以学生的学习需求为导向，打造高效教学的坚实基础 • 设定精准的教学目标，它们应： 　- 以数据为驱动（即以根据测试结果的分析得到的学生学习目标和需求为导向）； 　- 以课程大纲为驱动； 　- 能够在一节课的时间内完成。 • 将"教师该做什么"的方案作为课程教学方案的基本与核心。 • 根据所设定的目标，设计一份"随堂测试"（即简要的课末测试）。

（续表）

教学管理技能培训	精准教学技能培训
2. 强有力的教学指令：教师的站和说均应有目的地进行 • 抬头挺胸地站直：在发出教学指令时，不要来回走动，摆出正式的站姿。 • 应用正式的表述：在发出教学指令时，请确保用语正式，包括语气和词汇的选择。	**2. 内化现有的教学方案**：将现有的教学方案内化为自己的知识 • 挑选关键内容进行内化。 • 在教学方案中设置时间节点。

备注：在开学前教师发展培训期间，我们可以设计诸多培训主题，上表中列出的是教师们应该达到熟练或精通程度的主题，其他要设计的主题（哪怕教师们暂时无法达到精通程度）包括：

• 侵入性最低的干预；
• 如何表扬学生的积极表现；
• 如何激励学生；
• 教师雷达：如何发现开小差的学生；
• 再来一次：反复练习教学例程直至完美，即如果学生做错了，可以要求他们从头再来（且需要知道什么时候停止这种反复的尝试和练习）。

诺贝尔奖得主奥尔罕·帕慕克（Orhan Pamuk）的作品经常不按常理出牌。他极受欢迎的小说可能包括《我的名字叫红》（*My Name Is Red*）中一篇以粉笔的口吻讲述的故事，或在《纯真博物馆》（*The Museum of Innocence*）中，整整10页每句话都以"有时"（sometimes）开头的叙述。但是在写作过程中，帕慕克是一个有规律的坚持者。在2005年的一次采访中，他说自己的写作效率完全取决于能不能有一个完全独立的空间来进行创作，并回忆起自己多年前无法负担一个独立办公室租赁费用的心酸与痛苦。"我当时和妻子住在给已婚学生分配的公寓里，所以我创作的地方就是我睡觉的地方，"帕慕克说，"这让我心烦意乱。"

于是帕慕克为自己的困境设计了一个奇怪的解决方案。每天早上，他都会穿上正式的服装与妻子告别，好像他要出门上班一样。他说，"我会走出房子，走过几个街区，然后再走回来，就像一个人离开家走了一段路到了办公室那样"。这种把回家当成是抵达办公室的行为，让帕慕克能够坐下来，并带着满满的创作力和专注力，运用高超的技巧进行写作。哪怕事实上他不过是出去走了一趟，又通过同一扇门回到了家里。

乍一看，让帕慕克可以把同一个空间当成是两个不同地方的日常例程非常奇怪，甚至有点像妄想症。但从另一个角度来看，这也很有道理。帕慕克必须通过设定这样一个日常的例程，让自己能够从全新的角度来看待同一个空间，并以此明确地告诉自己："现在是我写作的时间，其他的任务和事情可以稍后再处理。"我们大多数人也是这样——正确的日常例程，能够让我们每天的工作变得更加容易贯彻、更加高效和富于创新。正确的例程和流程不仅不会扼杀我们的认知能力和创造力，还能够滋养我们最伟大的想法，赋予它们发展和繁荣的空间。

对于我们的学生来说，也是如此。一间教室不过就是一个房间而已，但如果我们能够实施正确的教学例程，教室就能够变成旨在激励学生思维和想象力的不同空间。

核心理念

一个教室就是一个房间，但实施正确的教学例程能够将其变成一个鼓励学生思维和想象力飞速发展的空间。

以下是新教师在第一阶段必须掌握的关键技能，以确保他们可以在新学年的最初几周内建立正确的教学例程。这些教学例程和教学流程能够让教室成为培养学习习惯的空间，而强有力的教学指令则能够帮助教师有效地教会学生这些教学例程。我们将以分解陈述的方式来具体展示我们如何帮助新教师实现这一目标。

教学例程和教学流程入门

教师职业化发展目标

教学例程和教学流程入门：设计和实施课堂管理的各项必备教学例程，以确保从开学第一天起，学生就能够积极参与学习。

　　导致教学例程操作失败的最主要原因就是，欠缺考虑周全的规划。当教师不知道或完全不清楚学生能够正确执行的一个教学例程应该是什么样的时候，想要学生真正完成教师的设想几乎是不可能的。这就是为何编写和演练日常例程是高效教学管理的出发点。

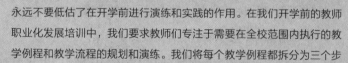

一线教学实践反馈：通过实践教学例程来形成共同的期望

永远不要低估了在开学前进行演练和实践的作用。在我们开学前的教师职业化发展培训中，我们要求教师们专注于需要在全校范围内执行的教学例程和教学流程的规划和演练。我们将每个教学例程都拆分为三个步骤的操作，并为每个教师都提供了一份详细描述操作步骤的实施指南。此外，我们还花费了一整天的时间来反复演练各个教学例程的操作，直到所有的教师都能够100%地清楚教学例程的操作和效果。

这个做法给我们带来了诸多好处。但一位新教师讲的一段话，能够最好地表达这个操作对我们全校师生的积极影响："作为新教师，我们原本不知道开学第一天会是什么样子，但现在我们十分放松和放心。"通过在开学前针对教学例程和教学流程进行精准的演练，今年我们的表现是我入职中东部初中（East Central Junior High）四年以来最好的。这种实践为我们奠定了坚实的教学基础，很快我们的老师们就可以成长为十分精通课堂管理的优秀教师。

约书亚·雷尼埃（Joshua Regnier），中学校长，俄克拉荷马州塔尔萨市以下是这些教学例程和教学流程能够帮助新教师们克服的最大挑战：

- 教师没能为课堂制定明确的教学例程；

- 这些例程对于学生来说是全新的——不管是因为刚刚开学，还是因为教师更改了原有的日常例程。

教学例程和教学流程入门：时刻牢记要规划和实践核心教学例程和教学流程

 培训要点

当前困境

教师没能为课堂制定明确的教学例程。

行动步骤

时刻牢记要规划和实践核心教学例程和教学流程：

- 解释清楚每个教学例程的含义及其如何操作；

- 书面规定教师和学生在每个步骤应该如何操作，并讲明如何处理没有按照例程操作的学生。

行动步骤概述

计划得当的教学例程能够彻底地解决下面这三个问题：

- 在该教学例程的不同实施阶段，教师需要做什么？

- 在同一时刻，学生需要做什么？

- 在有的学生没有回应时，教师应该如何做？

新教师应该为每一个关键的教学例程撰写教师和学生应该实现的流程，以及整个教学例程应该如何实施。此外，他们还需要详细地规划教师和学生在每个步骤中具体应该做什么。

在暑期教师职业化发展培训中专注于教学例程和教学流程的培训，将给教师们提供机会来不停地编写、规划和修订他们计划设定的日常例程，确保所有不可预见的风险都能够被预先规避。新教师能够在培训前完成例程的规划工作，是因为你已经提前预留了时间让他们去完成这项工作。在完工时，每个教师手上应该有一份长达10页或15页的文件，来详细地阐述每个重要的教学例程。不要觉得这个工作量太大，想象一下，如果你不这么做，那么你在新教师刚刚接触工作的第一年内，每次指导他们时，都需要给他们提供一个类似篇幅的教学指南！

教学指导员的快速提示：不可跳过基础技能的培训

当我第一次以预科学校教学助理校长的身份进行教师培训时，我们培训了二十多位新教师。他们都需要我们在开学前提供与教学管理相关的培训。在开学几周后，我发现虽然接受培训的新教师们都实现了我为他们设定的第二阶段或第三阶段的每周培训目标（例如如何扫描学生情况、进行全班重置和表达肯定与鼓励等），但学生们专注于课堂任务的比例并没有上升。最终，我不得不重新翻阅本书。在看到第一阶段的相关内容时，我才恍然大悟！原来是因为大部分的教师都不清楚课堂的每个教学例程应该是什么样的，也不知道学生们在每个步骤里应该做什么。即便教师们已经掌握了其他阶段的技能，我却忘了要先让他们掌握第一阶段中最基础的技能。在我回过头重新培训教师们如何制定关键的教学例程和教学流程之后，教师们就能够在此基础上充分运用已经掌握的其他教学技能，进而让学校的学生们学到更多东西了。

汤姆·魏斯豪普特（Tom Weishaupt），校长，宾夕法尼亚州贵城市

关键领导力行动	
探索性提问	• 现场示范教学例程的操作，提问："我在这个教学例程中采取了什么行动步骤？请写下我和学生的行动。" • "描述一下你认为××教学例程应该如何操作。在理想情况下，学生在该过渡安排或教学例程中应该做什么？你身为教师应该做什么？"
计划和练习	• 完成一个关键教学例程模板的撰写（最重要的内容包括：学生进出教室；各个教学环节之间的衔接和过渡；材料的分发；以及听讲等）。在每个不同的节点，教师应该做什么？学生应该做什么？如果有学生没有听从指令，教师要怎么办？ • 在模拟实际课堂的环境中进行演练： 　－ 第一轮：要求教师基本掌握他们应该使用的具体表述和具体行动步骤，例如，教师应该站在何处、看向何处，以及如何将教学例程拆分成较小的行动步骤，以便学生跟着执行； 　－ 第二轮：在教学指令演练中，模拟学生错误或不良的行为（但不要太多，因为这么做的目的是要培养教师的条件反射）。

教学例程和教学流程入门：规划和实践该例程的实施

 培训要点

当前困境

教学例程对于学生来说是全新的——不管是因为刚刚开学，还是因为教师更改了原有的日常例程。

行动步骤

规划和实践该例程的实施：如何首次介绍该例程。

• 做好"教师该做什么"的计划，即自己将如何示范该例程的实施；

• 事先规划好在出现学生不遵守例程的情况时该如何处理。

行动步骤概述

将每个教学例程以书面形式描述出来，能够确保教师知道学生在教室里必须做什么；实现每个教学例程的实施，能够确保学生们也知道自己应该做什么。新教师在学生身上最容易犯的错误就是，误以为学生已经知道要怎么做。对于新教师来说，在做规划阶段最重要的事情，是要知道自己要如何给学生示范该例程，并且知道在学生出现问题时该如何处理。

一项行之有效的教学例程应该包含下列最重要的组成部分。

● **教师该做什么**。对于很多教师（不仅仅是新教师）而言，把自己当成是学生，然后从头到尾地示范和模拟一个全新的教学例程可能会让人很不舒服。但这么做能够让一切变得清晰。教师应该将教学例程拆分成多个小而具体的操作步骤，让学生能够轻松地跟着做。在每个操作步骤之间设置短暂的停顿。一个严密而精准的"教师该做什么"规划能够让练习变得更加有效。

● **一起做/学生做**。在完成"教师该做什么"的工作之后，应该为学生提供机会让他们先按照操作步骤分批进行练习，然后全班学生各自练习。尽管"教师该做什么"的规划工作极具重要性，但练习的大部分时间应该放在"一起做/学生做"上，教师应该跟着学生一起反复练习该教学例程或教学流程，直到所有的学生都能够正确地执行。

● **正面鼓励**。在学生学习教学例程的过程中，要学会肯定学生做得好的地方，而不是揪着错处不放。

● **添加一抹竞争色彩**。哪怕是看起来最沉闷的日常例程也能够转变为更激动人心的挑战。在学生们练习每个教学例程时，创造良好的竞争环境，不仅能够让学习的过程变得更有趣，还能够保证他们要记住做什么，并且能够在未来的学年中带着愉悦的心情一直做下去。

那么，身为教学指导应该如何跟教师一起规划这样一个详细的教学例程呢？这里的关键是将该教师需要给出的教学指令，以及他需要如何给学生做示范全部写出来。如果我们省略了这个步骤，那么很有可能我们最终进行的实践和演练，将与该教师当前面临的困境毫无关系。在规划工作完成之后，我们就进入了演练阶段，我们要做好多次演练的心理准备。因为该教师可能需要练习很多次（三或四次），才能够完美无缺地引导学生完成该教学例程。在演练阶段不要轻易降低标准或要求！因为这个阶段的教学例程的演练结果，就代表了接下来一整年学生们在课堂上的表现，而且你在这一阶段所保持的态度，也将是你未来一年与该教师进行谈话和会议的基本态度。在学年的稍后阶段，你将会看到这个教师逐渐成长起来，且你们共同演练的次数也会降低到一次或两次——但不要轻易在最初阶段就降低练习的标准和次数要求。

教学指导员的快速提示：让经验丰富的老教师先示范具体的操作过程

在我们针对新教师开展的教师职业化发展培训中，我们培训团队的领导会亲自示范如何向学生介绍教学的流程，随后，我们进行"轮流练习"，给每个新教师提供机会来练习这个操作过程。我们最初专注于让他们先练习已有的教学例程，因为新教师们表示这往往是最艰难的部分。如果你没有亲身体验过，你肯定不知道第一次开口对学生讲话有多艰难。

惠特尼·赫维茨（Whitney Hurwitz），校长，得克萨斯州达拉斯市

关键领导力行动	
探索性提问	• 现场示范操作，提问："你认为是什么让这个操作行之有效的？" • "对你来说，在这个教学例程的实施中，最难的地方在哪里？对学生来说，最难掌握的是什么？" • "你能够示范或改进哪些细节的操作让这个教学例程变得更加完善？"
计划和练习	• 专注于撰写教学例程的"教师该做什么"及"告诉学生该做什么"内容。"教师该做什么"的最佳示范流程：拆分步骤、暂停内化、按步骤重复练习。 • 提前规划教师如何描述学生在教学例程执行过程中出现的积极表现，即肯定性或激励性表达的准备。 • 提前设计教师可以用来激励学生积极参与教学例程实施的竞争性活动或安排。
计划和练习	• 先记住整个教学例程所需的所有表述，然后再站起来练习（一边练习一边背诵的工作量太大了）。 • 如果教师们以小组为单位练习这些教学操作步骤，那就可以请教师们轮流扮演学生的角色，让整个演练过程变得更真实。

（续表）

关键领导力行动	
实时反馈	如果示范的效果不佳，可以提问："史密斯先生，我有没有正确地按照您的示范来做？"并请其示范正确的做法，询问这么做的理由。

表3-3 教学例程和教学流程入门的培训策略

行动步骤	何时使用	探索性提问	练习的场景	提供实时反馈的信号
时刻牢记要规划和实践核心教学例程和教学流程	教师没能为课堂制定明确的教学例程。	• 现场示范操作，提问："我在这个教学例程中采取了什么行动步骤？请写下我和学生的行动。" • "描述一下你认为××教学例程应该如何操作。在理想情况下，学生在该过渡安排或教学例程中应该做什么？你身为教师应该做什么？"	• 完成一个关键教学例程模板的撰写（最重要的内容包括：学生进出教室；各个教学环节之间的衔接和过渡；材料的分发；以及听讲等）。 • 在模拟课堂的环境中进行演练： — 第一轮演练的基本训练流程：专注于教师应该使用的具体表述和采取的具体行动步骤，例如教师应该站在什么地方、看向何处，以及教师能够将该教学例程拆分成何种让学生跟着执行的小而具体的行动步骤； — 第二轮的教学指令演练会加入模拟学生的错误或不良行为（但不要太多，因为这么做的目的是要培养教师的条件反射）。	无

（续表）

行动步骤	何时使用	探索性提问	练习的场景	提供实时反馈的信号
规划和实践该例程的实施	教学例程对于学生来说是全新的（无论是因为刚开学还是教师更换了既有的教学例程）。	• 现场示范操作，提问："你认为是什么让这个操作行之有效？" • "对你来说，这个教学例程的实施中最难的地方在哪里？对学生来说，最难掌握的是什么？" • "你能够示范或改进哪些细节的操作让这个教学例程变得更加完善？"	• 专注于撰写教学例程的"教师该做什么"的内容：拆分步骤、暂停内化、按步骤重复练习； • 确保教师的表达是积极和充满热情的，并包含挑战性因素； • 先记住整个教学例程所需的所有表述，然后再站起来练习； • 教学领导和同仁应该扮演学生的角色，这让整个演练过程变得更真实。	如果示范的效果不佳，可以提问："史密斯先生，我有没有正确地按照您的示范来做？"并请其示范正确的做法，询问这么做的理由。

强有力的教学指令

教师职业化发展目标

强有力的教学指令：站立和说话都要有目的性，且具备掌控课堂的能力。

在脑海里想象有一位美国总统要大步登上讲台发表演讲。你想象的总统可以是现任总统、前任总统或者一个虚构的总统角色，但他们都有着挺直的脊背、沉稳的姿态和匀速坚定的步伐，都在宣告"这里我说了算"。你甚至可以想象他开口演讲的效果，你知道他的话语将会温和但有力，并将以均匀平和的语调来表达强烈的感情。总统视线范围内的每一双眼睛都锁定在他身上，这不仅是因为他身处总统这一高位，还因为这个总统在表现一个总统应有的姿态。如果你能够像领导者那样站立，人们就会把关注力都给你。

在《像冠军一样教学：引领学生走向卓越的62个教学诀窍》中，作者道格·莱莫夫将这种领导者的品质称为"它"——因为这是一种看似无形且难以捉摸的品质，一些教师拥有，其他教师则没有。莱莫夫说："当拥有'它'的教师走进教室时，那些上一秒还神思恍惚的学生会突然坐回自己的位置等待教师的指令。"

然而，莱莫夫也表示，"它"实际上是一套具体的教学行动，任何教师都可以利用。身为教师，你无须像总统引起民众注意力那样，具备特定的个性或经验来吸引学生的注意力。相反，那些能够充满自信来管理课堂的教师，往往是通过一系列具体而细致的教学行动来实现此目的。莱莫夫已经在《像冠军一样教学：引领学生走向卓越的62个教学诀窍》中列出了这些教学行动，从避免提高音量到拒绝接触没有反应的学生等。

跟莱莫夫一样，我们在本书中将所有这些教学行动归入强有力的教学指令技能领域。当然，在开始教学前，新教师们必须掌握强有力的教学指令领域的一些最基本技能。但在这个阶段，他们没有足够的时间来立刻掌握所有这些技能。我们将在这里叙述的强有力的教学指令入门技能，即如何呈现自信的仪态和以正式的语言来授课，是新教师掌握强有力的教学指令的起点。这两个看似微不足道的教学行动能够带来的影响不亚于与新同事第一次见面时强有力的握手——二者都能够让你立即获得对方的尊重，并能够帮助你们在建立富有成效的伙伴关系时铺平道路。下面的内容将详细描述如何执行此行动。

一线教学实践反馈：充分利用身高的优势

作为一名新教师，我总是满怀热情与活力地去教学，但我总是不知道要如何管理好课堂。我不知道如何利用自己的身高优势。于是我的教学指导员在我的课堂上进行了亲自示范，并改变了一个细微的不同之处，就是她的仪态。她充分发挥身高的优势，抬头挺胸地站好，把自己的双手放在背后。这让她的声音充满了力量。当她开口讲话时，学生们就会全神贯注地听着。然后她把课堂的主导权交回我的手上，我就直接照搬她的做法。这让我的教学效果发生了翻天覆地的变化。

劳伦·莫雷尔（Lauren Moyle），校长，新泽西州纽瓦克市强有力的教学指令要解决的核心问题是教师的肢体语言，主要包括松松垮垮、畏缩怯场或焦虑不安等。更具体地说，强有力的教学指令要解决新教师们的下列弱点：

- 姿势：教师存在姿势懒散、不停切换重心或背对开小差的学生等可能会削弱其控制力和领导力的问题；
- 语气：教师所用的语言过于随意或非正式。

强有力的教学指令：抬头挺胸地站直

 培训要点

当前困境

姿势：教师存在姿势懒散、不停切换重心或背对开小差的学生等可能会削弱其控制力和领导力的问题。

行动步骤

抬头挺胸地站直：在发出教学指令时，不要来回走动，摆出正式的站姿。

行动步骤概述

在职业生涯的早期阶段，教师们可能无法认识到一些看似微不足道的肢体语言，如懒懒散散的姿态、不停在两脚之间切换重心或将一只手放在背后等，会削弱他们对课堂和学生的掌控力。更重要的是，教师们可能不太习惯接受关于自己姿势或语气方面的反馈，因为我们以往在肢体语言方面给出的反馈少得可怜。因此，教学指导在给出与肢体语言相关的反馈时，需要非常具体而直接，以便让接受反馈的教师能适当地将停止走动和抬头挺胸地站好这两个最细微但却最有直观影响力的教学操作融入到教学过程中，并能够让学生专注听讲。

教学指导员的快速提示：说千遍不如做一遍

我记得自己当时与教学指导员并排站在她的办公室里，她把我的肩膀移到与她的肩膀同样的角度，然后抬起我的下巴，让我感受一下什么叫做抬头挺胸地站直。一开始，让别人来帮你调整到正确的姿势会非常尴尬，因为如果你需要别人来帮忙，就意味着这个正确的姿势对你来说是陌生而尴尬的。我的教学指导员和其他的教学领导会做的一件事，就是在调整之前对我说，"这可能会让你感觉有点尴尬"。这么说能够让我们在接受调整之前有个心理准备。当你能够预测接下来发生的事情会有点尴尬时，你就可以接受这种尴尬的情绪。这个演练对我来说至关重要，因为我终于明白教学指导员希望我怎么做。其他人总是反复告诉我要抬头挺胸，但我根本不知道要怎么做，直到她出手帮我做了一遍，我才对抬头挺胸有了真正的理解和体会。

杰基·罗斯纳（Jackie Rosner），教师和教学领导，纽约州纽约市

关键领导力行动	
探索性提问	• 现场示范操作，提问："你认为教师可以如何通过肢体语言来宣示自己对课堂的主导权？" • 先示范在放松姿势下给出教学指令，再在抬头挺胸站直的姿势下给出同样的教学指令，提问："我在第一种姿势和第二种姿势下所传递的信息有何不同？" • "我们通过自己的肢体语言表达我们对课堂的领导力有何价值？"
计划和练习	• 要求新教师在保持抬头挺胸站直的姿势的情况下完成第一节课的开场流程。 • 将练习过程拍摄下来，或在练习过程中使用镜子，让新教师能够看到自己在发布教学指令过程中的状态。
实时反馈	• 非语言提示：通过夸张地示范姿势和站姿来提醒授课教师，即通过挺立身体和拱肩来提示老师需要抬头挺胸地站直。

强有力的教学指令：应用正式的表述

 培训要点

当前困境

语气：教师的口头表述太低迷或放松；教师发出教学指令时废话太多或太过随意。

行动步骤

在发出教学指令时，请确保用语正式，包括语气和词汇的选择。

行动步骤概述

我们说话的语气，跟我们的仪态一样，是我们很难自己发现问题的地方，但说话的语气往往也会是第一个削弱教师课堂掌控力的主要因素。如果教师在授课时表达的方式太随意、太虚弱或太尖锐，学生们可能会在短短几分钟内走神。采用我们在纠正仪态方面使用的诸多培训手段，教学领导也能够引导教师们在表达方面获得类似的进步和完善。

关键领导力行动	
探索性提问	• "想象一下你现在需要跟三个不同的对象表达'该走了'这个意思，即跟朋友吃完晚餐后道别、在交响音乐会表演结束后对现场观众说再见和当一栋大楼着火时对居民说。大声地将你计划对这三个群体所说的话讲出来。在接受培训的教师做完这个后，问他'你对第二个群体所说的话有什么价值和目的，即你非常正式的表述有何价值和目的'。" • "我们在什么时候必须要使用正式的表述？当我们使用正式的表述时，我们给学生们传递了什么信息？" • 如果接受培训的教师已经知道什么是正式的表述，那么我们可以问："正式表述的关键是什么？" • 观看该教师的课堂录像，提问："你在什么情况下放弃了使用正式的表述？"

（续表）

关键领导力行动	
计划和练习	• 将该教师演练的过程拍摄下来，然后一起观看课堂录像，这样可以让接受培训的教师知道自己什么时候使用了正式的表述，什么时候表述又开始变得随意或非正式。 • 让教师练习在传递关于课堂的日常例程或教学流程等相关信息的过程中保持用语的正式，并在这个过程中做笔记，记录该教师什么时候保持了用语的正式性，什么时候开始变得太随意或非正式。
实时反馈	• 非语言提示：结合仪态方面（即抬头挺胸地站直）的提示，用手指向自己的嘴巴，提示教师要使用正式用语。

表3-4　强有力的教学指令的培训策略

行动步骤	何时使用	探索性提问	练习的场景	提供实时反馈的信号
抬头挺胸地站直	姿势：教师存在姿势懒散、不停切换重心或背对开小差的学生等可能会削弱其控制力和领导力的问题。	• 现场示范操作，提问："你认为教师可以如何通过肢体语言来宣示自己对课堂的主导权？" • 先示范在放松姿势下给出教学指令，再在抬头挺胸站直的姿势下给出同样的教学指令，然后提问："我在第一种姿势和第二种姿势下所传递的信息有何不同？" •"我们通过自己的肢体语言表达我们对课堂的领导力有何价值？"	• 让教师练习在传递关于课堂的教学例程或教学流程等相关信息的过程中保持抬头挺胸站直的姿势，并在这个过程中做笔记，记录该教师什么时候保持了正确的站姿，什么时候仪态开始变得太随意或非正式。 • 将练习过程拍摄下来，或在练习过程中使用镜子，让新教师能够看到自己在发布教学指令过程中的状态。	• 非语言提示：通过夸张地示范姿势和站姿来提醒授课教师，即通过挺立身体和拱肩来提示老师需要抬头挺胸地站直。

（续表）

行动步骤	何时使用	探索性提问	练习的场景	提供实时反馈的信号
应用正式的表述	语气：教师的口头表述太低迷或放松；教师发出教学指令时废话太多或太过随意。	• "想象一下你现在需要跟三个不同的对象表达'该走了'这个意思，即跟朋友吃完晚餐后道别、在交响音乐会表演结束后对现场观众说再见和当一栋大楼着火时对居民说。大声地将你计划对这三个群体所说的话讲出来。在接受培训的教师完成后，提问'你在面对第二个群体时所说的话有什么价值和目的，即你非常正式的表述有何价值和目的'。" • "我们在什么时候必须要使用正式的表述？当我们使用正式的表述时，我们给学生们传递了什么信息？" • 如果接受培训的教师已经知道什么是正式的表述，那么我们可以问："正式的表述的关键是什么？" • 观看该教师的课堂录像，提问："你在什么情况下放弃了使用正式的表述？"	• 将该教师演练的过程拍摄下来，然后一起观看学生们走进教室片段的视频，这样可以让接受培训的教师知道自己什么时候使用了正式的表述，什么时候表述又开始变得随意或非正式。 • 让教师练习在传递关于课堂的教学例程或教学流程等相关信息的过程中保持用语的正式性，并在这个过程中做笔记，记录该教师什么时候保持了用语的正式性，什么时候开始变得太随意或非正式。	• 非语言提示：结合仪态方面（即抬头挺胸地站直）的提示，用手指向自己的嘴巴，提示教师要使用正式用语。

暂停并思考

如果你计划针对新教师开展第一阶段课堂管理技能的培训，你会首选哪三个培训方法？

_____

_____

_____

编写教学方案

表3-5　第一阶段精准教学技能培训速查表

如果教师存在下列问题	请跳到
制定高效教学方案入门	
不知如何编写以数据为驱动、可管控和可衡量的教学目标	设定精准的教学目标
不知如何向学生传递最基本的信息	编写"教师该做什么"的基本方案
内化现有的教学方案	
记不住下一次课应该要做什么	挑选关键内容进行内化
不知如何预留时间让学生在下课前进行独立练习	在教学方案中设置时间节点

第一阶段培训范围和顺序见前文表3-2。

第一阶段精准教学技能培训

教育研究者布拉德利·A. 俄莫林（Bradley A. Ermeling）和吉纳维芙·格拉芙–俄莫林（Genevieve Graff-Ermeling）对日本的课程计划研究实践进行调查时，发现了一个简单又合乎逻辑的焦点转移，从而颠覆了他们原有的课程计划研究。课程计划研究是在较长一段周期内，就具体内容进行教学方案设定的实践。参与特定课程计划研究的教师，将密切观察学生对最初版本的教学方案的回应，并不断修改课程的计划方案以更好地满足学生的需求。

让两位研究者最感兴趣的是日本教师用来支持课程计划修订的证据。"虽然我们的研究背景及我们在美国接受的培训，均要求我们在做出基于证据的决策时，提供一些重点评估和参考数据，但在我们以往的经验中，从未有过像日本教师那样的对待证据的专注深度和严谨程度，"两位研究人员惊叹地表示，"当我们被要求反思和修改课程计划时，我们的第一反应就是评价课程是否按照计划展开或学生是否普遍参与学习等。"但将自己编写课程计划的方法调整得更像日本教师的做法，即利用数据来推动课程计划的制订，不仅要利用通过测试和测验收集的数据，还要利用学生在课堂上给出的答案等数据。

事实上，能有以这种方式将学生的成绩纳入课程计划的考虑，那最终会得到颠覆性的课程计划也就不足为奇了。可能唯一会让我们感到惊讶的是它给我们带来的启示。《数据驱动》一书推荐的课程计划流程也基于同样的理念。在《技巧高超的教师》一书中，乔恩·萨菲尔等其他几位美国教育工作者也广泛地论述了基于数据的课程规划及其对美国课程的影响。了解学生的真实情况，并调整教学的计划以满足他们的学习需求，恰好是成功教学的核心准则。

但布拉德利和吉纳维芙在新教师培训的大背景下进行这项研究的重要意义在于，它承认收集能够让课程计划变得有效的数据需要很长时间。新教师在开学第一天对学生需求的了解，肯定不如他们在教课一个月或两个月之后深刻。因此，以之前教师们已经完成的工作为基础，他们需要做的就是：腾出时间让学生进行独立练习，设计符合高效课程计划目标的课程主题，并在可能的情况下，调整更有经验的教师已经使用的课程计划以供自己使用。

核心理念

新教师没办法立刻深入了解学生们在上课之后是否学到了应该掌握的东西，所以他们立即可以做的是，随着了解的不断深入而规划和修订课程方案。

这就是新教师在第一阶段将学习的课程规划技巧，这将确保他们能够达成目标。当新教师达到可以根据个别学生的数据进行课程规划的程度时，他们就具备了课程规划的基本能力。这将确保他们在向数据驱动的课程计划转变时，遭遇的冲击和意外要比布拉德利和吉纳维芙的小得多，因为他们将从一开始就以正确的思维模式开展工作。这也是培养课堂精准教学能力的理想出发点。

第一阶段的精准教学技能将阐述能够培养这种思维模式的教学行动。首先，我们将确定新教师从零开始规划有效课程方案所必须掌握的关键技能。其次，如果新教师正在调整现有的课程计划以供自己的课堂使用的话，我们将进一步探讨一些其他的重要技能。

制定高效教学方案入门

教师职业化发展目标

制定高效教学方案入门：为制定以学生学习需求为导向的高效教学方案打下坚实的基础。

在学习如何从头开始编写新的课程计划时，新教师将学习如何设计高效教学方案的三个基本要素：

- 数据驱动的学习目标；
- 能够让学生朝着正确的方向发展的"教师该做什么"计划；
- 随堂测试，让教师知道学生是否全部掌握了应学的内容。

教学方案的这三部分内容是最理想的着手点，因为它们是新教师在职业生涯刚刚开始时最能够轻易管理和控制的内容。

一线教学实践反馈：在模拟中改进

谈及教学方案的制定，很多老师会感到不知所措。于是我们着手设计了一些他们可以用于自省的指导性问题，例如，如果我希望学生能够进行推论，那么我要如何操作？如果我们需要了解学生的想法，那么作为一名读者，他们应该做什么？最终，学生需要去做什么将成为最大的问题。于是我们以学生的角色将整个流程模拟了一遍。我们会找一篇文章，然后假装我自己是学生，说：

"我不知道自己要做什么。"随后老师说："好吧，先回忆一下你了解的所有关于汽车的知识。"然后我说："太棒啦，你刚刚要求我去做什么来着？"于是我们把这个对话的成果写下来，即要求学生回忆已经掌握的知识。随着时间的推移，在类似的教学方案反馈意见的帮助下，新教师们会变得越来越好。

凯特·林恩·威尔克（Kate Lynn Wilke），校长，得克萨斯州达拉斯市

高效教学方案规划的基本技巧将帮助新教师克服下面三个挑战：

- 所设定的学习目标没有以数据为驱动，不可管控或不可衡量，或尚不明确；

- 在教学方案的"教师该做什么"部分内容中，新教师遭遇了困难或不知道应该说些什么；

- 新教师设计的随堂测试不符合教学目标。

制定高效教学方案入门：设定精准的教学目标

 培训要点

当前困境

教师不知如何设定坚实的教学目标。他所设定的教学目标没能以数据为驱动，不可管控和不可衡量，或尚不明确。

行动步骤

设定符合下列要求的教学目标：

- 以数据为驱动（即以根据测试结果分析得到的学生学习目标和需求为导向）；

- 以课程大纲为驱动；

- 能够在一节课的时间内完成。

行动步骤概述

让我们逐一解释上文列出的有效教学目标的三大标准。

- **教学目标以数据为驱动**。以测试结果和分析数据为依据，这能够解决学生最迫切需要学什么的问题。

- **所设定的教学目标是可管控和可衡量的**。这就要求我们将学生需要掌握的更大主题或技能组合拆分为小而具体的教学目标，即学生能够在一节课内掌握的小教学目标。这让学生能够在下一次的课程中继续学习全新的内容或技能。在课程结束时，教师必须有一个明确的方法来衡量学生是否已经充分掌握了所设定目标要求的内容。

设定高效教学目标的首要因素就是以最终目标，即学生需要学习的内容为出发点，这是因为最终的测试会衡量所设定的教学目标是否得当。除此之外，帮助新教师完善教学目标设定技能的另外一个有效方法是，让新教师进行教学目标细化的练习，即他们需要将一个过于宽泛的教学目标细化为一节课就可以管理和完成的具体目标。因为在教学目标设定方面，最容易出现的问题是所设定的目标与最终目标不一致，其次就是所设定的目标太宽泛。教学指导人员提出的探究性问题，是帮助新教师细化教学目标的关键操作。我们在此过程中要以设定100%高质量的教学目标为导向，只有这么做，新教师才能够在没有教学指导人员陪同的情况下，同样高效自主地设定适当的教学目标。

教学指导员的快速提示：事先准备好教学标准

能够编写与评估要求一致的教学目标是能够给教师发展和学生学习带来最显著效果的行动步骤。教学目标的设定能够让教师发展自己的概念理解，更准确地以学生的学习需求为目标。带着事先设定的标准去进行观摩能对教师发展产生最大的影响。这能够帮助教师编写精准的教学操作步骤，并练习如何编写教学目标。有了事先设定的标准，我们不仅能够看到哪些东西对学生来说最为重要，还能够反思所设定的教学行动与学生的学习需求是否一致。

尼克尔·贝尔赛（Nicole Veltzé），校长，科罗拉多州丹佛市

关键领导力行动	
探索性提问	• "让我们看看即将进行的评估以及与这个教学目标相关的一些问题。学生们必须知道什么或做什么才能够正确地回答其中一个问题？" • "如果你问他们如何知道自己的答案是正确的，你希望他们能说清楚什么重要的概念性理解？" • 在将完成评估任务所必需的所有技能或知识拆分为小细节后，提问："在所有这些技能和知识中，你在本次课程中最注重的是哪些？哪些知识是学生已经掌握了一部分的？你计划在下一次课程中进一步推动学生去掌握哪个关键技能？"
计划和练习	• 将即将进行的测试拿出来，帮助确定正确的最终目标，然后将宽泛的目标细化为可以在单次课程内完成的具体小目标。 • 计划和练习至关重要：以周为单位进行教学目标的规划，这能够为教师的教学方案规划打下一个坚实的基础。 • 确保自己在与教师进行培训会议时带齐了所有必需的材料，包括：即将开设的课程计划、课程范围和排课顺序、期中考核和评估、期末考试材料，等等。

制定高效的教学方案入门：编写"教师该做什么"的基本方案

 培训要点

当前困境

教师进行课程的"教师该做什么"部分时遭遇困难或不知道要怎么讲。

行动步骤

将"教师该做什么"部分作为课程规划的核心内容进行准备。

行动步骤概述

"教师该做什么"部分是任何课堂教学中出现变化最小的地方，因为只有

教师在讲解。这也让这部分内容成为了新教师在准备教学方案时最容易完成的部分。事先规划和编写得当的"教师该做什么"部分不仅能够确保良好的教学效果，还能够树立教师在学生心目中博学而专业的形象。这部分内容设计的关键在于准备简明而精确的脚本，但新教师通常倾向于逐字逐句地写完全文，导致篇幅过长，内容过细。一旦他们忘记了一些表述，很可能就会在授课过程中出现卡壳、忘词或讲得过快的现象，以至于学生无法跟上他们的思路。这时，事先准备这部分的内容对新教师就尤为重要，甚至可以彻底改变其教学效果，因为通过事先的规划和演练，新教师可以确保授课的成功，且不用承担偏离教学目标的风险（注意：我们将在第三阶段的培训内容中回顾这部分的内容，但会阐述得更详细，并以响应学生的学习需求为目标。在这里，我们只要求教师能够掌握传达教学内容的基本技巧）。

关键领导力行动	
探索性提问	• "让我们先看看你的教学目标，以及学生为了实现这个目标而必须要理解的核心内容。你计划如何讲授这些关键的信息点？" • "对大部分学生来说，哪些关键信息点可能会造成困惑？为了回答这个问题，你在讲课的过程中应该着重强调哪些知识点的讲解，以解决学生类似的困惑？" • "你计划在'教师该做什么'环节传递哪些关键的信息？" • "你如何规划自己的'教师该做什么'部分，以确保自己能够更轻松地记住这些内容，并且可以更顺畅地在授课过程中传递信息？"
计划和练习	• 计划（通常是通过撰写高质量的教学目标来实现）：写下学生们在课程结束时必须要掌握的关键信息点。 • 逐字逐句地将"教师该做什么"写入课程计划：在教师完成初稿后，要求他自己检查一下，看是否存在任何无关紧要的废话。促使该教师修订初稿，通过确保每一个字都具备意义来使其变得简短紧凑。在没有完成这项工作之前，不要开始实战演练。 • 演练传授课程核心内容的过程。在观摩教师演练的时候，着重观察该教师是否添加了无关紧要的表述或句子，并通过反馈削减此类冗余表述，直至整个流程紧凑而周密。
实时反馈	• 非语言提示：伸出手掌，用另外一只手指向张开的手掌，提示授课教师回顾既定的教学方案并严格按照方案授课。

制定高效的教学方案入门：设计随堂测试

培训要点

当前困境

教师所设置的随堂测试不符合教学目标的要求。

行动步骤

设计一个符合教学目标要求的随堂测试（即课程结束时的简单小测试）。

行动步骤概述

新教师在从事教学工作之后，最好能够尽快了解的一个关键事实就是，一个随堂测试（在课程结束时进行，并要求学生应用他们在课堂上学到的知识解答的书面任务）是衡量当天的教学是否取得预期效果的终极手段。如果不针对重要的教学内容进行评估，那么教师就无法知道既定的教学计划在实施之后的实际效果。随堂测试完美地解决了这个问题。因为随堂测试与教学目标保持一致，所以教师们可以看着随堂测试的结果并回答这个问题：学生们是否实现了既定的教学目标。下面是设计随堂测试需要遵循的一些关键原则：

- 保持简短、便于检查；

- 确保测试的内容与即将进行的期中评估和拟评估的教学目标的最重要内容保持一致。

下面是一个来自高中物理课的随堂测试范例。注意下面的随堂测试如何满足前面两个要求——很容易，却同时能够确保学生理解核心的概念。

随堂测试：牛顿第二定律

1.写出牛顿第二定律的定义。

2.一个5kg物体的自由受力图如图1所示，计算一下该物体的净加速度。请写下全部的演算流程。

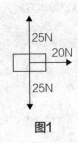

图1

3. 图2中的各个图表显示了不同物体的净力与加速度的关系。所有图表使用了相同比例的轴。请将所涉对象按照质量从最大到最小进行排序。

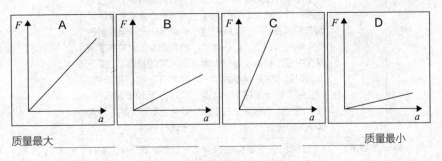

质量最大 _____ _____ 质量最小

图2

关键领导力行动	
探索性提问	• "当你完成课堂教学后，学生们需要能够做什么来向你证明他们已经掌握了教学目标所要求的内容？" • "在课程结束时，你能够提出什么关键问题或给出什么关键的任务来评估学生对所学知识的掌握情况？" • "看看即将进行的期中/期末考试要求：我们如何确保所提的问题能够与这两个考试的难度水平和精准性保持一致？"
计划和练习	• 设计或修改每周的随堂测试。以即将进行的期中/期末测试的评估问题为标准来帮助设计有针对性的随堂测试。 • 查看已经完成的随堂测试的结果，了解学生在哪些地方存在问题以及他们的哪些技能需要进一步通过测试来巩固。

表3-6　制定高效教学方案入门的培训策略

行动步骤	何时使用	探索性提问	练习的场景	提供实时反馈的信号
设定精准的教学目标	教师所设定的教学目标没有以数据为驱动，不可管控和衡量，或尚不明确。	• "让我们看看即将进行的评估以及与这个教学目标相关的一些问题。学生们必须知道什么或做什么才能够正确地回答其中一个问题？" • "如果你问他们如何知道自己的答案是正确的，你希望他们能说清楚什么重要的概念性理解？" • 在将完成评估任务所必需的所有技能或知识拆分为小细节后，提问："在所有这些技能和知识中，你在本次课程中最注重的是哪些？哪些知识是学生已经掌握了一部分的？你计划在下一次课程中进一步推动学生去掌握哪个关键技能？"	• 将即将进行的测试拿出来，帮助确定正确的最终目标；然后将太过宽泛的目标细化为可以在单次课程内完成的具体小目标。 • 计划和练习至关重要：以周为单位进行教学目标的规划，这能够为教师的教学方案规划打下一个坚实的基础。 • 确保自己在与教师进行培训会议时带齐了所有必需的材料，包括：即将开设的课程计划、课程范围和排课顺序、期中考核和评估、期末考试材料等。	无
编写"教师该做什么"的基本方案	教师进行课程的"教师该做什么"部分时遭遇困难或不知道要怎么讲。	• "让我们先看看你的教学目标，以及学生为了实现这个目标而必须要理解的核心内容。你计划如何讲授这些关键的信息点？" • "对大部分学生来说，哪些关键信息点可能会造成困惑？为了回答这个问题，你在讲课的过程中应该着重强调哪些知识点的讲解以解决学生类似的困惑？" • "你计划在'教师该做什么'环节传递哪些关键的信息？" • "你如何规划自己的'教师该做什么'部分，以确保自己能够更轻松地记住这些内容，并且可以更顺畅地在授课过程中传递信息？"	• 计划：写下学生们在课程结束时必须要掌握的关键信息点。 • 逐字逐句地将"教师该做什么"部分写入课程计划，删除任何无关紧要的废话。在确保基本方案的紧凑和凝练之后再开始实战演练。 • 授课演练：在观摩教师演练的时候，着重观察该教师是否添加了无关紧要的表述或句子，并通过反馈削减此类冗余表述，直至整个流程紧凑而周密。	• 非语言提示：伸出手掌，用另外一只手指向张开的手掌，提示授课教师回顾既定的教学方案并严格按照方案授课。

（续表）

行动步骤	何时使用	探索性提问	练习的场景	提供实时反馈的信号
设计随堂测试	教师所设置的随堂测试不符合教学目标的要求。	• "当你完成课堂教学后，学生们需要能够做什么来向你证明他们已经掌握了教学目标所要求的内容？" • "在课程结束时，你能够提出什么关键问题或给出什么关键的任务来评估学生对所学知识的掌握情况？" • "看看即将进行的期中/期末考试要求，我们如何确保所提的问题能够与这两个考试的难度水平和针对性保持一致？"	• 设计/修改每周的随堂测试。以即将进行的期中/期末测试的评估问题为标准来帮助设计有针对性的随堂测试。 • 查看已经完成的随堂测试的结果，了解学生在哪些地方存在问题，以及他们的哪些技能需要进一步通过测试来巩固。	无

内化现有的教学方案

教师职业化发展目标

内化现有的教学方案：让已经存在的教学方案为自己所用。

我和我的同事们都非常乐于与新老师分享现有的高质量教学方案。教学本身是一门艰深而复杂的艺术，因此，我们不能低估为刚刚接触教学工作的新教师们解决基础难题的巨大作用。当这个难题是制订教学计划时，借助现成的教学方案，新教师们可以在数小时内更好地完成各项任务——从如何调整讲课时的语气到制定合适的教学流程等。否则，他们可能需要花大量精力来尝试撰写全新的教学方案。此外，如果我们借鉴的教学方案来自经验丰富的优秀教师，那么这个教案的质量一定会比新教师自己准备的高，毕竟，缺乏经验的新教师还要同时忙着提高其他方面的教学水平和技能。

如果你能够提供可以与新教师分享的高质量教学方案，那么分享的关键就在于新教师要做的绝不仅仅是通读该教案，后续的教学操作步骤还必须确保新教师能够充分利用现有的课程计划。

下面是新教师尝试调整现有的教学方案并在自己的课堂使用的过程中可能遭遇的一些问题：

- 该教师没能彻底地消化现有的教案，因此在授课过程中可能卡壳；
- 该教师时间安排不足，仅完成了现有教学方案的部分内容，导致大部分的内容没有时间进行讲解。

内化现有的教学方案：挑选关键内容进行内化

 培训要点

当前困境

教师没能完全消化现有的教学方案，导致在授课过程中卡壳。

行动步骤

仅消化和演练现有教学方案的核心部分，包括"教师该做什么"部分和所有关键的教学指令。

行动步骤概述

正如我们在前文制定新课程的教学方案中所说的那样，新教师应该首先关注的一个重点就是需要教师主讲的部分内容的传授，即"教师该做什么"部分和所有关键的教学指令。通常，很多新教师会误以为这是最简单的部分，于是缺乏足够的课前准备和演练。记住这些关键部分可以彻底改变教学效果，一旦将它们完成，教师就可以专注于课程的其他内容——那些没办法事先记忆和背诵的内容。

而记住这些课程的核心内容可能比想象的要困难，而这正是教学指导人员发挥作用的地方。

教学指导员的快速提示：通过标注和演练利用现有的教学计划

很多利用现有教学方案进行教学的老师很容易犯下这样一个错误，即认为自己可以采用"自动驾驶模式"，一边上课一边阅读现有的教学方案。这种做法往往无法实现高效的教学。因此我们需要采取下列培训步骤，来确保新教师能够真正地掌握这些现有的教学方案。

● 对现有教案进行批注：运用下划线、备注或涂画，批注需要在课程中强调的关键部分内容（通过强调来使其显眼）。

● 写下范例：将教师希望学生给出的正确答案完全记录下来，并按照这个标准严格操作！授课时先确定学生的具体情况，然后想办法鼓励他们给出完全正确的答案。

● 标注时间范围：一份纸质版的教学方案可以囊括所有信息和内容，但实际授课的时间却不容易把控。教师需要知道如果自己时间不足，那他可以削减什么样的内容；如果时间有余，又该添加什么内容。

● 课前演练：课前演练能够让授课教师知道哪些做法是有效的，而哪些仍需要继续完善！

简而言之，你必须要确保教师在纸上写下的计划在实际的操作中也能行得通。

克里斯托瓦尔·爱德华兹（Cristóbal Edwards），

培训师，加利佛尼亚州圣地亚哥市

关键领导力行动	
探索性提问	●"现有教学方案中哪些是你必须完全掌握的关键内容？记忆这些关键内容有什么价值或意义？" ●"你通常如何准备新的或内化现有的教学方案？" ●"在授课过程中要记住这些教学计划有何难点或挑战？"

（续表）

关键领导力行动	
计划和练习	• 给接受培训的教师一段特定的时间来充分记忆现有教学方案中某一特定的信息或内容，然后要求他在不看教案的情况下，向搭档复述或讲授该部分内容。 • 每次练习教案中的一段内容。在教师彻底掌握后，将所有的信息块串联起来练习，直到该教师彻底掌握整个教学方案的全部内容。 • 制定一个将现有教学方案内化的工作流程，并与接受培训的教师一起完成它。流程应包括：该教师每天应该在什么时间段记忆现有教案的特定内容，记住之后如何演练，以及谁将作为他的搭档一起练习（练习搭档作为主要的反馈提供者，也是内化流程的一部分）。
实时反馈	• 亲自示范：当教师在实施现有的教学方案遭遇困难时，教学领导应及时介入，并安排学生轮流讨论或讲话。为授课教师提供30到60秒的时间来快速浏览教案，然后再重新开始教学。

内化现有的教学方案：在教学方案中设置时间节点

 培训要点

当前困境

教师授课时间不足，只完成了教学方案规定的部分内容，还剩下大部分内容没有涉及。

行动步骤

在教学方案中设置时间节点并严格遵守。

行动步骤概述

事实上，每个教师都在与时间赛跑，无论是新手还是老手，教师们都面临同一个问题："我要怎么样才能够在一节课的时间里讲授尽可能多的内容？"而新教师常常遭遇的一个问题是：他们往往需要更多的时间才能够完成同样内容的传授。因为新教师的整体节奏较慢，他们的教学指令、授课速度、课堂讨论等活动都要耗费很多的时间。能够帮助解决这个问题的一个简单策略，就是为每一个教学活动设置时间期限。如果教师们知道自己必须在上午10:17完成作业的点评，那么他们就会有一种紧迫感，驱使他们尽快完成并进入下一项内容的教学。因此，时间节点也成为了教师们的撒手锏，因为它们会让教师们立即知道自己的教学进度是超前了还是落后了。但新教师们在学会按照时间节点教学前，可能还需要一段时间的培训和适应，这一点我们将在培训范围和顺序中进一步详细阐述。就目前而言，最重要的是教师们要养成设定现实的时间管理目标的习惯。这些目标一旦达成，就能够确保每节课都完成最重要的教学内容。

教学指导员的快速提示：别让多汁的菲力牛排冷掉

设计了时间节点的教学方案，对我的针对新教师的培训工作产生了巨大的影响。仅仅是要求新教师们说出课程的各个部分应该花多长时间完成，并设定一些坚定的时间期限（例如热身训练必须在五分钟内完成），就大大加速了许多教师的成长。如果没有这些事先设置的时间节点，新教师往往会因为课程的"开胃菜"（如热身训练、迷你课程或教师其他类型的讲话）而让"菲力牛排"（课程中最多汁、最重要的部分）冷掉。而设置了时间节点之后，新教师就能够确保每天为学生提供美味、多汁、热气腾腾的课程大餐。

道格·麦柯里（Doug McCurry），教学主管，

纽约州布鲁克林区和康涅狄格州纽黑文市

关键领导力行动	
探索性提问	• "你认为在课程结束时给学生预留多少独立练习的时间最好？要确保学生能够有这么多时间来练习会存在什么困难或挑战？" • "学生必须完成哪些关键的任务才能够确保独立练习有效？如果你的授课时间不充足，你认为哪些内容的教学时长可以被缩短？"

（续表）

关键领导力行动	
计划和练习	• 要求教师写下他进入各个具体教学内容环节的确切时间，在他正在着手修订的课程模板上加入适用于该教师课程的特定时间节点。并且注明在时间不足的情况下，课程的哪些部分可以缩短或省略。 • 让教师在演练的过程中应用计时器，让他可以了解到坚持按时间节点来授课是什么样的感觉。如有必要，可以删除那些导致授课节奏变慢的无用表述。
实时反馈	• 非语言提示：可以举起手指示意教师在该部分内容还剩下多少分钟可以讲述。

表3-7　内化现有的教学方案的培训策略

行动步骤	何时使用	探索性提问	练习的场景	提供实时反馈的信号
挑选关键内容进行内化	教师没能完全消化现有的教学方案，导致在授课过程中卡壳。	• "现有教学方案中哪些是你必须完全掌握的关键内容？记忆这些关键内容有什么价值或意义？" • "你通常如何准备新的或内化现有的教学方案？" • "在授课过程中要记住这些教学计划有何难点或挑战？"	• 给接受培训的教师一段特定的时间来充分记忆现有教学方案中某一特定的信息或内容，然后要求他在不看教案的情况下，向搭档复述或讲授该部分内容。 • 每次练习教案中的一段内容。在教师彻底掌握后，将所有的信息块串联起来练习，直到该教师彻底掌握整个教学方案的全部内容。 • 制定一个现有教学方案内化的工作流程并与接受培训的教师一起完成它。流程应包括：该教师每天应该在什么时间段记忆现有教案的特定内容，记住之后如何演练，以及谁来作为他的搭档一起练习（练习搭档作为主要的反馈提供者，也是内化流程的一部分）。	• 亲自示范：当教师在实施现有的教学方案遭遇困难时，教学领导应及时介入，并安排学生轮流讨论或讲话。为授课教师提供30到60秒的时间来快速浏览教案，然后再重新开始教学。

（续表）

行动步骤	何时使用	探索性提问	练习的场景	提供实时反馈的信号
在教学方案中设置时间节点	教师授课时间不足，只完成了教学方案规定的部分内容，还剩下大部分内容没有涉及。	• "你认为在课程结束时，给学生预留多少独立练习的时间最好？要确保学生能够有这么多时间来练习，会存在什么困难或挑战？" • "学生必须完成哪些关键的任务才能够确保独立练习有效？如果你的授课时间不充足，你认为哪些内容的教学时长可以被缩短？"	• 要求教师写下他进入各个具体教学内容环节的确切时间，在他正在着手修订的课程模板上加入适用于该教师课程的特定时间节点。并且注明在时间不足的情况下，课程的哪些部分可以缩短或省略。 • 让教师在演练的过程中应用计时器，让他可以了解到坚持按时间节点来授课是什么样的感觉。如有必要，可以删除那些导致授课节奏变慢的无用表述。	• 非语言提示：可以举起手指示意教师在该部分内容还剩下多少分钟可以讲述。

◎ 本章小结

一个盛大而隆重的登场所产生的影响力不可小视。对音乐剧演员来说，这可能意味着一场人数众多的群舞；对奥尔罕·帕慕克来说，这意味着带着全新的心态再次回到熟悉的房间；而对于新教师而言，这可能意味着在开学的第一天，带着明确的目的、热切的心态和欢乐的气氛欢迎学生走进教室。所有这些仪式都代表着通向成功阶梯的伟大第一步——它虽然不会让你直达成功巅峰，却能确保你不会在第一步时就摇摇欲坠。

第一阶段的所有技能能够帮助新教师牢牢地站稳，即在开学的第一天就能够带着精心准备的教学流程和重点突出的教学方案走上讲台。在顺利地完成登台亮相的任务后，教师们就可以进入第二阶段的培训了，即快速投入课堂教学。

第 四 章

开学第1~30天：快速投入课堂教学

　　我的妻子盖比出生于墨西哥，在拿到奖学金之后来到美国上大学。我们结婚之后就搬回墨西哥城，以便盖比完成她医学院的学习。尽管盖比两种语言都很精通，但我在刚刚到墨西哥城时，一句西班牙语都不会说。我现在依然记得当时盖比可以很轻松地与家人、朋友和同事交谈，而我却需要想很久才能够磕磕巴巴地蹦出一个不连贯的句子。回到墨西哥城的盖比在语言方面如鱼得水，我却面临着一种即时沉浸于外语的状态。

　　我开始在附近的一所学校担任英语老师，并且在那里教了六年书。在那段时间里，我身边的大部分同事都是墨西哥人，而且只跟我用西班牙语交流。唯一例外的是英语系的教师们，他们大部分人都跟我一样是刚刚抵达墨西哥城的英语母语者，我们都在努力尝试用西班牙语进行有效沟通。

　　在接下来的几个月里，英语系的老师开始在语言能力方面表现出明显的差异。我们中的一些人以惊人的速度变得更加精通西班牙语，而其他人则依然没办法自如地用西班牙语沟通，最多也就是进行一些基本的互动，或跟别人说他们有多喜欢自己的咖啡。即使过去了五年，他们也很难与学生的父母进行交流或参与当地的政治活动。

　　是什么造成了如此大的不同？这与我们之中哪些人更加外向，或在来墨西哥之前学习西班牙语的时间最久无关。相反，那些能够充分利用即时沉浸的教师——即随着时间的推移仍然保持使用西班牙语和学习西班牙语的状态，他们身上有两个共同点：一是他们掌握了西班牙语的语法和词汇，能够正确地将句子串在一起；二是他们每天都抓住一切机会来实际操练语言的应用。

我还记得自己第一天与学校的同事进行交流的情形。我专心地聆听他们用什么短语来描述特定的事情，然后再自己练习。我并没有打算一口吃成胖子（因为语速和口音差异的原因，一开始就加入墨西哥同事们的午餐谈话实在是太困难），而是选择了专注于一对一的对话。这样我就可以有更多的时间来思考和调整自己的表达。得益于我非母语者的身份，我一开始能够理所当然地尽可能使用最少的词汇来表达自己。每当我看到对方脸上出现茫然或困惑的表情时，我就会调整我自己的词汇或句子的顺序，直到对方理解我为止。我经常会在开口讲话之前，先在脑子里演练完整的短语以提高成功表达的概率。我会仔细观察、在心里默记然后反复训练。每当我失败得一塌糊涂时，我都会鼓足勇气再次尝试。

这个学习、演练、丢脸、再演练的过程没有转瞬即逝——这是一个缓慢到令人无比痛苦的过程！但我身边的人可以明显地看到我身上的进步。

学习教学与学习外语是一样的：你需要打下一个坚实的基础。因此，你需要先深入了解基础知识。第一阶段学习的就是基础知识，而第二阶段则需要你全身心沉浸到练习中，即充分利用即时沉浸的机会投身教学。将学习的过程视为一次学习游泳时练习踩水的机会，而不是把它当成最终导致溺水的可怕试探。

核心理念

学习教学与学习外语是一样的：第一阶段专注于基本规则的学习，
第二阶段专注于使用它们进行实际的交流。

当然，即使获得了诸多的支持，即时沉浸也是一项挑战（就像初学游泳的人可能会觉得踩水很可怕那样）。杰克逊·托宾两年前刚刚开始教学工作时，就体验了这种担心溺水的恐惧。在九月开学几周之后，我的一位同事在问他教学的进展如何时，很明显感到他不知所措。"所有的演练、整个暑期的教师职业化发展培训，这些都很有用，"托宾说，"但是，当孩子们真正坐到教室里时，这种体验和压力是无可替代的。"杰克逊所面对的是所有新教师在无论准备得有多么充分的情况下，都必须在九月新学期面对的困境，即无法像模拟培训时那样，以理想的状态用一种全新的语言进行交流。

第二阶段的培训肯定无法彻底消除第一年从事教学工作的新教师所经历的压力和焦虑（虽然肯定可以降低其程度）。但如实施得当，第二阶段的培训可以让新教师学会游泳，避免溺水，这对于新教师来说可能是天翻地覆的差别。

安排时间进行反馈

想要确保新学年能够提供教学反馈，你首先需要一个能够保证你能有时间进行反馈的时间安排表。在这里，我们将向你展示如何利用时间表来实施将教学技能细节化、提前规划、认真练习、后续跟进、循环反复等培训原则，我们还将提供确保你与每位新教师的第一次反馈会议取得成功的材料。

四个步骤实现有效反馈

我在最近指导的一次教师培训中，给参与培训的人员播放了一个视频，展示了教学指导员如何给教师提供反馈，并要求参与培训的人员分享一下自己的观后感。大部分参与培训的人员的评价，都是在说视频中的反馈的积极作用及其有多么具体，只有一所学校的教学领导被视频中教学培训人员的一个具体用词给吸引住了，这个词就是：今天。

"那个教学培训人员说的第一句话是'我今天在观摩你的教学时……'"这个学校的教学领导说，"她说的不是'我上次在万圣节时……'而是'今天'。这就意味着接受反馈的教师将能够牢牢记住他们进行交谈的时刻，并能够立刻针对明天的教学采取相应的行动。是什么样的时间安排，让一个教学领导能够在教学观察和反馈上实现如此快速的反应？"

我们在《构建杰出学校的7个杠杆》一书中用了一章来回答这个问题，我们解释了如何围绕为学校的每个老师提供每周观察和反馈来安排整个教学工作计划。但在这里，我们将简述和总结为所有新教师建立可靠的观摩和反馈计划的最重要步骤。如果你已经建立了一个能够为所有的教师提供教学观摩和反馈的可靠计划，那么你可以跳到下一节内容。如果你尚不具备类似的计划表，那就需要阅读下面四个操作步骤的内容。为了获得最佳的效果，请在阅读时拿出日历，并着手制定日程安排。

1. 合理分配——按照需要观摩和反馈的教师人数，给教学管理层人员分配工作。 第一步就是要确保教学领导人员需要观摩和反馈的教师人数合理。基于我们与全美各地的教学领导人合作的经验，达到30名教师与一名教学领导的比例就能够满足90%的学校领导者的要求。30∶1 的比例允许教学领导每两周进行一次观摩和反馈；15∶1的比例允许教学领导每周进行一次观摩和反馈。对于新教师（或大多数教师）来说，每周一次的观摩和反馈频率更加理想！

2. 避开容易被打断的时间段。 确保自己安排的反馈会议能够持续进行的第二步很简单：不要将这些反馈会议安排在一天中你容易被打断的时间段。安排在早餐、午餐或放学后的日程很容易会被打断或取消，因为教学主管人员在这些时间段的首要任务，是与学生或家长交流关于学生面临的即时、具体的学习困难。所以我们需要避开这些时间段，同时还需要绕开工作日中你没办法投入教师发展的任何其他时间段。接着你就可以在剩下的档期内安排反馈会议了。

3. 首先锁定反馈会议的时间。 在计划观摩教学的时间前，先锁定进行教学反馈会议的时间是一个可靠的操作，因为如果你已经安排了与教师会面的时间，并且知道他到时候会在办公室里等着你提供反馈，你就会迫使自己按照既定的安排去进行课堂观摩。这个做法也能够帮你节约大量的时间，因为你不再需要与教师来来回回地发送邮件，探讨会面和观摩的具体时间。固定每个教师接受观摩和反馈的时间，设定一个切实可行的日程表，不仅让你节约了工作时间，也可以让教师们围绕这个日程安排进行工作规划。

4. 规划教学观摩日程表。 尽可能将教学观摩的时间与教学反馈的时间安排得相近，这将帮助你直接了解该教师在当周最迫切需要培训的问题，并且该教师在接受反馈之后可以立即着手完善。安排一个20到30分钟——早于你计划与该教师进行教学反馈会议的时间段来进行教学观摩（与教学反馈会议的安排一样，教学观摩的安排也建议以逆推的形式进行，以确保工作的效率）。

完成前面四个步骤的操作之后，如果你需要负责15名教师的课堂观摩和教学反馈工作，那你可以参照下面的时间安排表来设计自己的日程：

	周一	周二	周三	周四	周五
6:00					
6:30					
7:00					
7:30					
8:00		与费伦进行反馈	与米尔斯进行反馈		
8:30		与韦斯特进行反馈	与丹尼斯进行反馈		

（续表）

	周一	周二	周三	周四	周五
9:00	观摩费伦、韦斯特、沃特森的课堂	与沃特森进行反馈	与哈马严进行反馈		
9:30					
10:00			观摩麦克莱恩、哈根和达利亚的课堂		观摩可斯丁、伦诺克斯和陈的课堂
10:30					
11:00					
11:30					
12:00	观摩米尔斯、艾略特和莫雷尔的课堂				与金进行反馈
12:30					与陈进行反馈
13:00		与莫雷尔进行反馈			与伦诺克斯进行反馈
13:30		与艾略特进行反馈	与哈根进行反馈		与可斯丁进行反馈
14:00		观摩金、丹尼斯和哈马严的课堂	与达利亚进行反馈		
14:30			与麦克莱恩进行反馈		

如果你同时负责超过15名教师，但最多不应超过30名教师，你的时间安排表也应该与上表类似。但你需要进行轮替，确保你每两周时间会跟特定教师会面，而不是每周会面。这就意味着教学观摩和反馈不会在每周里额外占用其他的时间。30∶1的比例已经能够满足我和同事们在美国各地学校见过的90%的教学领导者的需求。如果你身为一名教学领导者，但需要负责的教师人数已经超出这个比例（虽然是少数情况），你可以参考《构建杰出学校的7个杠杆》一书，学习有关如何在这样的情况下，开展教师观摩和反馈的一系列方法和技巧。

当你完成了这样一个教学观摩和反馈时间安排表时，你实现了什么成就？你已经完成了能够最有效促进教师成长的最重要一步，即随时为教师们提供他们最迫切需要的具体指导。将这些工作内容变成既定安排的一部分，意味着你在确保每位教师都能得到教学观摩和反馈的路上，已经成功了一半。

核心理念

在提供教师反馈方面，制定时间表只获得了一半的成功。

在你设定了教学观摩和反馈的时间表并定期进行教学观摩后，你如何保证自己能够找到时间来准备即将给出的反馈？如果你需要花好几个小时来准备一次教学反馈会议，你很快就会发现自己没有坚持下去的时间和动力了。因此，在下面的"一线教学实践反馈"中，塞雷娜·萨瓦里纳雅提供了一些有用的提示，帮助你节省时间并提高规划教学反馈会议的效率。

一线教学实践反馈：在观摩教学的同时准备反馈意见

如果你已经开始预留时间来定期进行教学观摩和反馈，那么你将要面临的挑战就是如何学会高效率地准备每次的教学反馈会议。如果你做不好这一点，你很快就会发现自己永远没有足够的时间来完成观摩和反馈的工作！在经历无数次的挫折和失败后，我总结了一些有用的操作步骤，来确保我能够高效率地准备每一次的反馈会议。

• **进行教学观摩时，请准备好相关工具。** 每当我观摩课堂教学时，我都会确保自己带着手机（方便我拍摄授课过程），本书的教师培训范围和顺序（这让我能够快速选择一个有针对性的教学操作步骤），以及用于准备反馈意见的空白模板。这样，我在观摩教学的同时，可以选择对应的行动步骤，并开始准备我需要给出的教学反馈。我给自己定了一个标准：在我找到一个对应的教学步骤作为解决方案之前，我不能离开教学观摩的课堂。这么做有两个目的：首先，它让我能够在自己对课堂观摩发现的情况了如指掌的时候，选择教学培训步骤；其次，这帮助我养成了良好的思考习惯，例如，如果是我来教这堂课，我会怎么做？或如果是我认识的最优秀的数学教师来教这堂课，他会怎么做？

- **在反馈会议草稿中记录时间节点。** 如果我拍摄了授课过程，我会在自己的反馈会议草稿中记录时间节点，并在进行教学反馈会议时挑选最重要的部分进行讨论。这么做可以让我们在进行反馈时无须看完整个视频，而是可以直接拉到教师最需要提升的地方进行反馈。
- **在十分钟内完成教学反馈会议的草稿。** 因为我充分利用了教学观摩过程进行准备，所以我可以在观摩结束后花上十来分钟就完成反馈会议的草稿。我首先拿出本书附录中的培训指南来选择适当的提示、练习场景和实时反馈的信息；其次，我会准备好教学方案，以防我们需要进行改动；最后，我会再次观看教学录像的关键内容，以确保我自己清晰地知道最适合该教师的解决方案是什么。

一开始，这个流程花费了我不止十分钟时间。但如果你要求自己不断提高效率，你迟早也能够在十分钟内完成这些工作。这种高效率也使得教学领导定期进行观摩和反馈变得更可行和可持续。

塞雷娜·萨瓦里纳雅，教学主管，新泽西州纽瓦克市

奠定基调的第一次教学反馈会议

安排教学反馈会议的时间是一回事，知道自己要如何跟一个坐在你面前，但以前从未接受过类似教学反馈意见的教师进行沟通，则是另一回事。我们在本书的培训原则二中已经讨论了反馈的核心方法和内容。但是，在你为教师营造一个有利于他们蓬勃发展的安全、高效的会议环境之前，所有这些成果都不会轻易实现。因此，第一次的教学反馈会议至关重要，因为它直接奠定了未来一年的教学反馈会议的基调。

核心理念

你永远也不会有再次留下第一印象的机会，因此，你与新教师进行的第一次教学反馈会议，就奠定了未来一年教学反馈的基调。

在新学年伊始，新教师面临的最大挑战是什么？就是如何应对巨大的教学工作量。个人组织和管理教学工作的能力可能听起来并不重要，但它可能是营造有效学习氛围中最艰难的部分。我们很多人对此记忆深刻。"我花了太多的时间准备教学材料，搞得我总是熬夜，"一个新教师回忆起自己刚刚开始上课的第一个月时说，"我整个人的士气都受到了打击，因为我当时全身心想的都是，我还有那么多事情要做，这导致我根本没心思完成哪怕一个最小的教学任务。"

如何解决这个问题？为教师们提供帮助他们组织和管理教学的工具，并利用这些工具，与教师一起在整个学年中跟踪其教学状况。可以阅读下面的"一线教学实践反馈"来思考一下，尼基与杰克逊一起使用了哪些工具，以及它们效果如何。

一线教学实践反馈：为教师们提供教学组织和管理的工具

我第一次与新教师见面时，做的第一件事就是给他们一个装满以下材料的文件夹。在未来一年的教学工作中，如果他们想要保持井井有条的工作状态，这就是他们需要的东西。

- **任务管理跟踪系统**。这个任务管理跟踪系统明确规定了每位教师的任务是什么，还预留了空间让教师可以自己规划完成任务的时间。将所有这些信息汇总到一起，对新教师来说帮助尤为明显，因为他们很难同时记住如此繁多的工作任务。
- **校历**。在教学反馈会议中，跟新教师一起预览学校的校历看起来很俗套，却至关重要。确保新教师能够拿到一份展示了重要时间节点和未来学校的活动安排的校历，并且跟着他们一起研究校历，这将大大有助于确保教师们可以有效地规划他们的工作时间。

• **每周会议记录。** 为了确保新教师们能够利用你在教学反馈会议上提出的建议和意见，在进行反馈时为他们提供一些空白的纸张来做笔记很有必要。正如教学观摩记录本那样，每周会议记录能够提醒新教师当前最重要的工作是什么，让他们哪怕在忙碌的上课期间从事一切事务的同时，也能够记住需要完善的地方。

• **数据驱动的教学指导方案。** 新教师每天需要完成如此多的日常任务，他们很容易就会失去大局观，即每个学生在该学年的学习目标。当前教学指导方案的复印件，能够提醒教师们确保自己每天和每周的具体工作和教学与学生们的学习需求保持一致。这既可以帮助激励教师的教学热情，又能够确保他们理解自己每周为什么要执行这些具体的教学步骤。

当新教师们手上拿到这样一个文件夹时，我就能确定自己帮助他们解决了实现成功教学的又一个主要障碍。

尼基·布里奇斯，校长，纽约州布鲁克林区

在与新教师进行第一次教学反馈会议之前，准备所有这些材料所需的时间不超过五分钟，而且为一位新教师准备的前述材料，也可以适用于其他的教师。

你可以根据具体情况调整使用图3、图4和表4-1。

核心理念

为新教师提供一个时间管理的体系和工具，
就能够在短短几分钟内为他们节约数小时的时间。

周一

时间		
7:00～7:30		
7:30～8:10		
8:10～8:40		
8:40～9:25		
9:25～10:10		
10:10～10:40		
10:40～11:25		
11:25～12:10		
12:10～12:40		
12:40～1:30		
1:30～2:15		
2:15～2:30		
2:30～3:25		
3:25～4:05		
放学后		

出发去学校前	准备工作1

在家	准备工作2

图3　任务管理跟踪系统

每周会议记录页

日期		会议类型 （反馈、数据、教研）	
我的优势			
☐			
☐			
我的操作步骤			时间安排
☐			
☐			
计划&练习备注			
后续跟进措施			

图4 教学反馈会议记录模板

表4-1 数据驱动的教学指导方案范例

第二部分 接下来三周的教学方案（起止时间：11/14～1/22）
第三周（11/25～11/30）：SD，2-2，复习10-1语法IA，《钢琴课》第一场，融入引证技巧 词汇：2-1和2-2复习 课文：《钢琴课》第一场（象征符号和冲突） 写作：专注论点表述的训练 测试：2-1和2-2，语法复习
第四周（12/3～12/7）：SD，2-3，代名词及其与先行词一致性，《钢琴课》第一场和第二场 词汇：2-3 语法：代名词及其与先行词一致性的指导性练习 课文：《钢琴课》第一场和第二场（更多的象征符号和冲突） 写作：如何更自然地插入引用 测试：2-3，SD，代名词及其与先行词一致性
第五周（12/10～12/14）：ER，2-4，反映代词和相互代词，《钢琴课》第二场 词汇：2-4 语法：反映代词和相互代词的指导性练习 课文：《钢琴课》第二场（主题） 写作：总结性陈述：之后怎么做 测试：2-4，ER，反映代词和相互代词

暂停并思考

在尼基为她下属的新教师提供的各类工具中，你计划采用哪些用于自己的新教师？哪些工具是你已经掌握的？哪些是你需要从头开始规划的？

_____

_____

_____

　　在设置了教学反馈会议的形式之后，我们就可以通过预先设定会议为需要遵守的流程奠定基调。这也是你与接受反馈的教师建立关系的阶段。这一关系应以专业精神和相互信任为基础。德西蕾·罗宾第一次的教师反馈会议遵循了一个精心设定的流程，这帮助她奠定了正确的基调，并让接受反馈的教师更容易成长。该流程如下。

- **预告会议的形式**。事先引导接受反馈的教师了解会议的大致安排，帮助降低他的焦虑感，并让他能够更专注于当前的内容。
- **营造一个有利于放松情绪的空间**。从询问该教师目前的情况入手，并真实地聆听他的回答，这是实施有效反馈的重要基础。
- **提供任务管理的工具**。这一点与上文中尼基描述的做法相同。
- **一起预览校历**。这一点也与上文中尼基描述的做法相同。
- **设定教师职业化发展目标**。将教师职业化发展目标的设定工作作为第一次反馈会议的最后一项工作，使教学指导人员能够更完美地提供反馈。
- **提供教学反馈**。

这些简单的操作步骤不需要花费太多时间，但它们能够显著地改变教学效果。了解教师们当前的心理状态，并帮助他们有效地管理个人的时间，就可以为他们腾出空间和时间，让他们更专注于教学工作，有效改变他们的现状。

完成这些工作之后，我们就可以准备提供第二阶段的反馈意见啦！请继续往下看吧！

第二阶段教学技能概述

第二阶段重点关注我们如何在第一天上课时取得即时沉浸式教学的成功，即实施基本的教学技能，让教师在进行教学试水的同时能够边做边学。教师们在第一阶段的培训中奠定了教学的基础，现在他们需要立即投入实际的教学工作并应用这些技能。第二阶段的教学管理，要求教师们确保每个学生都能参与，以完成各项教学例程工作；第二阶段的精准教学意味着教师需要将有效的独立练习变成每节课的固定内容。虽然从表面上看，教学的其他方面更令人兴奋（例如，提供引人入胜的教学内容和促进高质量的学生讨论），但将学生

表4-2 第二阶段培训范围和顺序

教学管理技能培训	精准教学技能培训
执行并监控教学例程	**带领学生开展独立练习**
3. 告诉学生该做什么：发出清晰、精准的教学指令	**3. 编写标准答案**：以追求完美为标杆
• 保持语言的凝练：使用尽可能少的语言来表达清晰的教学指令（例如，三个词的指令）。如果教学指令较为复杂，一定要确定学生是否明白。	• 写出你希望学生在独立练习时能够给出的标准书面答案。
4. 教学例程和教学流程进阶：修改和完善	• 确保独立练习与即将进行的中期评估的标准要求保持一致。
• 修改既定教学例程：修改任何需要进一步细化或效率低下的教学例程，需要特别强调教师和学生在不同时间段需要完成的事情。	**4. 独立练习**：设置日常的教学例程，确保学生有时间进行独立的练习
• 再来一遍：如果学生第一次未能正确地完成既定教学例程，可以要求学生重做一遍。	• 先写后说。先给学生布置写作任务，完成后再进行课堂讨论。这能够确保每个学生都能够在听到同伴的答案之前独立思考和回答。
• 适时打断：知道何时去打断学生再来一遍的流程。	• 设置课前热身来介绍当天的学习目标或回顾前一天的教学内容。
5. 教师雷达：及时发现学生的分神行为	• 在完成一个时间较长的独立练习和/或每日随堂测试（符合教学目标要求的简短课末小测试）后，进行回顾，看看有多少学生已经掌握了相关内容或概念。
• 有意识地扫描整个教室，及时发现开小差的行为或表现： 　－ 在教室里设定3~4个热点区域（即容易开小差的学生所在的位置）并保持持续关注； 　－ 假装关注全场：时不时地转动脖子，假装自己关注到教室的每个角落。	**5. 积极监控**：检查学生独立训练的成果，以确定他们是否真正掌握了课上所教授的内容
• 有针对性地在教室里走动（定点观察）： 　－ 在学生中间和教室四周走动； 　－ 站在教室的角落：在教室中选择3个靠近边际的地点，以便在教室里走动和观察学生情况时可以定点监督。	• 创建监控路线图： 　－ 创建座位表是监控学生最有效的方法； 　－ 先查看速度最快的学生的作业，然后再关注那些需要更多帮助的学生。
• 离开正在发言的学生，然后去监督整个班级的进展情况。	• 监控学生作业的质量： 　－ 以参考答案为标准检查正确率； 　－ 通过课堂提问来查看正确和错误答案的情况。
6. 全班重置：将整个班级的注意力拉回正轨	• 即时批改学生的作业： 　－ 使用一套符号系统来确定正确的答案； 　－ 提示学生修改自己不正确的答案，尽可能使用最少的口头干预（直接点出错误，要求学生修正，告诉他们你会再次检查）。
• 当一个班的教学例程因为前面的课程而削弱效果时，可以实施一个预先规划好的全班重置计划，来重新设定学生的行为期望。	
• 上课过程中，如果全班学生都偏离了既定的任务，可以实施实时重置。 　－ 示例：停止授课。抬头挺胸地站好后，发出明确的教学指令："放下笔。看着我。双手交叉，倒数3、2、1。谢谢大家的配合：哈佛的学生就应该是这个状态。"通过这个方法，师生的语气和士气都得到了提振。	

独立练习的效果作为首要任务，能够确保教师在安排学生独立完成某项学习任务时，学生的学习效率达到最大化。这可以让教师成为这个世界上最伟大的推动者。但如果学生不能通过独立练习来演练他们学到的东西，他们就永远无法真正地掌握它们！（记住我在前面章节中讲过的学习外语的例子——在参与晚餐对话之前，我必须能够进行一对一的谈话。）你也不用担心自己学不到其他方面的技能，因为本书第三和第四阶段的内容，将让你快速掌握高质量教学其他方面的技能。

执行并监控教学例程

表4-3　第二阶段教学管理技能培训速查表

如果教师存在下列问题	请跳到
告诉学生该做什么	
不知如何发出清晰、精准的教学指令	保持语言的凝练
教学例程和教学流程进阶	
不知如何制定高效的教学例程	修改既定教学例程
不知如何要求学生完成既定的教学例程	再来一遍
在"再来一遍"之后不知道何时进行下一步操作	适时打断
教师雷达	
一旦学生出现毫无响应的苗头不能够立即发现	扫描热点区域
无法让学生相信教师时刻关注着他们的动态	假装关注全场
没有走下讲台并在教室里巡视	有针对性地在教室里走动（定点观察）
没能在一个学生发言的时候管理其他学生的表现	从正在发言的学生旁边走开
全班重置	
当全班学生都开始分心时不知道要怎么办	事先规划全班重置或实施实时重置

第二阶段培训范围和顺序参见表4-2。

第二阶段教学管理技能培训

比尔·沃尔什（Bill Walsh）是一位传奇人物，也是有史以来非常成功的橄榄球教练之一。因为他的诸多创新改变了橄榄球这项运动，他也被称为名副其实的"天才"人物。虽然大多数球迷知道他，是因为他创造了西海岸进攻体系，但他对教练世界的影响远不止此。他最伟大的一项贡献是提出了比赛规划的方法。

20世纪70年代，比尔担任保罗·布朗（Paul Brown）的助手并负责辛辛那提猛虎队的教练工作，他当时事先策划了两到三个成功的打法作为比赛的开场。这个方法非常有效，因此当他成为主教练时，他策划的开场打法数量增加了。在执教圣地亚哥电光队时，他在开场前准备了十到十二个成功打法；在斯坦福大学执教时，数量变成了二十个；等到执教旧金山淘金者队时，数量已经猛增到二十五个。这几乎已经要占用比赛时长的一半了！当时，其他教练认为这种做法很荒谬。当你需要不断适应动态的比赛时，你怎么可能事先计划好所有的比赛策略。比尔的回答是：

你在周四晚上（橄榄球赛前一晚）进行深度思考和做出正确判断的能力，远比在比赛时更强。所以我们宁愿在比赛开始之前以非常客观的态度做出与比赛相关的所有决定……当比赛正在进行时，说实话，你处于极大的压力状态。有的时候你处于绝望的状态，还被要求做出考虑周全的决定。在这种情况下，你在比赛前做出的决定，肯定比你在比赛中仓促的决定要更理智。

如果这种方法适用于体育界最具洞察力的人，那么它肯定也适用于新教师。当上课铃声响起时，教师们就处于比赛的热度和压力之下。与其尝试在重压之下做出最好的决定，不如事先设定一些教学方案，来帮助自己完成大部分需要完成的教学内容，并取得令人瞩目的成绩，就像比尔做的那样。

核心理念

在第二阶段，不要试图训练新教师如何急中生智地做出临时决策，
而是教会他们如何预测错误和制定可以执行的教学方案。

因此，第二阶段的教学管理技能培训就是关于如何按照比尔的方法制定赛前制胜策略。在教学领域，这些策略就是教师在课程的各个阶段应该采取的教学操作，即他们在发布教学指令时说的话；他们如何监督学生的情况和在教室里走动巡视；以及在学生开小差的时候如何采取重置措施。对这些制胜策略进行设计和执行，可以极大地改变新教师的教学效果。在稍后阶段，新教师们将需要学习如何根据不可预见的风险来修订该脚本。但就目前而言，他们最好将精力集中在如何将这些他们可以事先确定的操作牢记于心。如果我们可以有效地开展这个阶段的教师培训，他们的教学效果就会像沃尔什的西海岸进攻体系那样，取得令人欢呼的效果。

告诉学生该做什么

教师职业化发展目标

告诉学生该做什么：哪怕是最复杂的教学指令，也可以简洁明了地传达。

优秀的教学管理的最大障碍之一，就是缺乏精准的高质量沟通。如果教师废话连篇或发出太多含糊不清的教学指令，学生立刻就会开小差。

因此，建设一个所有学生都按照要求去做他们应该做的事情的课堂的第一步，就是让所有的学生都清楚地知道自己到底要做什么。为此，你需要一位能够提供清晰指令的教师，他能够以一种让所有学生都知道接下来要做什么的

方式传递最复杂的信息。

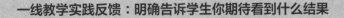

一线教学实践反馈：明确告诉学生你期待看到什么结果

对我来说，作为一名教师最难的地方，就在于让自己坦然接受这样一个观点：身为教师，你的职责就是告诉孩子们他们需要做什么。你是整个教室里唯一的成年人，所以你需要告诉他们你希望看到他们去做什么，这样他们才能够按照要求去做。我刚从学校毕业就走上了讲台，我还不太习惯对着孩子们发号施令。所以我总是会长篇大论地解释自己的要求，但这反而让孩子们感到困惑。后来我思考了下自己希望看到他们在做什么，以及如何才能够简洁地表达我的要求，随后改变了自己的做法。这让我的学生们更容易就获得了成功，而且这也是他们想要的结果！但是确保学生做到这一点的唯一方法，就是身为教师的你需要清楚明确地告知他们需要做什么。

安·阿尔布雷希特（Anne Albrecht），教学培训师，纽约州布鲁克林区

通过本部分内容来解决教师们在第二阶段技能中最容易出现的以下问题：

- 教师们发出的教学指令不够明确或过于烦琐。

告诉学生该做什么：保持语言的凝练

 培训要点

当前困境

教师发出的教学指令，尤其是和教学例程或教学流程相关时，往往不够明确或过于烦琐。即使教学例程有着完美的预设方案，这个问题也有可能出现。教师可能已经非常仔细地考虑了教学例程的结构和各个细节，却没有想过要用什么样的表述来正确地传递这个信息。

行动步骤

保持语言的凝练，尽可能使用最少的词汇来表达清晰明确的要求（例如，使用三个词的教学指令）。如果教学指令略微复杂，需要确定学生是否真正理解。

行动步骤概述

教师们在发布教学指令时遭遇问题或废话太多的原因可能有很多，例如：

- 原始的教学方案中没有将教学指令的表述逐字逐句地规定下来；
- 他们太紧张以至于没办法顺畅地按照既定的方案进行表达；
- 他们在无意识的情况下添加了很多不必要的表达。

在开始上课之前编写教案和练习教学指令的表达，能够让教师在上课时顺利而清晰地传达指令，并避免停顿或需要临时思考到底应该怎么说等问题的出现。足够详细的教学指令的方案可能是这样的："看着我。合上课本。现在请翻到47页。"稍微停顿，等所有的学生都跟上节奏之后："请完成第一到第三个问题！你们有十分钟时间来完成。现在可以开始了。"

对于更加复杂的教学指令（例如，一个很困难的作业任务），教师也应该想办法在放手让学生做之前，确定一下是否所有的学生都明白了要求是什么。

教学指导员的快速提示：尽可能使用非语言提示

在发布教学指令时，确保语言的凝练至关重要。因此，我们不仅需要弄清楚如何让自己的指令变得更加简洁，还需要想办法以非语言的方式传递这些信息。一些常用的非语言指令包括：竖起大拇指并微笑意味着"学生可以开始工作"；打开手掌表示学生可以开始"独立阅读"；减少教师的话语传递着"我对你说的每句话都应该与学习有关"；沉默意味着"让我们立即着手练习吧"。掌握这个技巧的关键在于反复的练习和亲自示范。我在观摩课堂教学的过程中会示范这些动作，并与授课的教师进行眼神接触以引起他们的注意，然后观察他们实施这些动作的情况。例如，如果一个学生还背着自己的书包，我会做出放下书包的动作，然后授课的教师就会发现需要完成这个动作的学生，并通过非语言的提示让学生放下书包。教师需要把上课过程中发出的所有教学指令的内容都写下来，且学生们需要接受这些非语言动作提示的培训。教师应该以班级为单位进行解释，并强调为什么这些非语言提示动作是必不可少的。

乔迪−安·琼斯，校长，新泽西州纽瓦克市

关键领导力行动	
探索性提问	• "昨天你在要求学生去做＿＿＿＿＿时出现了什么情况？是什么导致了学生的困惑？" • "尽可能使用最简短的话语来描述学生应该做的事情有何价值？" • 播放一个视频，展示某教师发布教学指令的过程，提问："你可以通过哪些方法来重新发布或阐述这些教学指令，让学生能够更轻松地听明白？"或"将你发出的所有教学指令写下来，你在哪些地方用了不必要的表达？" • 如果教师存在困难，亲自给他示范一下，说："让我来试试发出同样的教学指令。"亲自示范后问："你们有没有观察到我发出指令的方式跟你们的有何不同？"
计划和练习	• 坐下来跟新教师一起编写清晰、明确的教学指令。逐字逐句地将所有内容写出来，不要想着偷工减料！然后再删除所有不必要的表述。 • 在开始演练之前，就教学指令的凝练程度做出反馈。这样可以确保在开始演练前就解决掉大部分的错误。 • 反复演练教学方案中关键的教学指令。如有必要，通过亲自示范使该教师明白怎么说才能够确保给出最有效的教学指令。 • 注意要在每个教学指令之间预留消化的时间，因为如果一下子给出太多的教学指令，会很容易造成学生的困惑。
实时反馈	• 非语言提示：举起红牌提示废话太多。 • 非语言提示：举起一张提示板，写着"告诉学生该做什么"。 • 耳语提示："当你希望所有学生都着手完成这个任务时，你只需要说：'放下笔。看着我！'不用再说其他话。" • 亲自示范：亲自示范如何只用三到五个词汇来发布凝练的教学指令。 • 亲自示范：请一个学生来重复教师刚刚发出的教学指令。

表4-4　告诉学生该做什么的培训策略

行动步骤	何时使用	探索性提问	练习的场景	提供实时反馈的信号
保持语言的凝练	教师发出的教学指令，尤其是和教学例程或教学流程有关时，往往不够明确或过于烦琐。	• "昨天你在要求学生去做＿＿＿时出现了什么情况？是什么导致了学生的困惑？" • "尽可能使用最简短的话语来描述学生应该要做的事情有何价值？" • 播放一个视频，展示某教师发布教学指令的过程，提问："你可以通过哪些方法来重新发布或阐述这些教学指令，让学生能够更轻松地听明白？"或"将你发出的所有教学指令写下来，你在哪些地方用了不必要的表达？" • 如果教师存在困难，亲自给他示范一下："让我来试试发出同样的教学指令。"亲自示范后问："你们有没有观察到我发出指令的方式跟你们的有何不同？"	• 坐下来跟新教师一起编写清晰、明确的教学指令。逐字逐句地将所有内容写出来，不要想着偷工减料！然后再删除所有不必要的表述。 • 在开始演练之前，就教学指令的凝练度做出反馈。这样可以确保在开始演练前就解决掉大部分的错误。 • 反复演练教学方案中关键的教学指令。如有必要，通过亲自示范使该教师明白怎么说才能够确保给出最有效的教学指令。 • 注意要在每个教学指令之间预留消化的时间，因为如果一下子给出太多的教学指令，很容易造成学生的困惑。	• 非语言提示：举起红牌提示废话太多。 • 非语言提示：举起一张提示板，写着"告诉学生该做什么"。 • 耳语提示："当你希望所有学生都着手完成这个任务时，你只需要说：'放下笔。看着我！'不用再说其他话。" • 亲自示范：亲自示范如何只用三到五个词汇来发布凝练的教学指令。 • 亲自示范：请一个学生来重复教师刚刚发出的教学指令。

教学例程和教学流程进阶

教师职业化发展目标

教学例程和教学流程进阶：教师在执行教学例程时，发现学生存在新的学习
需求，修订现有的教学例程以满足学生的需求。

教学例程和教学流程进阶进一步解决了我们在第一阶段培训中没有解决
的问题。尽管身为教学领导的你跟着新教师一起尽可能仔细地计划了开启一天
教学工作的教学例程，你也无法预知教师或学生在实际执行的过程中会出现什
么问题。新教师在开学第一周内通常会遭遇下面三个挑战：

- 尽管学生们按照要求执行了教学例程，但实施的效率较低或完全没有
效率可言；
- 教学例程得以高效实施，但学生没有遵守教师的要求；
- 在学生已经做得很好的情况下，教师依然要求学生重新再做一次教学
例程。

下面这三个步骤可以最有效地帮助新教师解决前面三个问题。

教学例程和教学流程进阶：修改既定教学例程

 培训要点

当前困境

尽管学生们按照要求执行了教学例程，但实施的效率较低或完全没有效
率可言。

行动步骤

修订需要更加关注细节或不够有效的既定教学例程方案，需要特别强调教师和学生在各个环节具体需要做什么。

行动步骤概述

当一个教学例程从根本上无法发挥作用时，教师需要完全重写。先确定它从哪里开始完全失效，并添加更多的细节信息。上课之前的热身流程和课程之间的过渡流程，是教师们在第二阶段需要学习的重点，因为这些教学例程决定了课堂的基调，还能够帮助增加有效的学习时间。

关键领导力行动	
探索性提问	• "在实施这个教学例程时，你遭遇了什么困难？" • "例程的实施是从什么地方开始失控的？是不是从学生们不再按照要求执行的那一刻开始？" • 观看一个教学例程实施得当的示范视频，提问："你从这个视频中可以学到哪些能够帮助你实施高效教学例程的方法或策略？"
计划和练习	• 着重演练教学例程开始失控的部分。在观摩教学或与教师演练的过程中，你可能已经注意到教学例程的部分内容已经可以很自然且轻松地完成——那就不要再反复练习这些内容！相反的，我们需要将更多的注意力放在那些对授课教师来说很难执行且无法顺畅衔接的内容。可以通过角色扮演的方式来演练，其中教学指导人员扮演学生的角色。在教师练习执行教学例程的过程中，教学指导人员可以模拟自己在学生身上观察到的错误和问题。 • 注意教师的站位：教师需要站在教室中最佳的位置，以便尽可能清楚地看到更多的学生。 • 确保教师能够将你与他已经完成培训和演练的全部教学步骤加以执行，例如：强有力的教学指令（姿势和语言表述）等。 • 演练与没有任何响应的学生进行沟通的开场白。
实时反馈	• 亲自示范："这是我最喜欢的教学例程。我可否向同学们展示一个全新的操作方法？"

教学例程和教学流程进阶：再来一遍

 培训要点

当前困境

教学例程得以高效实施，但学生没有遵守教师的要求。

行动步骤

再来一遍：如果学生第一次没有做对，可以要求他们重来一遍。

行动步骤概述

每当我们允许教学例程以不正确的方式实施时，我们实际上是在强化这种不完美的做法。因此，如果学生没有正确地执行教学例程，最佳的应对方法就是要求他们再来一遍，直到他们可以以正确的要求完成该例程。下面这些关键的教学指令顺序，能够最有效地帮助学生再来一遍并且做得更好。

1. 在出现错误的时候及时停止教学例程的执行。

2. 明确指出学生的错误。（例如："同学们，我们走向自己座位的速度不够快！"）

3. 从头开始再来一遍。

4. 向学生提出挑战。（例如："我知道你们可以做得更好，让我们再来一遍，看看我们能不能打破最短的时间纪录！"）

5. 发出再来一遍的信号。

在《像冠军一样教学：引领学生走向卓越的62个教学诀窍》一书中，道格·莱莫夫更详细地描述了再来一遍这个教学技巧能够如此高效的原因。简而言之，除了能够让学生反复练习直至完美之外，因为这个方法的即时性，它也能够让我们立刻看到成功的效果，并确保能以积极的方式结束例程的操作。

关键领导力行动	
探索性提问	• "再来一遍的操作关键是什么？" • "为什么让学生在没能按照要求完成教学例程的时候要求他们再来一遍至关重要？"

计划和练习	• 事先规划"再来一遍"操作流程的每个步骤：
	  – 使用强有力的教学指令（抬头挺胸地站好；使用正式的语言表述）；
	  – 传递"告诉学生该做什么"的教学指令（点明错处；告知正确的做法）；
	  – 向学生提出挑战，激励他们做得更好；
	  – 发出再来一遍的信号。
	• 以角色扮演的方式演练修改后的教学例程：模拟在课堂上观察到的学生犯下的错误，要求教师按照上表的顺序执行"再来一遍"的程序，直到整个例程可以完美地完成。

实时反馈	• 非语言提示：用手指画圆圈来提示授课教师需要让学生再做一次刚刚完成的例程。 • 语言提示："史密斯老师，我知道学生们可以做得更好。你希望我们这一次可以提高哪些地方的表现？" • 亲自示范："我能否给学生示范一下我们希望他们去做的事情？"通过耳语提示告知授课教师你做了哪些示范。

教学例程和教学流程进阶：适时打断

 培训要点

当前困境

在学生已经做得很好的情况下，教师依然要求学生再做一次教学例程。

行动步骤

适时打断：知道什么时候停止再来一遍的操作。

行动步骤概述

我们不仅需要知道什么时候应该要求学生再来一遍，还要知道什么时候停止重复的操作并进入下一个教学环节。通过在适当的时机停止学生的反复操练，教师可以确保学生花在完善教学例程的执行上的时间能够产生最大的效益。

关键领导力行动	
探索性提问	• "还记得你要求学生第三遍重做该教学例程时的情况吗？他们是否做得比前几次更好呢？" • "再度要求学生重做的目的是什么？在什么情况下，反复练习或重做已经没有价值了？"
计划和练习	• 以练习再来一遍的方式来演练适时打断，但需要格外强调再来一遍的结果。在反复练习的过程中，尝试缩短正确完成该教学例程的时间，这样接受反馈的教师才能真正地学会判断什么时候应该停止再来一遍的操作。
实时反馈	• 非语言提示：向教师发出应该停止再来一遍的信号。 • 亲自示范：示范如何中断再来一遍的操作。

表4-5 教学例程和教学流程进阶的培训策略

行动步骤	何时使用	探索性提问	练习的场景	提供实时反馈的信号
修改既定教学例程	尽管学生们按照要求执行了教学例程，但实施的效率较低或完全没有效率可言。	• "在实施这个教学例程时，你遭遇了什么困难？" • "例程的实施是从什么地方开始失控的？是不是从学生们不再按照要求执行的那一刻开始？" • 观看一个教学例程实施得当的示范视频，提问："你从这个视频中可以学到哪些能够帮助你实施高效教学例程的方法或策略？"	• 着重演练教学例程开始失控的部分。模拟自己在学生身上观察到的错误和问题。 • 注意教师的站位：教师需要站在教室中最佳的位置并结合强有力的教学指令（姿势和语言表述）等技巧。 • 演练与没有任何响应的学生进行沟通的开场白。	• 亲自示范："这是我最喜欢的教学例程。我可否向同学们展示一个全新的操作方法？"

（续表）

行动步骤	何时使用	探索性提问	练习的场景	提供实时反馈的信号
再来一遍	教学例程的实施非常高效，但学生没有遵守教师的要求。	•"再来一遍的操作关键是什么？" •"为什么让学生在没能按照要求完成教学例程的时候要求他们再来一遍至关重要？"	• 事先规划"再来一遍"操作流程的每个步骤： － 使用强有力的教学指令（抬头挺胸地站好；使用正式的语言表述）； － 传递"告诉学生该做什么"的教学指令（点明错处；告知正确的做法）； － 向学生提出挑战，激励他们做得更好； － 发出再来一遍的信号。 • 以角色扮演的方式演练修改后的教学例程：模拟在课堂上观察到的学生犯下的错误，然后要求教师按照上边的顺序执行再来一遍的程序，直到整个例程可以完美地完成。	• 非语言提示：用手指画圆圈来提示授课教师需要让学生再做一次刚刚完成的例程。 • 语言提示："史密斯老师，我知道学生们可以做得更好。你希望我们这一次可以提高哪些地方的表现？" • 亲自示范："我能否给学生们示范一下我们希望他们去做的事情？"通过耳语提示告知授课教师你做了哪些示范。
适时打断	在学生已经做得很好的情况下，教师依然要求学生再做一次教学例程。	•"还记得你要求学生第三遍重做该教学例程时的情况吗？他们是否做得比前几次更好呢？" •"再度要求学生重做的目的是什么？在什么情况下，反复练习或重做已经没有价值了？"	• 以练习再来一遍的方式来演练适时中断，但需要格外强调再来一遍的结果。在反复练习的过程中，尝试缩短正确完成该教学例程的时间，这样接受反馈的教师才能真正地学会判断什么时候应该停止再来一遍的操作。	• 非语言提示：向教师发出应该停止再来一遍的信号。 • 亲自示范：示范如何中断再来一遍的操作。

教师雷达

> **教师职业化发展目标**
>
> **教师雷达**：在第一时间发现学生开小差的行为，并在其失控之前将其处理好。

　　我跟家人曾参加过一个聚会，来参加聚会的还有其他一些带着小孩的家庭。孩子们在起居室自己玩耍，我们成年人则在另外一边聊天。突然间，一位母亲狂奔到沙发旁边，我们还没来得及反应她到底要做什么，沙发就倒了下来。上面还趴着一个两岁大的孩子。那个妈妈及时地接住了自己年幼的孩子。

　　房间里的其他成年人都惊呆了。看起来就好像这位女士拥有具有透视功能的眼睛，或者是可以预测未来。但是，当我们研究了这个死里逃生的事故现场之后，我们才真正知道到底发生了什么事情：这位母亲早就留意到沙发背后没有任何支撑物。她知道一旦有小孩爬到沙发顶上，这个沙发一定会倒下。她能够让自己的小孩免于灾难，不是因为她有一双可以透视的眼睛，也不是因为她可以预测未来，而是因为她知道自己的孩子处于一个高危的地方。作为一位母亲，她有着预防风险的本能，即在灾难发生之前通过发现正确的警示信号，来帮助阻止灾难的发生。

　　教师的本能——或我们称之为教师雷达的教学技能也有着同样的功能。对于那些从未接触过教学工作的人来说，教师的这项能力看起来非常神奇，已经可以媲美超能力了。但实际上，伟大的教师雷达之所以能够产生效果，是因为教师们知道如何发现课堂上那个倾斜的沙发。学生们是在乖乖低头看着自己应该独立完成的作业，还是正抬头四处张望？他们的手是在握着铅笔写字，还是忙着给同学递东西？正如起居室里背后没有支撑的沙发对正在玩耍的孩子们来说构成了威胁那样，学生们在课堂上的这些小动作，也会影响到他们的学习效果。盯着窗外意味着没有按照要求写作；递铅笔可能演变为考试时候递小纸条，最后可能会演变成两个学生互相殴打。教师雷达能够帮助防止这些小动作导致管理良好的课堂像那个沙发一样坍塌到地上。

在接下来的内容中，我们将解释那些能够让教师雷达看起来具备神奇效力的教学操作，并展示如何让它们也同样为新教师所用。下面是一些可能会造成课堂管理出现问题的根本原因，新教师们可以利用我们在本节中总结的行动步骤，来学习如何捕捉这些不良现象，并进一步防止混乱情况的发生。这些原因是：

- 教师没能第一时间发现学生开小差的苗头；
- 教师没有扫视和关注学生，导致学生最终开小差；
- 教师站着不动：教师站着不动就导致学生更容易开小差；
- 当一个学生发言时，教师站得离他非常近，并且只听学生的发言而忽视了其他学生，从而导致其他学生开小差。

教师雷达：扫描热点区域

 培训要点

当前困境

教师没能第一时间发现学生开小差的行为，并且可能等到问题开始失控了，才尝试采取补救措施。

行动步骤

在教室里设定三到四个热点区域（即容易开小差的学生所在的位置），并持续关注和扫描。

行动步骤概述

每一个课堂管理的问题都有一个触发点———一两个学生开始开小差，随后其他学生才开始开小差。就像我们在前文中讲到的那张倒塌的沙发那样，这个时刻是可以预测的。这也就意味着这样的时刻是可以预防的。

第一时间发现这些不和谐苗头的关键，就是去观察这些现象高发的区域并及时发现不良征兆。通常，一个或多个类似热点区域就是那些特别"跳脱"的学生所在的位置。他们的不安分行为，往往会演变成干扰到正常教学秩序的重大错误。假如有那么一两个学生几乎每次都会在不应该讲话的时候跟同学咬耳朵，那么在他开始抬头张望教室的时候你就需要尤为注意。

了解这些热点区域的分布能够帮助你更有效地扫描整个课堂，而养成扫描的习惯则是我们下一步要做的工作。

培养教师雷达技能的最有效办法就是实时反馈，因为它在很大程度上取决于教师现场对学生行为的直接反应。课堂外针对这些行动步骤的练习，在很大程度上只是为了让教师尽可能地为实时反馈做好准备。因此，我们在进行教师培训时使用课堂录像将尤为有效，因为授课教师可以通过观看课堂录像，了解到具体发生了什么，并在回到课堂之前对热点扫描的工作方式有个直观而强烈的认识。以此为基础，如果有人能够在教室里发生不好情况的当下指出问题，那将能确保该教师迅速锻炼出优秀的教师雷达技能。

关键领导力行动	
探索性提问	• 观看课堂录像，提问："第一个学生是什么时候开始开小差的？" • "班上哪个学生最容易开小差？" • "如果你知道哪些学生最容易开小差，那么你应该在授课过程中持续关注的热点区域是哪里？"

（续表）

关键领导力行动	
计划和练习	• 要求教师确定教室里的热点区域，并在教学方案中注明扫描这些热点区域的时间节点。 • 挑选教室里的一个热点区域站好，然后让该教师讲授部分课程内容；模拟你希望该教师通过扫描热点区域技能来发现的学生的问题行为。重复这个训练过程，直到教师养成持续扫描热点区域和确认开小差的行为的习惯。
实时反馈	• 非语言提示：举起一张写着"扫描"二字的提示板。 • 非语言提示：伸出手，指向你希望教师能够发现的开小差的学生，并纠正他们的行为。

教师雷达：假装关注全场

 培训要点

当前困境

教师看起来没有扫描或关注学生，导致学生们都在开小差。

行动步骤

时不时地转动脖子，假装关注到教室的各个角落。

行动步骤概述

正如道格·莱莫夫在《像冠军一样教学：引领学生走向卓越的62个教学诀窍》一书中所说的那样，学生可以立即感知到他们是否在课堂上得到了关注。有些教师身上自带光环，学生立刻就会知道听从教师指令是一件没得商量的事情。这种光环是可以通过训练获得的。就假装关注全场这个教学技能而言，你要做的其实很简单，你只需要转动自己的脖子，让自己的视线扫过教室的各个角落即可。

这些动作对高效的教师来说是一些毫不费力的事情，但它们明确地传递了这样一个信息，即"你的一举一动我都看在眼里"。

教学指导员的快速提示：保持足够的停顿时长以看清所扫描的区域

作为一名新教师，教师雷达的技能对我来说非常重要。我知道教室里存在不良的行为，但是我没能及时发现并采取相应的措施。我想着可以通过扫描来解决问题，但我只能快速地转动脖子迅速扫过教室，然后什么都没有发现。于是我的教学指导员要求我停下来，看看我正在扫描的区域。新教师通常会存在这种模糊或迷茫的现象，即关于课堂的认识很模糊，并没有真正看到眼前的课堂到底发生了什么。但是，仅仅是放慢扫描的速度，我就能够发现在演练的过程中自己已经看到了一些全新的事物，比如我以前从未注意过的教学指导员办公室的一部分。这让我意识到，如果我想要确保扫描的效用，我就必须真正地关注和看到教室里特定热点区域的情况。从那时起，我就开始遵循下面的步骤进行扫描：转动脖子，在热点区域处稍作停顿，再看向下一个热点区域。

亚当·菲勒尔（Adam Feiler），教学培训师，新泽西州纽瓦克市

关键领导力行动	
探索性提问	• 观看课堂录像，选择其中的一个关键时间点："这个时候你的视线看向何处？而你实际上应该看向何处？" • 亲自示范如何假装关注全场："在我发出教学指令的时候，你有没有意识到我做了什么？我的肢体语言有什么意义或价值？"
计划和练习	• 要求教师练习在讲课的过程中扫描每一排的学生（主要关注学生的手和眼神）。 • 在授课教师讲课时，坐在被该教师忽略的区域旁听课程。在每一个教学指令发出后，要求该教师练习如何假装关注全场，并模拟一些开小差的行为，让该教师在扫描时发现或确定。
实时反馈	• 非语言提示：转动自己的脖子提示授课教师也应该做同样的动作。 • 亲自示范：接受教学例程的安排并转动脖子扫描全场，或在扫描的时候用手指指向相应的位置。

教师雷达：有针对性地在教室里走动（定点观察）

 培训要点

当前困境

教师站着不动，而教师站着不动的状态导致学生更容易开小差。

行动步骤

有针对性地在教室里走动（定点观察）：

- 在学生中间和教室四周走动；

- 站在教室的角落：在教室中选择三个靠近边际的地点，以便在教室里走动和观察学生情况时可以定点监督。

行动步骤概述

在教室四周走动，让教师在听某个学生发言的同时能够提醒班上其他学生同样需要仔细聆听。

关键领导力行动	
探索性提问	• "学生们开小差的行为是从哪里开始出现的？你当时站在什么地方？""在教学过程中，没有在教室里走动导致了什么问题？" • 观看课堂录像，提问："你在课堂上远离讲台的时间有多少？"
计划和练习	• 要求教师确定教室里的热点区域（即经常出现不服从教学指令行为的区域）。 • 基于热点区域的分布，设计一条查看课堂情况的路线，在教室的角落稍作停留以便观察整个课堂的情况。 • 练习在讲课的同时沿着所设定的扫描路线走动，在热点区域稍作停留进行扫描，然后对没有遵循教学指令的学生进行非语言性引导。
实时反馈	• 非语言提示：指向教师应该走过去站着的教室角落。

教师雷达：从正在发言的学生旁边走开

 培训要点

当前困境

一个学生开始发言，教师站得离他特别近而忽视了其他学生，导致其他学生开小差。

行动步骤

从正在发言的学生旁边走开，去监控整个班级。

行动步骤概述

从正在发言的学生旁边走开，让教师能够在听一个学生讲话的同时，提醒班上其他学生也应该听讲。

关键领导力行动	
探索性提问	• "开小差的行为是什么时候出现的？你当时站在教室的什么位置？这与开小差的行为之间有何关联？" • "从正在发言的学生旁边走开并去监控整个课堂有何价值？"
计划和练习	• 在培训教师如何从正在发言的学生旁边走开时，可以要求接受培训的教师点一个想象中的学生来发言（或如有可能的话，请另外一位教师来扮演该学生的角色）。然后，在虚构学生发言的时候，你可以坐在教室的另外一个区域，模拟开小差的学生。教师随后可以练习如何在教室里走动并提醒其他学生他们有责任认真听讲。如有必要，教师可以给出无声的引导。
实时反馈	• 非语言提示：提示教师从正在发言的学生身旁走开。

表4-6　教师雷达的培训策略

行动步骤	何时使用	探索性提问	练习的场景	提供实时反馈的信号
扫描热点区域	教师没能第一时间发现学生开小差的行为，并且可能等到问题开始失控了才尝试采取补救措施。	• 观看课堂录像，提问："第一个学生是什么时候开始开小差的？" • "班上哪个学生最容易开小差？" • "如果你知道哪些学生最容易开小差，那么你应该在授课过程中持续关注的热点区域是哪里？"	• 要求教师确定教室里的热点区域，并在教学方案中注明扫描这些热点区域的时间节点。 • 练习：模拟你希望该教师通过扫描热点区域技能来发现的学生的问题行为。重复这个训练过程，直到教师养成持续扫描热点区域和确认开小差的行为的习惯。	• 非语言提示：举起一张写着"扫描"二字的提示板。 • 非语言提示：伸出手指向你希望教师能够发现并纠正学生开小差行为的地方。
假装关注全场	教师看起来没有扫描或关注学生，导致学生们都在开小差。	• 观看课堂录像，选择其中一个关键时间点："这个时候你的视线看向何处？而你实际上应该看向何处？" • 亲自示范如何假装关注全场："在我发出教学指令的时候，你有没有意识到我做了什么？我的肢体语言有什么意义或价值？"	• 要求教师练习在讲课的过程中扫描每一排的学生（主要关注学生的手和眼神）。 • 在授课教师讲课时，坐在被该教师忽略的区域旁听课程。在每一个教学指令发出后，要求该教师练习如何假装关注全场，并模拟一些开小差的行为，让该教师在扫描时发现或确定。	• 非语言提示：转动自己的脖子提示授课教师也应该做同样的动作。 • 亲自示范：接受教学例程的安排并转动脖子扫描全场或在扫描的时候用手指指向相应的位置。
有针对性地在教室里走动（定点观察）	教师站着不动，导致学生更容易开小差。	• "学生们开小差的行为是从哪里开始出现的？你当时站在什么地方？""在教学过程中，没有在教室里走动导致了什么问题？" • 观看课堂录像，提问："你在课堂上远离讲台的时间有多少？"	• 要求教师确定教室里的热点区域（即经常出现不服从教学指令行为的区域）。 • 基于热点区域的分布，设计一条查看课堂情况的路线。 • 练习在讲课的同时沿着所设定的扫描路线走动，在热点区域稍作停留进行扫描，然后对没有遵循教学指令的学生进行非语言性引导。	• 非语言提示：指向教师应该走过去站着的教室角落。

（续表）

行动 步骤	何时 使用	探索性提问	练习的场景	提供实时 反馈的信号
从正在发言的学生旁边走开	当一个学生开始发言，教师站得离他特别近而忽视了其他学生，导致其他学生开小差。	• "开小差的行为是什么时候出现的？你当时站在教室的什么位置？这与开小差的行为之间有何关联？" • "从正在发言的学生旁边走开去监控整个课堂有何价值？"	• 在培训教师如何从正在发言的学生旁边走开时，可以要求接受培训的教师点一个想象中的学生来发言（或如有可能的话，请另外一位教师来扮演该学生的角色）。然后，在虚构的学生发言的时候，你可以坐在教室的另外一个区域，模拟开小差的学生。教师随后可以练习如何在教室里走动并提醒其他学生他们有责任认真听讲。如有必要，教师可以给出无声的引导。	• 非语言提示：提示教师从正在发言的学生身旁走开。

全班重置

> **教师职业化发展目标**
>
> **全班重置：**当学生们开始出现开小差的行为时，随时停止授课并要求全班重置。

再来一遍的操作描述了新教师如何在学生表现不佳的时候，要求他们再来一遍既定的教学例程。然而有的时候，学生不响应教师要求的行为，并不意味着一个教学例程的失控，而是代表着全体学生的不良行为即将出现。一个说悄悄话的学生变成两个，可能导致整个班级开始出现细碎的杂音，最后演变成整个教室充满了嘈杂的讲话声。另外一种情况则是，经历数日的实践之后，教学例程的执行开始松懈。在这两种情况下，教师都不需要修改既定的教学例程，而应该要求全班重置，就像你用浏览器检索网页，在发现网页停滞时需要点击刷新那样。一个全班重置的操作重新建立了教师当时对学生行为的期望。

一线教学实践反馈：优先执行三个最需要改变的事项

通常，帮助教师们计划全班重置的最佳方式是让他们对问题行为进行排序：如果你现在不得不改变教学过程中的三件事情，你认为它们是什么？

我依然记得有一个老师遭遇的问题是，不知道如何高效地让孩子们都坐到地毯上。她给每个孩子都分配了座位号，但孩子们走向地毯的效率依然十分低下。最后，我们发现真正的问题是当老师要求所有人都朝右边移动时，孩子们根本不知道应该往哪边走。因为五岁的孩子还在学习如何区分左边和右边。这就导致孩子们朝着各个方向乱蹿！一旦我们确定这就是导致困惑的地方，我们就要求这个教师明确和简化第一步骤的操作：她告诉学生们朝着地毯的方向走动，并要求大家都朝着一个方向移动。要求教师们搞清楚"为什么这个办法没用""这个流程的什么环节导致了整个流程的失败"等问题的答案能让他们确定什么地方需要改进。我们可以告诉教师们："好了，我们首先要重点解决这个问题。我们希望你能在本周内做到，在没有解决之前不要急着处理下一个问题。到了下周，我们会着手处理其他需要调整的地方。"

克里斯蒂娜·丹尼森-利普席茨（Christine Denison-Lipschitz），

校长，得克萨斯州达拉斯市

下面是第二阶段中一些可以通过全班重置来解决的最常见挑战。

● 全班在经过几天的实践后或在上课过程中出现了参与度不高的问题，但老师没能意识到下面的征兆：

    — 在课堂教学的特定时刻出现了闲聊的情况；

    — 在独立练习时段学生没有专心完成任务；

    — 没有参与轮流发言的环节。

尽管能够帮助解决这些问题的两个教学步骤非常相似，但为了区分二者，我们还是分开进行论述。

全班重置：事先规划全班重置

 培训要点

当前困境

全班在经过几天的实践后出现了参与度不高的问题，但老师没能意识到下面的征兆：

- 在课堂教学的特定时刻出现了闲聊的情况；
- 在独立练习时段学生没有专心完成任务；
- 没有参与轮流发言的环节。

行动步骤

当一个班级的状态因为前面安排的课程而出现松懈或不良情况时，通过实施全班重置来重新建立对学生行为的期望。

行动步骤概述

如果学生没有遵循教学例程的要求，教师必须重置或重新教授该教学例程。教师可以采用的最可靠且最高效的方法就是提前编写一个全班重置的教学脚本。

教学指导员的快速提示：如果你不抬头挺胸地站好，学生们就不会看着你

我的一位教师在全班重置过程中遭遇了困难，所以我们需要一起反复练习。我们在她的教室里进行练习，就站在她教学时需要站立的地毯前面。我先给她示范，她再照着做，并把需要改动的地方记录下来。我能够看到记录这些操作步骤对她的教学方案产生了巨大影响。对她来说，最困难的部分就是如何停止讲课、抬头挺胸地站好，然后用最简练的语言将"告诉学生该做什么"的相关内容表达清楚。我们不断练习如何削减不必要的表述，如何抬头挺胸地站稳等。因为如果身为教师的你没有抬头挺胸地站好，学生们就不会把注意力放在你的身上。

戴尔·琼斯（Del Jones），校长，宾夕法尼亚州费城市

关键领导力行动	
探索性提问	• "你第一次是如何高效率地执行了这个教学例程？" • "现在你在执行同一个教学例程的时候遭遇了什么问题？教学例程的实施是从什么时候开始失控的？" • "导致教学例程实施的情况越来越差的根本原因是什么？" • 亲自示范，提问："你注意到了什么？我采取了哪些关键步骤来唤回全班学生的注意力？"
计划和练习	• 通过要求该教师逐字逐句编写全班重置计划方案的过程来进行训练。尽可能确保脚本语言的凝练性。规范的训练脚本可以包括下面一些最佳的教学操作。 1. 停顿。 2. "看着我！" 3. 描述问题。 4. 给出指令。 5. 扫描全场。 6. 耐心等候学生100%的配合与完成。如果还是不够完美，可以针对开小差的学生再次发出教学指令。 7. 继续教学。 • 在练习过程中，需要尤为注意结合前文描述过的一些教学操作步骤进行练习，尤其是： 　– 强有力的教学指令（姿态和表述）； 　– 告诉学生该做什么（尽可能运用简练的表述）； 　– 教师雷达（扫描全场以确保学生都遵循了教学指令的要求）。 • 逐步增加练习的难度和复杂性： 　– 第一轮：所有的学生立刻"听从"了教师要求； 　– 第二轮：依然有些学生拒绝配合，因此教师需要再次尝试将他们拉回正轨。
实时反馈	无（因为全班重置都是事先规划好的）

全班重置：实施实时重置

 培训要点

当前困境

全班在上课过程中出现了参与度不高的问题，但老师没能意识到下面的征兆：

- 在课堂教学的特定时刻出现了闲聊的情况；
- 在独立练习时段学生没有专心完成任务；
- 没有参与轮流发言的环节。

行动步骤

如果在上课过程中，学生们出现了集体开小差的情况，教师应实施实时重置。

行动步骤概述

当你按照前文教学操作步骤的要求撰写事先规划的全班重置脚本时，无论发生什么情况，你在下一堂课中都要使用这个全班重置的做法——因为你已经知道会出现什么问题。但实时重置有所不同。尽管你也可以事先准备好相关的操作脚本，但只有学生在当天的教学过程中出现了开小差的行为，或在他们通常能够正确完成的任务中犯错的情况下，你才需要实施实时重置。实时重置之所以能够成为一个高效的教学手段，是因为它能够解决课堂上实时出现的一系列问题和挑战。如果教师们能够像上文案例中的教师那样，事先准备好一系列的应对措施，并努力练习直到所有的表述和语气都成为条件反射，那么大部分的课堂管理问题就都只是暂时性的，不会对教学造成永久性的损害。如果能够准备得当，及时处理，教师们采取重置行动的速度和自然程度将带动学生以迅速而自然的方式改进自身的行为。

适用于事先规划全班重置的大部分教学领导力行动也同样适用于实时重置，关键的区别就在于，如何帮助教师们发现和确定学生需要实时重置的时间点。

关键领导力行动	
探索性提问	• "你的学生们具体是在哪个时间点开始出现开小差的行为？"如果接受培训的教师无法回答这个问题，可以给他播放一段能够明显看到学生频繁开小差的课堂录像，引导他发现问题并提出需要采取全班重置的时间点。 • "你可以在课堂上关注哪些让你知道应该采取全班重置措施的关键信号？" • "你什么时候成功地实施过全班重置措施？同样的方法和技巧要如何操作才能够适用于其他情况？"
计划和练习	• 最理想的训练方法是要求教师观看自己的课堂录像，并要求该教师确定课堂的参与度从什么时间开始下降，且哪些信号意味着学生参与度较低。 • 通过要求该教师逐字逐句编写能够适用于各类情况的实时重置通用计划或方案来进行训练。 1. 停顿。 2. "看着我！" 3. 描述问题。 4. 给出指令。 5. 扫描全场。 6. 耐心等候学生100%的配合与完成。如果还是不够完美，可以针对开小差的学生再次发出教学指令。 7. 继续教学。 • 就像实施事先规划的全班重置那样，在练习过程中，需要尤为注意结合前文描述过的一些教学操作步骤进行练习，尤其是： － 强有力的教学指令（姿态和表述）； － 告诉学生该做什么（尽可能运用简练的表述）； － 教师雷达（扫描全场以确保学生都遵循了教学指令的要求）。 • 与事先规划的全班重置的练习一样，可以逐步增加练习的难度和复杂性： － 第一轮：所有的学生立刻"听从"了教师要求； － 第二轮：依然有些学生拒绝配合，因此教师需要再次尝试将他们拉回正轨。
实时反馈	• 非语言提示：创建一个提示"重置"的信号或举起一张提示板。 • 亲自示范："同学们，我们现在需要重新开始我们的课堂。"亲自为授课教师示范一下如何操作实时重置。

表4-7　全班重置的培训策略

行动步骤	何时使用	探索性提问	练习的场景	提供实时反馈的信号
事先规划全班重置	全班在经过几天的实践后出现了参与度不高的问题，但老师没能意识到。	• "你第一次是如何高效率地执行了这个教学例程的？" • "现在你在执行同一个教学例程的时候遭遇了什么问题？教学例程的实施是从什么时候开始失控的？" • "导致教学例程实施的情况越来越差的根本原因是什么？" • 亲自示范，提问："你注意到了什么？我采取了哪些关键步骤来唤回全班学生的注意力？"	• 逐字逐句编写全班重置计划，尽可能确保脚本语言的凝练性。例如，停顿、"看着我"、描述问题和给出指令、扫描全场、实现100%的配合与完成等。如果还是不够完美，可以针对开小差的学生再次发出教学指令，再继续教学。 • 在练习过程中，结合前文描述过的一些教学操作步骤进行练习，尤其是强有力的教学指令（姿态和表述）、"告诉学生该做什么"和教师雷达（扫描全场）。 • 逐步增加练习的难度和复杂性： 　– 第一轮：所有的学生立刻"听从"了教师要求； 　– 第二轮：依然有些学生拒绝配合，因此教师需要再次尝试将他们拉回正轨。	无（因为全班重置都是事先规划好的）

（续表）

行动步骤	何时使用	探索性提问	练习的场景	提供实时反馈的信号

实施实时重置	全班在上课过程中出现了参与度不高的问题，但老师没能意识到。	• "你的学生们具体是在哪个时间点开始出现了开小差的行为？"如果接受培训的教师无法回答这个问题，可以给他播放一段能够明显看到学生频繁开小差的课堂录像，引导他发现问题并提出需要采取全班重置的时间点。
		• "你可以在课堂上关注哪些让你知道应该采取全班重置措施的关键信号？"
		• "你什么时候成功地实施过全班重置措施？同样的方法和技巧要如何操作才能够适用于其他情况？"
			• 通过观看课堂录像让教师确定课堂参与度从什么时候开始降低。
			• 逐字逐句编写可以适用于各类情况的实时全班重置计划，例如，停顿、"看着我"、描述问题和给出指令、扫描全场、实现100%的配合与完成等。如果还是不够完美，可以针对开小差的学生再次发出教学指令，再继续教学。
			• 在练习过程中，结合前文描述过的一些教学操作步骤。
			• 逐步增加练习的难度和复杂性：
			  – 第一轮：所有的学生立刻"听从"了教师要求；
			  – 第二轮：依然有些学生拒绝配合，因此教师需要再次尝试将他们拉回正轨。
				• 非语言提示：创建一个提示"重置"的信号或举起一张提示板。
				• 亲自示范："同学们，我们现在需要重新开始我们的课堂。"亲自为授课教师示范一下如何操作实时重置。

暂停并思考

在第二阶段的教学管理技能培训中，你计划优先选择哪三个培训方法来开展教师培训？

_____

_____

_____

带领学生开展独立练习

表4-8　第二阶段精准教学技能培训速查表

如果教师存在下列问题	请跳到
编写标准答案	
不知如何辨别学生的答案是否有效	编写学生能给出的最理想回答
不知如何设计有效且符合教学标准的学生任务	确保学生独立练习的难度水平与最终测试标准保持一致
独立练习	
不知如何提供机会让学生在课堂讨论之前进行写作练习	先写后说
不知如何提供机会让学生在开始上课之前完成写作	课前热身
不知如何在课程安排中预留十分钟的独立练习时间	随堂测试
积极监控	
不知如何在独立练习时间同时监控一群（或任一）学生	创建监控路线图
不知如何发现学生答案中的规律	监控学生作业的质量
不知如何在独立练习过程中为学生提供精准的反馈	即时批改学生的作业

第二阶段培训范围和顺序参见表4-2。

第二阶段精准教学技能培训

在教育领域工作的大多数人都有过从高中到大学的过渡危机——哪怕我们自己没有体验过，我们的学生可能也会遭遇。危机是这样的：你从高中毕业时，带着足够的荣誉、奖励和老师们的热情推荐，这让你对自己作为知识分子的技能充满信心，然而，当你参加第一次大学课程时，你发现自己不堪重负，且没有做好准备。尽管高中严谨的教学让你掌握了诸多知识和技能，但大学则完全是另外一回事儿了。因为你的新同学们努力想要达成的目标和新的老师所设定的期望，已经远远高于你在高中时已经习惯的期望。

这里的核心问题是，仅仅说我们对学生抱有"极高的期望"是不够的。我们需要通过具体的学术成就来对"极高的期望"进行定义，而不是抽象地表达我们的期许。如果我们已经具备了极高的期望，我们会认为它们的存在理所当然——但极高的期望总是制定出来的，不是天生存在的。那么是什么人设定了这些期望？是教师。如果我们足够幸运，有教师和教学领导已经为我们示范了达成高期望时的样子，那么我们就可以充分理解学生需要实现什么样的成就才可以满足高期望的要求。但无论我们是否足够幸运，我们都可以在教学生涯的任何时候为我们的学生设定极高的期望。

核心理念

极高的期望不是天生的，而是人为制定的。
作为教师，我们就是制定这些极高期望的人。

一线教学实践反馈：通过示范打造教师能力，进而提升学生的成绩

我管理的十个校区过去一直表现欠佳，且多年来都低于标准要求，这就导致了很多学生的成绩低于平均水平。我们以"如何提升学生表现的期望值"为主题开展了无数次教师培训，并坚定地相信我们的学生可以实现目标。但所有这些都成了无用功，没有带来任何转变。但是，当我看到校长们开始培训教师们去创建示范答案时，我发现教学领导们的能力开始发生了转变，一线教师们的能力也出现了飞速的提升。领导教师们集体学习如何编制示范答案，能比简单地说我们相信孩子们能做得更好实现更快的转变和提升。在适当的时机使用范例的操作，可以更快地促进我们的学生、教学体系和我们的社区获得成功。

比利·斯诺（Billy Snow），教学主管，路易斯安那州

在教学过程中，能够最好地帮助学生达到既定期望的关键时间，就是学生花在独立练习上的时间。教师们在计划教学方案时，往往首先关注教学指令的传达、课堂示范和学生讨论的开展，尽管所有这些活动非常重要，但它们都不能像学生独立练习那样，直指学生实现教学期望值的核心。

第二阶段的精准教学以此为出发点，并主要专注于监控学生独立练习的质量，以及尽可能迅速和经常地给予学生反馈。无论一节课的教案写得有多完美，只有当学生拿起笔自己练习时，他们才能够进行最深入的学习，并为自己积累下一个知识分子应具备的最基础知识和技能。而这也是学生们最需要教师指导的时刻，因此，我们在进行教师发展和培训时需要首先关注学生的独立练习。

除此以外，首先关注学生的独立练习还可以确保教师已经设定了正确的教学目标和标准。教师提出的高期望是制定出来的，不是天生就有的。这就意味着教师必须要有坚定的目标和清晰的认识，才能设定持久有效的期望值。当你要求教师们关注学生必须能够独立完成的学习任务时，你就是在帮助教师们具体地定义"高期望"，而不是凭借抽象的价值或感觉行事。

下面这些教师行动步骤是有效独立练习的基础，也是设定高学术期望的基础：

- **编写标准答案**，即教师希望学生在课程结束时能够给出的标准答案；
- 在每节课的教学方案中设计**学生独立练习环节**；
- **积极监控**学生的独立练习过程，以确定学生具体的情况和水平。

下面，让我们详细地阐述各个步骤的做法，以及它们如此重要的原因。

编写标准答案

教师职业化发展目标

编写标准答案：写下你希望学生在课程结束时能够提供的标准答案，以便教师规划得到这个理想答案的教学过程，并能够判断学生何时给出了理想的答案。

马克·吐温曾有这样一个著名表述："正确的用词和接近正确的用词之间的差别，大概就像闪电与灯泡的差距。"道格·莱莫夫也阐述过类似的观点，他警告说："学生们极有可能在听到老师说'正确'之后就不再尝试或努力了。所以教师们对着实际上不能算是正确，或不是完全正确的答案说出'正确'的答复，实际上是一个十分危险的做法。"尽管新教师无须在第四阶段的教师培训之前，完善其应对一个近乎正确（或完全错误）的学生答案的教学技能，但作为这个关键技能的基础操作，如何识别正确的答案这个技能需要在第二阶段的培训中培养。

去年，我和我的同事们，以及美国全国各地无数的其他教育工作者面临着一项艰巨的任务，即提高我们写作课的教学标准，以满足共同核心课程的要求。于是我们一起密切关注在将教学标准的要求提高到一个前所未有的程度的情况下，美国最成功的教师们如何依然能够确保教学工作满足学生实际水平的需求。而在我们发现的教学技能和方法中，能够实现的最显著改变是什么？就是编写标准的参考答案。这个操作不仅在英语课程上实现了革命性的转变，也在历史、科学甚至是数学课上取得了引人瞩目的成效。

我们发现，这些最成功的教师们并没有止步于编写教学目标——无论该目标表述得多么精准和可衡量，也没有止步于定义他们将如何评估学生是否实现了该教学目标（这两个技能在第一阶段的精准教学技能中均已论述）。他们更进了一步，准确地描述了学生在学会他们需要掌握的内容之后应该给出什么样的答案。当教师们能够在刚开始制定教学方案的时候就编写强有力的标准答案范本，他们就不仅设定了教学的最终目标，还设定了教学高期望的最终目标。

标准答案的效用一

当你设定了一个有效的标准答案，你就不仅设定了一个学习的终极目标，还设定了高期望的终极目标。

给出标准答案之后，教师们就可以无比精确地"逆推"教学方案，制定能够让学生给出这个标准答案的教学方案和过程。

那么，要如何编写一个标准答案呢？在设计了有效的问题后（详见第一阶段内容），教师下一步要做的就是以成年人的视角来回答这个问题——而不是模拟学生的角度来回答。因为这会导致教师按照自己认为某个年级学生的实际水平，来给出一个打折扣的答案。很多时候，我们过早地降低了对学生可以达成目标的期望值。从成年人的角度来编写标准答案，可以让我们避开这个陷阱。在这样做之后，教师们可以了解到自己为了写出这个标准答案需要经过的所有步骤，例如："我在各个阶段的想法是什么？我怎么知道要引用这些论据或写下这些过渡的表述？"回答这些问题让教师能够了解学生的思维模式，并且能够帮助教师搞清楚应该关注学生的哪些表现，以及学生可能在哪些地方没办法像老师一样写作。

需要说清楚的是，当我们试图让学生达到标准答案的要求时，我们寻求的并不是逐字逐句模仿教师标准答案的做法，而是关注学生们是否能够给出反映了标准答案中呈现的分析技能的类似答案。如果学生能够用严谨而独立的思维来分析，以实现、表达和支持一个丰富而有效的结论，那就更完美了。所以，教师们如何才能够区分一个不够完善的学生答案和一个仅仅是表述不同但与教师给出的标准答案同样有效的学生答案之间的差异？通过标准答案的辨析在上课之前对标准答案进行讨论和修改，就像教师希望学生们能够在模拟的课堂讨论中以理性的方式来相互驳斥那样。教师们可以通过阅读评论家们针对学生们正在阅读的文本做出的评论，并将其与其他教授同一篇文章的教师批注进行比较。然后，授课教师就可以通过呼应任何全新的发现来强化或修订自己的标准答案，或将学生们可能引用来论证他们与教师标准答案不同的结论的论据记录下来。这样，当教师们检查学生的答案时，他们就会知道这个不同的答案到底是错得离谱，还是提供了一个不同的角度和机会让教师回过头审视自己的标准答案。

标准答案的效用二

如果你想要得出标准答案，就要充分论证自己的答案。

下面，让我们来看看编写标准答案过程的几个例子。首先，我们以本书第二章中引用过的一个示例为案例。这个示例的主角是名为艾希莉的高中英语教师，她正在跟学生们讲《莎士比亚十四行诗》的第65首：

> 既然铜、石或大地或无边的海，
>
> 也要屈服于那阴惨的死亡，
>
> 那美的活力比一朵花还柔脆，
>
> 又怎能和衰亡相抵抗？
>
> 哦，夏天温馨的呼息怎能支持
>
> 残暴的日子的猛烈轰炸，
>
> 岩石，无论多么险固，或钢铁，
>
> 无论多么坚强，都要被时光熔化。

哦，骇人的思想！时光的珍饰，

唉，怎能够不被收进时光的宝箱？

什么劲手能挽他的捷足回来，

或者谁能禁止他把美丽夺抢？

哦，没有谁，除非这奇迹有力量：

我的爱在翰墨里永久放光芒。

艾希莉自己写了一个课末写作任务的标准答案，回答了"莎士比亚在诗歌中如何使用比喻语言来帮助传达这首十四行诗的主题"。写完之后，她将自己的答案与英语系主任史蒂夫·齐格（Steve Chiger）的答案进行了对比。齐格的答案如下：

莎士比亚的这首十四行诗在很多方面都是赞颂写作的卓越力量的一首诗。通过对图像和隐喻的运用，莎士比亚最终能够点明诗歌的主题，即尽管自然界的兴衰过程不可抗拒，但他的写作将能够使美永恒。在这里，时间扮演了毁灭者的角色，将其前进道路上的一切摧毁。在这首十四行诗的第五到八行中，莎士比亚运用了大量的隐喻来突出这个概念，他担忧"夏天温馨的呼息"无法抵挡"残暴的日子的猛烈轰炸"。这个比喻表明时间是征服一切的力量，能够摧毁坚不可摧的"岩石"和"钢铁"。作者通过夸张的描述，强调了时间的强大力量，甚至能够摧毁强大的城堡。有趣的是，美在这里并没有被描述成坚不可摧的城堡，而是简单地称为"夏天温馨的呼息"。显然，它本身存在的时间就不会太长。莎士比亚在第一行中提供了一些与之对应的意象，如"铜、石或大地或无边的海"，就是为了提醒读者，这些东西也同样会被时间侵蚀。而当他在第三行中将美比作花朵时，这种意象之间的强烈对比也暗示了它注定消亡的宿命。考虑到所有这些，诗歌最后几行的对立与呼应才是最令人炫目的。当诗人希望他的诗歌的"奇迹"能够"永久放光芒"时，运用明亮的星星作为隐喻的符号，这个意象超越了他在本诗前两行使用的地球上的意象。这就意味着他的写作比军队更强大、比石头更强大、比地球本身更强大。时间也许可以毁灭地球，但作者的诗歌来自天堂。通过将这些不同等级的意象融入到强有力的语言表述中，莎士比亚强调了他对写作力量的信念。

比较之后，艾希莉意识到自己引用了一些不同的论据（这很正常），但是史蒂夫对莎士比亚特定意象的分析深度远远超越了自己。通过分析两人答案的不同之处，艾希莉能够开始确定学生在分析莎士比亚诗歌力量的过程中可能忽视的关键点，以及自己在学生写作过程中进行质量监督时应该重点关注哪些地方。

虽然数学是与文学完全不同的学科，但给出一个复杂表述的数学题的标准答案同样很有价值。让我们来看一个三年级乘法数学题的案例。学生们需要在课堂上解决的一个核心问题如下：

塔吉有14杯果汁。每杯果汁有3勺糖。如果喝完全部果汁，塔吉总共会喝掉多少勺糖？

将解题过程全部写下来，然后解释一下解题思路。

从表面上看，这是一道非常简单的乘法题，我们只需要计算14×3=42，就可以得到正确答案。但是对于从未接触过如此大数目的乘法计算的三年级学生来说，他们可能会尝试种类繁多的解题思路。如果班上大部分学生选择了挨个加起来的加法（14+14+14）解题思路，那么教师可能希望他们能够使用效率更高的乘法策略。所以当老师问班上的同学如何得出42这个正确答案时，教师可能希望学生能够像她课前预测的那样给出下面的解题思路：

我把14拆分成了10和4，然后分成了3组，我知道10×3=30和4×3等于12，所以14×3肯定等于42，因为30+12=42。这也符合题目的问题，因为14杯果汁中每一杯的含糖量都是3勺，所以如果你把果汁分成10杯的三组和4杯的三组，它们的含糖量都是一样的。这也可以更快地得出答案。

这是解题的唯一方法吗？绝对不是。但是如果这个解题思路能够帮助班上大部分学生理解问题，那么编写这个范例可以帮助教师了解自己在教学的时候应该注意什么地方。而且这也让教师清楚地了解到如果有学生遇到困难，除了标准答案之外，还可以有其他什么思路来帮助理解。简而言之，它为教师提供了实现精准教学的路线图。

一旦你完成了标准答案的编写，就可以确保学生的独立练习行之有效（我们将在下文探讨具体的操作步骤）。此外，在下文的第三阶段精准教学操作步骤内容中，我们将更深入地研究规划全班重置的过程是如何更好地配合标准答案的编写的。

> **一线教学实践总结：编写标准答案是实现教学目标的第一步**
>
> 我最近进行的教师培训工作中，最重要的时刻之一就是标准答案的编写，即如何将你希望学生能够在独立练习时给出的理想答案以书面文字的方式表述出来。没有编写标准答案的教师很难去监控学生独立练习的质量，因为他们无法定义自己到底要监控什么内容。进行标准答案的培训不仅对教师来说是一个巨大的突破，对教学领导人员而言也至关重要。完成这样的工作可以帮助我们达到目前尚未实现的教学要求的精准性。我们经常说要"提高教学的精准性"，但我们到底要做什么？编写标准答案的过程就帮助教师们理解了考试的标准，并定义何为精准教学。它定义了教师们在教学过程中需要采取的具体行动步骤，更重要的是，提示了教师们哪些内容需要再次讲解。这确保我们可以达到标准的要求并将正确的知识和内容摆到孩子们面前。在这个培训步骤中，我的最佳做法是开展以数据为主的数据分析会议。这就意味着我们只需要专注去做三件事——编写标准答案、基于学生的数据规划教学内容和观摩/反馈需要再度讲解的内容，这让我们可以带领学生创造教学的奇迹。而我们基本上也做到了！
>
> 莫妮卡·迪尔兹·纽伦伯恩（Monica Dilts Nurrenbern），
> 教学主管，科罗拉多州丹佛市

教师在掌握编写标准答案的技能之后，可以立即解决下面这些课堂难题：

- 教师不知道一个符合精准教学要求的学生答案应该是什么样的；

● 教师布置的独立练习活动的教学精准性与学生们需要参加的最终评估的严格水平不一致。

让我们进一步了解一下，哪些教学操作步骤可以帮助教师们解决这些问题，并让他们踏上编写高水平标准答案的发展道路。

编写标准答案：编写学生能给出的最理想回答

 培训要点

当前困境

教师不知道一个符合精准教学要求的学生答案应该是什么样的。

行动步骤

写出你希望学生在独立练习时间给出的标准书面答案。

行动步骤概述

新教师成功使用标准答案的第一步是逐字逐句地编写标准答案。这个操作最重要的意义在于，教师能以此完成每节课"极高期望"的定义。但标准答案的编写还有第二个目标——在某种程度上培养教师自身的专业知识。标准答案的编写和论证过程，也能极大地加深教师对自己正在教授的主题的理解，因为这个过程迫使他去思考理解这个主题的真正含义。

在与新教师一起编写标准答案时，教学领导提出的探究性问题，会自然而然地融入到计划和练习的过程中，因为所有的工作都围绕制定或修改即将在反馈会议中讨论的实际标准答案展开。

关键领导力行动	
探索性提问	• "让我们选取一个学生独立练习的任务作为案例。你在布置这个任务的时候，希望学生写下什么答案？如果还没有写过标准答案，花几分钟的时间来写下你的标准答案。" • "什么样的答案只可以看作是部分正确的？" • "你希望学生在回答问题的时候以什么方式或思路来呈现自己的答案？" • "编写标准答案有什么好处？这与编写一个教学目标有什么不同？"
计划和练习	• 为下一次课编写或修订书面的标准答案。确保教师逐字逐句地将自己期望学生给出的答案写下来，这样，教师就可以在听到学生给出的答案时，判断学生的答案是否正确。 • 如有可能，给出另外一份标准答案，无论是来自另外一个老师，还是由该领域的专家提供的分析（例如，莎士比亚研究专家对同一首十四行诗或戏剧做出的分析），与接受培训的教师给出的标准答案进行论证。 • 对标准答案进行细分解析，确定学生必须要采取哪些操作步骤才可以给出同等质量的答案。这对于教师完成剩下的教学内容至关重要。

编写标准答案：确保学生独立练习的难度水平与最终测试标准保持一致

 培训要点

当前困境

教师布置的独立练习活动的教学精准性与学生们需要参加的最终评估的严格水平不一致。

行动步骤

确保独立练习与即将进行的最终评估的标准要求保持一致。

行动步骤概述

在第一阶段的培训中，新教师学习了如何制定与课程计划和即将进行的评估相一致的教学目标。但正如标准在你决定如何评估它们之前是毫无意义的，在你判断自己如何知道学生是否实现目标之前，教学目标也没有任何用处。这意味着每个教学目标都必须与独立练习任务相结合，并能够与即将进行的评估的标准和精准性相匹配。在第三阶段的培训中，新教师将更充分地学习如何使用数据来开展课程技能领域的培训。首先，将独立练习与即将进行的评估的严谨性结合起来，这是一个重要的基础，同时也将推动学生的学习成效的提升。

关键领导力行动	
探索性提问	• "让我们回顾一下学生在即将进行的评估中要做什么。将它的要求与本节课的独立练习作个比较：二者在教学精准度和难度水平上有何不同？" • "我们可以做些什么来确保独立练习更符合最终评估目标的严谨性和难度？" • （如果教师无法体会二者之间的差距，请亲自示范）"这里有两个完全不同的独立练习任务，其中一个与即将进行的评估的目标更一致。为什么独立练习任务1会比独立练习任务2更符合教学评估的要求？"请教师回答问题后，提问："那么，你从中学到了什么关键信息来帮助你设计更高质量的学生独立练习？"
计划和练习	• 请教师拿出教学方案和即将进行的评估，让他找出课堂教学的哪些内容将会被进行评估和测试，要求教师重新设计或修改原来的独立练习任务，以确保其能够与即将进行的评估测试的要求和难度保持一致。 • 请教师写下难度递增的问题以便最终达到期末测试问题的难度。因为学生通常没办法一下子就以最具难度的方式来应用自己正在学习的知识，所以教师需要引导他们一步一步地达到评估测试要求的难度级别。

表4-9 编写标准答案的培训策略

行动步骤	何时使用	探索性提问	练习的场景	提供实时反馈的信号
编写学生能给出的最理想回答	教师不知道一个符合精准教学要求的学生答案应该是什么样的。	• "让我们选取一个学生独立练习的任务作为案例。你在布置这个任务的时候，希望学生写下什么答案？如果还没有写过标准答案，花几分钟的时间来写下你的标准答案。" • "什么样的答案只可以看作是部分正确的？" • "你希望学生在回答问题的时候以什么方式或思路来呈现自己的答案？" • "编写标准答案有什么好处？这与编写一个教学目标有什么不同？"	• 为下一次课编写或修订书面的标准答案。 • 提供另外一份标准答案，无论是来自另外一个老师，还是由该领域的专家提供的分析（例如，莎士比亚研究专家的分析），与接受培训的教师给出的标准答案进行论证。 • 对标准答案进行细分解析，确定学生必须要采取哪些操作步骤才可以给出同等质量的答案。	无
确保学生独立练习的难度水平与最终测试标准保持一致	教师布置的独立练习活动的教学精准性与学生们需要参加的最终评估的严格水平不一致。	• "让我们回顾一下学生在即将进行的评估中要做什么。将它的要求与本节课的独立练习作个比较：二者在教学精准度和难度水平上有何不同？" • "我们可以做些什么来确保独立练习更符合最终评估目标的严谨性和难度？" • （如果教师无法体会二者之间的差距，请亲自示范）"这里有两个完全不同的独立练习任务。为什么独立练习任务1会比独立练习任务2更符合教学评估的要求？"请教师回答问题后，提问："那么，你从中学到了什么关键信息来帮助你设计更高质量的学生独立练习？"	• 请教师拿出教学方案和即将进行的评估，要求教师重新设计或修改原来的独立练习任务，以确保其能够与即将进行的评估测试的要求和难度保持一致。 • 请教师写下难度递增的问题以便最终达到期末测试问题的难度。	无

独立练习

教师职业化发展目标

独立练习：设计能够确保学生每节课都有机会进行独立练习的教学流程。

每节课有四个关键的学习时段（无论以什么顺序出现）：教师讲授知识内容的时间；全班学习所授信息和内容的时间；小组协作的时间；独立练习的时间。大部分的教学领导本能地首先关注如何帮助教师完善前两项任务，可能是因为一旦教学进展不顺利，这两项任务出现的问题最为明显。然而，如何引导和管控大规模或小组的讨论，是教学中最棘手的问题之一。相比之下，顺利开展独立练习更容易。尽管这看起来有悖常理，但确保每个学生都能够拥有通过独立练习进行学习的宝贵机会，是新教师在开学的前几周内的首要任务之一。

从学生的独立练习着手开展教师培训很有必要，不仅是因为它更容易开展，还是因为它是前面所说的四个时段中，唯一能够让全班学生100%投入最繁重学习任务的时机。在全班讨论中，哪怕教学能力杰出的教师能够确保90%的学生的参与度，每次仍然只有一个学生有机会发言。而独立练习则能够让所有学生都同时完成必要的学习任务。因此，在日常的教学安排中预留独立练习的时间，是确保数量最多的学生开始学习的最快捷方法。

在这里，我们将探讨教师们可以在整个课程中为学生提供进行独立练习的几个机会。如果新教师没有为学生提供足够的独立练习机会，那么下面的问题可能会出现在教学过程中：

- 学生还没有机会进行独立作答就已经开始了课堂讨论；
- 学生还没有机会进行独立作答，教师就开始讲课；

- 教学过程中为独立练习预留的时间不足十分钟。

下面，让我们来看看哪些教学操作步骤可以帮助解决这些问题。

独立练习：先写后说

 培训要点

当前困境

学生还没有机会进行独立作答就已经开始了课堂讨论。

行动步骤

先写后说：在课堂讨论之前先给学生布置写作任务。这样可以确保每个学生在听到同班同学的答案之前有机会独立作答。

行动步骤概述

在以班级为单位针对教师提问进行讨论之前，要求学生独立将相关问题的答案写出来，是能够最有效提升教学精准度的一个教学操作步骤，这也就是先写后说。这么做的第一个原因是，在讨论过程中，你永远无法确定那些没有发言的学生，是否像正在发言的学生那样进行了深入的思考；第二个原因是，如果你在课堂讨论之后要求学生独自写下相关问题的答案，你也无法确定学生是否能够在不听取班上同学答案的情况下写出答案。反过来，如果学生先自己写出答案，这就意味着你已经记录了他们可以独立完成思考的成果，并可以以答案反映出来的学习需求为目标，完成剩余内容的教学。

关键领导力行动	
探索性提问	•"在开始课堂讨论之前，让学生进行独立作答有何价值？" •"在开始课堂讨论之前，你希望学生能够抓住并写下来的最重要信息是什么？"

（续表）

关键领导力行动	
计划和练习	• 要求教师在制定教学方案时，一定要确保在讨论之前预留独立作答的时间。只要在讨论环节前备注"短时间的独立作答"即可，这样我们可以很轻松地标注一整周或更长时间的教学方案。 • 小范围的角色扮演练习：教师们只需要通过角色扮演来练习如何布置独立作答任务，并在完成后引导学生进行讨论。

独立练习：课前热身

 培训要点

当前困境

学生还没有机会进行独立作答，教师就开始讲课。

行动步骤

开展日常的课前热身练习：介绍当日的教学目标或回顾前一天的教学内容。

行动步骤概述

许多教育工作者都已经意识到，通过写作或课前热身来开启一天的教学有着巨大的优势。这让教师可以介绍即将要学习的内容，或复习前一天学过的知识。课前热身还有一些与教学管理相关的其他好处，例如，可以让学生进入正确的学习状态；从进门的那一刻开始，就让学生们清楚教师的指令和要求；等等。但其更多的价值体现在精准教学方面，并且能够让老师和学生都受益。如果学生们以独立练习开启当天的学习，教师就能够通过练习的结果，立刻了解到学生对相关知识的理解和掌握程度，并借此调整当天教学的内容和重点（尽管新教师可能需要经过一段时间的练习，才有可能掌握利用课前热身练习的相关数据来即时调整教学方案的技能）。

关键领导力行动	
探索性提问	• "课前热身的目的是什么？" • "学生们花了多长时间来完成课前热身？"（如果时间太长）"我们如何缩减课前热身的时长，让学生可以尽快完成？" • "你为本节课设计的课前热身的目的是什么？是为了了解学生掌握昨天教学内容的程度，还是为今天即将教授的内容做铺垫？"
计划和练习	• 进行练习时，要求新教师为下节课写出课前热身的问题——所设计的问题需要能够在三到五分钟内完成，且应该与教学目标保持一致。要求教师演练课前问候的流程，以提示学生们要开始进行课前热身。 • 在查看课前热身的设计是否合理时，请关注它们是否具备下面几个特点： 　－ 简短：不要让教师设计一个长达二十分钟的课前热身； 　－ 易于监控：所设计的任务应该确保教师只能快速地越过学生肩头看一眼就能够了解学生的进度，但这不意味着只能设计多项选择题，我们同样可以设计写作任务，只要我们为学生提供了足够的写作空间，教师也可以轻松地看清学生所写的内容即可。

独立练习：随堂测试

 培训要点

当前困境

　　教学过程中为独立练习预留的时间不足十分钟。

行动步骤

　　开展和回顾一个时间较长的独立练习或随堂测试（即符合教学目标要求的简短的课末小测试），以评估学生对教学内容的掌握情况。

行动步骤概述

　　独立练习对学生成绩的提高有着至关重要的作用。所以我们首先需要在教学过程中增加独立练习的时间，即增加教学过程中的活动时间的长度或进行随堂测试（即在课程结束时，以检查学生对学习目标的理解情况为目标，设计一项要求学生完成并将答案交给老师的任务）。当我们在第一阶段的培训中探讨课程初步规划技能时，已经谈到了随堂测试，因为它们非常重要，并且应该从一开始就成为每天课堂练习的必备环节。但是到了第二阶段，我们强调的重点是，如何确保随堂测试实施得当，以及新教师是否已经养成了布置随堂测试，并回顾其效果的习惯。

通常情况下，教师的节奏太慢会占用教学过程中的独立练习时间，我们将在第三阶段的教学管理技能培训中解决这个问题。

关键领导力行动	
探索性提问	• "每天进行独立练习或随堂测试的目标是什么？" • "学生们花多长时间进行独立练习或随堂测试？" • "你需要设计什么样的随堂测试来了解学生对今天所讲知识和内容的掌握程度？"
计划和练习	• 在这里，计划和练习的内容将取决于教师遇到了什么问题。如果教师没有提供高质量的独立练习或随堂测试，那么大部分的计划和练习时间都应该花在设计上。如果教师在执行方面存在问题，那么可以花时间来完善教师在进行独立练习和执行教师课堂管理操作步骤时发布的教学指令。下面是一些可用的培训活动，可根据具体情况酌情采用。 　– 如果问题是随堂测试的质量，那么需要设计能够了解学生对教学内容掌握情况的随堂测试。将随堂测试的设计与评估标准进行比较，确保随堂测试符合教学目标要求。 　– 如果问题是不知道如何在教学过程中实施随堂测试，则花时间来优化教师在随堂测试时段给学生发出的教学指令，并结合强有力的教学指令、告诉学生该做什么和教师雷达等教学管理手段实施。

表4-10　独立练习的培训策略

行动步骤	何时使用	探索性提问	练习的场景	提供实时反馈的信号
先写后说	学生还没有机会进行独立作答就已经开始了课堂讨论。	• "在开始课堂讨论之前，让学生进行独立作答有何价值？" • "在开始课堂讨论之前，你希望学生能够抓住并写下来的最重要信息是什么？"	• 在制定教学方案时，一定要确保在讨论之前预留写作的时间：在一整周或更长时间的教学方案上标注课堂讨论之前要预留一点时间进行写作练习。 • 小范围的角色扮演练习：教师们只需要通过角色扮演来练习如何布置独立作答任务，并在完成后引导学生进行讨论。	无
课前热身	学生还没有机会进行独立作答，教师就开始讲课。	• "课前热身的目的是什么？" • "学生们花了多长时间来完成课前热身？"（如果时间太长）"我们如何缩减课前热身的时长，让学生可以尽快完成？" • "你为本节课设计的课前热身的目的是什么？是为了了解学生掌握昨天教学内容的程度，还是为今天即将教授的内容做铺垫？"	• 为下节课写出课前热身的问题——所设计的问题需要能够在三到五分钟内完成，要易于监控（教师能够轻松查看学生的进度），且应该与教学目标保持一致。 • 要求教师演练课前问候的流程，以提示学生们要开始进行课前热身。	无

（续表）

行动步骤	何时使用	探索性提问	练习的场景	提供实时反馈的信号

随堂测试	教学过程中为独立练习预留的时间不足十分钟。	• "每天进行独立练习或随堂测试的目标是什么？"
		• "学生们花多长时间进行独立练习或随堂测试？"
		• "你需要设计什么样的随堂测试来了解学生对今天所讲知识和内容的掌握程度？"
			• 可根据教师遭遇的具体问题酌情采用下面的解决方法。
			  – 如果问题是随堂测试的质量，那么需要设计能够了解学生对教学内容掌握情况的随堂测试。将随堂测试的设计与评估标准进行比较，确保随堂测试符合教学目标要求。
			  – 如果问题是不知道如何实施随堂测试，则花时间来优化教师在随堂测试时段给学生发出的教学指令，并结合强有力的教学指令、告诉学生该做什么和教师雷达等教学管理手段实施。
				无

积极监控

> **教师职业化发展目标**
>
> **积极监控**：在学生进行独立练习的时候，检查他们的理解情况并及时给出反馈。

　　本书在阐述培训原则三"更频繁地提供反馈"时已经证明，教师们在获得频繁的实时反馈的情况下，教学能力可以快速提高，尤其是与以年度或半年为单位提供的教学反馈相比，成效尤为明显。实际上，对学生来说也是如此。

教师在晚上加班五六个小时批改作业当然可以帮助学生进步，但其效果和速度，远不如教师在学生写作过程中给出寥寥数语的实时反馈。如果要做到这一点，我们就需要在独立练习时进行积极监控。

当我们谈到独立练习的监控时，大部分人脑海中浮现的画面是：教师站在讲台上扫描全班情况，确保学生们都安静而专注地进行练习。但是这个操作的局限性就在于，它没办法让教师真正了解学生是否进行了高质量的练习。因此，我们需要采用积极监控的做法，使独立练习成为教师在全班同时开展练习的大环境中，给单个学生提供高质量实时反馈的宝贵机会。积极监控就是让独立练习成为教师改变学生学习成果的关键行动，其要点在于：

1. 规划一条监控路线，使教师可以在学生完成独立练习的时候，尽可能地接触更多学生（这就意味着能够更便捷地提供反馈）；

2. 记录学生的答案，以便用它们来引导接下来的教学操作；

3. 立即给学生提供反馈。

萨莉·弗罗姆森（Sari Fromson）就是利用这些要点，很好地在她的数学课堂上积极监控了学生的作业情况。她在学生完成数学作业后，当场快速地对每个学生的作业进行了批改。对于完成情况较好的学生，她会对他们说："做得不错，继续加油。"对于犯错比较多的学生，她会低声耳语鼓励，或者询问一下原因，并给出简单建议。

表面看来，萨莉的课堂与其他人的没什么不同。然而，她的课堂实际上发生了许多不同寻常的事情。就在短短几分钟内，萨莉不仅检查了学生的进度情况，还批改了他们的作业（标注正确或错误），然后鼓励学生去再次思考做错的地方（并没有提供正确答案）。她甚至还有时间回头去再次检查一些学生的情况，并给出第二轮的反馈！同样重要的是，她的监控行为向学生传递了这样一个信息：我正在关注你们做作业的情况，并且非常高兴看到你们努力去完成作业。萨莉的行为向学生们表明，老师非常重视他们的学习，这也让学生更愿意专心投入独立练习。难怪萨莉的学生最后取得了纽约州排名前1%的好成绩（当她搬到波士顿之后，她同样复制了自己的教学传奇）。

一线教学实践反馈：不要因为专注于课堂管理，而忽视了精准教学

当我还是校长时，我的直觉是新教师的培训应该几乎完全围绕课堂管理进行，因为这是他们最容易出现问题的地方。但是一个令人记忆深刻的教训，让我意识到这种培训方法的惨痛代价。我当时要跟教学主管朱莉·杰克逊一起去观摩课堂教学。当我们走进教室的时候，我几乎是立即发现有一两个学生开小差了。观摩了几分钟之后，朱莉问我注意到了什么。我告诉她我发现了两个开小差的学生，以及教师应该采取什么做法来纠正他们的行为。朱莉听了我的反馈意见后说，她发现班上有50%的学生没给出正在练习的数学练习题的正确答案。在我将全部的注意力放在那两个开小差的学生身上的时候，朱莉已经在教室里走了一圈，并基于她对学生练习情况的了解，发现了更大的问题。从那一刻起，在观摩课堂教学的前几分钟内，专注了解学生练习的情况成为了我教学观摩的使命。我跟教师们一起专注于积极监控。当我走进教室时，我巡视课堂的路线，就是我希望授课教师可以采用的路线。我会与授课教师确认课堂的情况，问他们"你注意到了什么问题？你计划如何应对"，这个举措可以确保教师们在发展教学管理能力的同时，培养精准教学的能力。这么做也提升了学生对所学知识的掌握程度。在教师培训指导员的鼓励下，新教师也可以做到这一点。但我们首先要训练自己在进行教学观摩的时候将注意力放在学生学习的情况上，而不是仅专注于课堂管理的情况。

苏丹娜·努尔穆哈麦德（Sultana Noormuhammad），教学主管，纽约州纽约市

复制萨莉的做法是完全可行的，但你必须要知道在没有实施积极监控的情况下，如何避免教师可能遇到的下列挑战：

- 教师在每轮独立练习中只监控少数学生，或根本不监控学生的进度；
- 教师只关注那些学习最差的学生的练习情况；
- 教师没能看出学生答案中的规律，因此也不知道如何调整后续的教学重点；

● 教师在独立练习期间根本没有给出任何反馈，或仅针对极少数学生给出了反馈。

下面，让我们一起来看看哪些教学操作步骤可以解决前述问题。

积极监控：创建监控路线图

 培训要点

当前困境

● 教师在每轮独立练习中只监控少数学生，或根本不监控学生的进度；

● 教师只关注那些学习最差的学生的练习情况。

行动步骤

创建并实施监控路线图：

● 通过安排座位表来实施高效的学生监控；

● 首先关注座位离讲台最远的学生，然后是那些最需要教师帮助的学生。

行动步骤概述

能够帮助学生取得优异成绩的老师，和那些无法做到这一点的老师（假设两者都已经具备了高质量的教学方案）之间最大的差别，就在于教师在独立练习阶段的教学操作。假设你正在参加当地社区中心开展的烹饪培训班，在你动手尝试主厨提供的菜谱时，你是希望他四处走动并查看你的进度，还是希望他就站在自己的案台前一动不动？站在台前监控这种传统的教学监控模式，只会监督学生们的行为和反应，其价值非常有限。而监控单个学生的进展情况并提供实时反馈，则能够彻底改变教学效果。下面是能够确保学生取得最佳成绩的教师们用来创建有效监控路线图的操作步骤。

选定两到三个学生进行优先辅导（通常是完成任务速度最快的学生）。 在监控学生独立练习的情况时，大部分老师会直接关注那些问题最大或最需要帮助的学生。但如果我们的目标是为所有学生提供强有力的反馈，那么更好的方法就是首先选择完成速度最快的学生，无论他们的学习水平如何。这是为什么呢？因为当你走到他们身边的时候，他们已经完成了一部分任务，并且已经有东西让你可以进行反馈。等你给写作速度最快的学生说完反馈，再去关注速度更慢一点的学生时，他们也有足够的时间来完成一部分内容供教师进行反馈。事先确定两到三个速度最快的学生，在独立练习时间开始后直奔他们，让教师能够在同样的时限内，给更多的学生提供一对一的辅导和反馈。尽可能为更多的学生提供类似一对一的关注，能够在最大限度地发挥教师监督的教学作用的同时，增强教师确保每个学生都专注于学习任务的能力。

创建一张座位表，确保能够尽可能快速便捷地接触到每个学生。以数据为基础创建一张座位表，让学生按照你在监控时查看的顺序进行排座。这让你能够在最需要节省宝贵时间的独立练习阶段，省掉不必要的移动，避免浪费时间。下面这张图片反映了如何给那些最需要教师首先反馈的学生排座，其中学生的座位号以测试成绩排序（1指的是上一次测试成绩最好的学生，30则代表测试成绩最低的学生）。

11	16	15	12	14	13
10	17	18	9	19	8
5	22	21	6	20	7
4	23	24	3	28	27
1	26	25	2	30	29

教师　　　教师

　　你可以按照自己喜欢的方式来安排学生的座位，不一定要严格按照上表的范例。在上面的安排中，教师安排成绩最好的学生与成绩最差的学生坐在一起，并将他们排在教室最前排，这样便于教师轻松监控。与此同时，教师可以快速扫描第一排和第四排，看看成绩最好的学生们的进度如何，并快速扫描教室最右边的角落，看看成绩最差的学生的情况如何。这让教师可以更简单地找出学生作业答案中的规律。

　　调整好教师的姿势以确保可以扫描到其他学生的反应情况。 站在教室的正确位置，可以让教师在给某个学生提供深度反馈的同时，知道所有其他的学生是否都在进行写作任务。这个步骤的关键是教师需要尽可能站在教室四周的位置，以确保可以同时看到大多数的学生。这样教师不仅可以随时抬头了解大部分学生的进度情况，还可以重新引导那些开小差的学生再度专注于完成课堂任务。

关键领导力行动	
探索性提问	• 亲自示范，提问："我在布置独立练习任务之后做了什么？" •"你从同行教师那里看到这张座位表时注意到了什么？这张座位表为什么能够让教师可以更轻松地监控学生的作业进度？"
计划和练习	• 从其他教师那里拿一份座位表作为指南，并根据与学生相关的数据为这位教师的班级再制作一张座位表。规划独立练习监控路线图，从速度最快的学生开始，再到那些学习较差的学生。检验一下座位表的效果，并在必要时重新排列。要确保座位表的排序不能妨碍课堂管理，例如，不能将经常开小差的学生扎堆放在一起。
实时反馈	• 非语言提示或耳语提示：提示教师进行监控和/或使用情况跟踪工具。

积极监控：监控学生作业的质量

 培训要点

当前困境

教师没能看出学生答案中的规律，因此也不知道如何调整后续的教学重点。

行动步骤

监控学生作业的质量：

- 将学生的答案与教师的标准答案对比；
- 通过课堂提问检查学生答案的正误。

行动步骤概述

在实施积极监控时，教师的首要任务是确定学生何时出现无法正确完成所布置课堂任务的情况——教师不仅要知道哪些学生出现了问题，哪些学生没有，还要知道学生是在哪个问题上出现了问题。掌握这些情况，可以让教师在接下来的教学过程中，着重提高某些学生的某项能力，这将极大地提高这些学生在课程结束时理解所教授内容的概率。在学生正在完成写作任务的同时，监控学生写作质量的一个绝妙办法就是，参考教师标准答案。因为标准答案能够让教师事先知道要在学生的作文中看到什么内容或要点。还有另外两个教学操作步骤，可以提高教师发现学生存在学习困难的意识。

- **在标准答案中标注需要监控的关键内容**。充分利用标准答案的最佳方法就是，提前标记自己在课堂巡视学生作业时打算检查的内容，例如，关键证据、论文陈述、孤立变量等。在短短的五分钟或十分钟内，教师不可能看完所有学生的全部答案，但可以扫描大部分学生的关键内容。而事先标注标准答案让教师可以做到这一点。

- **跟踪学生的答案**。对任何经验水平的教师来说，使用正式的工具来记录学生不正确的答案，能够让他们更容易记住哪些学生存在学习困难，并且这种基于数据的记忆也更可靠。因此教师可以使用"学生答案跟踪器"来记录学生在书面作业和课堂讨论中犯下的错误，并记录他们在课堂上取得的进步等。

教学指导员的快速提示：确定积极监控的目标

积极监控给我的教师们带来巨大的转变，我认为这其中的关键是，要让教师们思考自己在监控学生独立练习时想要了解什么。通过提出"哪个学生的答案是最标准的"以及"我们在课堂讨论中应该关注什么问题"等问题来让他们思考。如果一个教师可以想清楚监控的目的，那么他几乎可以正确实施积极监控的所有操作步骤，即：确定学生的答案与标准答案之间的差距；确定你将采用的可以缩小这一差距的方法；将这些方法应用到教学中。教师可以根据积极监控的结果在上课过程中当场解决问题。

凯瑟琳·欧福斯（Kathryn Orfuss），教师及教学领导，新泽西州纽瓦克市

关键领导力行动	
探索性提问	• "在你监控学生的独立练习时，你遇到了什么困难？是什么让你很难记住所有学生的答案？" • "如果你不能查看一个学生的全部答案，那么基于今天的教学内容，你应该关注他的哪些关键信息？" • "你在今天的课堂上进行积极监控时发现了什么趋势？哪些学生掌握了传授的教学内容，哪些学生没有掌握？" • "在学生进行独立练习时开展积极监控的目的是什么？这种积极监控对后续的教学有什么作用？"

（续表）

关键领导力行动	
计划和练习	• 要求教师将标准答案拿出来，并标注积极监控时应该重点关注的内容要点。在人文学科中，这需要包括论点、论据、写作技巧等。在科学（Science）、技术（Technology）、工程（Engineering）、数学（Mathematics）四门学科（简称STEM学科）中，这往往指的是一个特殊的公式或解决问题的关键步骤。 • 要求教师设计一个监控记录模板。 • 引导教师们按照下面的方法进行积极监控的培训和演练：给参与培训的教师发放学生的独立作答作业，要求他们在规定时间内完成监控记录模板的填写，并标注学生的答案有何规律——就像他们在即将进行的教学独立练习环节中做的那样。
实时反馈	• 耳语提示：提示授课教师监控学生的练习情况。 • 亲自示范：走到授课教师身边，询问他从学生的答案中看到了什么趋势。向该教师示范如何利用标准答案来找出学生答案的规律并确定趋势。

积极监控：即时批改学生的作业

 培训要点

当前困境

教师在独立练习期间根本没有给出任何反馈，或仅针对极少数学生给出了反馈。

行动步骤

即时批改：在巡视课堂的时候随手批改学生的作业。

• 使用一套符号系统来确定正确的答案。

• 提示学生修改自己的答案，尽可能使用较少的口头干预（直截了当地指出错误、要求学生改正，并告诉他们你会后续跟进即可）。

行动步骤概述

在开始课堂监控后，教师们最容易犯的错误就是专注于一两个学生，并将大部分的时间花在他们身上。这么做可能对这一两个得到特别关注的学生非常有益，但班上其他的学生就失去了接受教师反馈的机会。批改学生作业能够再度提升教师反馈的效率，因为它不仅极大地提高了教师针对学生独立练习结果进行有价值反馈的速度，还使得独立练习期间得到类似反馈的学生人数大大增加。此外，这是教师在学年伊始就可以采用的一个教学手段，哪怕他们还没有掌握指导学生的其他方法（例如，在课堂讨论时，如何对发言学生的错误进行反馈等）。

鉴于教师们提供反馈的时间有限，他们没办法提供精细而复杂的反馈或标注，比如课后作业批改中的那种，他们此时需要的是一个更加快速和便捷的评价体系。一个简单的解决方案就是用符号代替教师可以在独立练习时间内给予学生的最重要反馈。例如，写作教师可以将论证存在缺陷的答案标记为A，证据缺失或不正确的标记为E，以此类推；数学教师可以对正确的答案打钩、对错误答案画圈，或在学生需要继续解释的问题旁边写个大写字母E。

要理解这个操作为什么如此强大，请回忆我们在前文中提到的烹饪课的比喻。你是希望主厨简单地看一眼你尝试自己掌握烹饪方法的过程，还是在你烹饪的过程中提出简要的反馈意见？显然后者更合适。对学生独立练习作业的答案进行简要的批改，能够允许教师为学生作业提供类似的可管理的反馈。如果教师需要做的仅仅是在学生的作业上写下一个简单的大写字母，那么他们就可以在一分钟内看完十个学生的作业。在过去，在同样的时间里，他们或许只能给一两个学生提供反馈。

但是，鉴于为文学分析类作业提供反馈的难度较高，我们提供了两套方法供教师们用来批改学生的作业：

● 小学：RACCE——重申（Restate）答案、引用完整的推论来回答（Answer）问题、引用（Cite）证据、给出证据背景（Context）、解释（Explain）新见解及其与论点的相关性。

- 中学和高中：ANEZZ——陈述观点（Argument）、说明（Name）作者使用何种方法来论述该观点、解释（Explain）该技巧的运用、聚焦（Zoom in）特定表述和升华（Zoom out）到更大层面的含义（即这个方法如何帮助作者强调其写作目的）。

教学指导员的快速提示：学习高级教师的经验做法

去年秋天，我在教师职业化发展培训中，带着接受培训的教师们一起研究了萨莉·弗罗姆森的教学案例。萨莉带领学生取得了最高的数学成绩。我们看到她有目的地巡视教室，给学生提出一些简要的反馈，让学生可以自己立即操作；并以非常具有战略意义的方式安排了学生的座位，每次走到一个学生旁边提供一对一的反馈。一开始，这对我的教师们来说很难，因为他们有着这样一种心态："好了，现在是学生独立练习的时间了。我已经完成了传授教学内容的工作，我在这节课的任务已经圆满完成了。"经过培训，我看到了教师们的思维出现了巨大的转变，他们现在的思维是"我现在需要在教室里走一走，收集数据并为孩子们提供可以帮助他们进步的反馈"。这个变化对教师来说意义重大，因为他们开始看到自己能够帮助如此多的学生，而不是专注于与某一个学生的单独交谈。这个操作步骤极大地提升了全校学生的成绩和表现。

丹·科斯格罗夫（Dan Cosgrove），校长，马萨诸塞州波士顿市

关键领导力行动	
探索性提问	• "在你监控的时候，学生的情况如何？有多少学生知道自己是否回答正确？" • 提供一份符号编写技巧说明，或者查看一份已经被教师批改过的学生作业的范例，提问："这位教师是如何通过为学生提供快速反馈来帮助他朝着正确的方向努力的？" • "符号系统有何用？为何能够帮助你在有限的时间内为更多学生提供反馈？"

（续表）

关键领导力行动	
计划和练习	• 创建一套符号系统（即教师可以写在学生作业上的简单提示）以促进学生自我修正。 • 练习：拿出一沓作业，将它们放到接受培训的教师所在教室的各个课桌上。要求该教师尽可能快速地监控全班的练习情况，并尽可能在限定时间内在更多的作业本上进行标注和反馈。 • 讨论并反思即时反馈遇到的困难，找到办法来提升速度，然后再次尝试。 • 在练习过程中，确保教师可以结合前面章节中提到的教学技能进行操作，如沿着清晰的监控路线图走动，并在教师的答案记录模板上记录采集到的信息。
实时反馈	• 亲自示范：在教师巡视和监控全班的时候走在他的旁边，然后在该教师不知道要如何给出反馈时进行耳语提示，如"我认为你应该在这个学生的作业上写E"。

表4-11　积极监控的培训策略

行动步骤	何时使用	探索性提问	练习的场景	提供实时反馈的信号
创建监控路线图	在独立练习时，教师仅监控少数学生，或完全不监控任何学生。	• 亲自示范，提问："我在布置独立练习任务之后做了什么？" "你从同行教师那里看到这张座位表时注意到了什么？这张座位表为什么能够让教师可以更轻松地监控学生的作业进度？"	• 从其他教师那里拿一份座位表作为指南。 • 根据与学生相关的数据为这位教师的班级再制作一份座位表。规划独立练习监控路线图，从速度最快的学生开始，再到那些学习较差的学生。 • 练习：检验一下座位表的效果，并在必要时重新排列。要确保座位表的排序不能妨碍课堂管理，也不能造成开小差行为。	• 非语言提示或耳语提示：提示教师进行监控和/或使用情况跟踪工具。

（续表）

行动步骤	何时使用	探索性提问	练习的场景	提供实时反馈的信号
监控学生作业的质量	教师没能看出学生答案中的规律。	• "在你监控学生的独立练习时，你遇到了什么困难？是什么让你很难记住所有学生的答案？" • "如果你不能查看一个学生的全部答案，那么基于今天的教学内容，你应该关注他的哪些关键信息？" • "你在今天的课堂上进行积极监控时发现了什么趋势？哪些学生掌握了传授的教学内容，哪些学生没有掌握？" • "在学生进行独立练习时开展积极监控的目的是什么？这种积极监控对后续的教学有什么作用？"	• 要求教师将标准答案拿出来，并标注积极监控时应该重点关注的内容要点。 　– 人文学科：论点、论据或写作技巧等。 　– STEM学科：一个特殊的公式或解决问题的关键步骤。 • 要求教师设计一个监控记录模板。 • 引导教师们按照下面的方法进行积极监控的培训和演练：给参与培训的教师发放学生的写作作业，要求他们在规定时间内完成监控记录模板的填写，并标注学生答案的规律。	• 耳语提示：提示授课教师监控学生的练习情况。 • 亲自示范：走到授课教师身边，询问他从学生的答案中看到了什么趋势。向该教师示范如何利用标准答案来找出学生答案的规律并确定趋势。
即时批改学生的作业	教师在独立练习期间根本没有给出任何反馈，或仅针对极少数学生给出了反馈。	• "在你监控的时候，学生的情况如何？有多少学生知道自己是否回答正确？" • 提供一份符号编写技巧说明，或者查看一份已经被教师批改过的学生作业的范例，提问："这位教师是如何通过为学生提供快速反馈来帮助他朝着正确的方向努力的？" • "符号系统有何作用？为何能够帮助你在有限的时间内为更多学生提供反馈？"	• 创建一套符号系统（即教师可以写在学生作业上的简单提示）以促进学生自我修正。 • 练习：拿出一沓作业，将它们放到接受培训的教师所在教室的各个课桌上。要求该教师监控全班，并尽可能在限定时间内在更多的作业本上进行标注和反馈。 • 找到可以提升速度的办法。 • 结合已学的教学技能进行操作，如监控路线图和数据采集。	• 亲自示范：在教师巡视和监控全班的时候走到他的旁边，在该教师不知道要如何给出反馈时进行耳语提示，如"我认为你应该在这个学生的作业上写E"。

暂停并思考

在第二阶段的精准教学技能培训中，你会优先选择哪三个技能进行教师发展培训？

_____

_____

_____

◎ 本章小结

　　即时沉浸这个表述能让人想起跳入深水的感觉。无论你是被水包围、身处陌生语言环境，还是被二十五名有着明显不同学习需求的学生围绕，即时沉浸形容的都是在猝不及防的情况下，被完全陌生的东西包围的时刻。有时，这可能是一个极度焦虑的时刻，因为你不一定能够确保自己会浮在水面上。但在最好的情况下，即时沉浸也会带来令人难以置信的体验和成长，即学会了如何在水中保持漂浮状态。

　　对于一位新教师来说，这是一个尤为重要的时刻，因为这意味着他不仅要自己学会踩水，还要掌握驾驭更深水域的技能。掌握了深水技术的新教师，能够扮演导航员的角色，带领所有的学生逐步探索越来越深的水域。当我们进入第三阶段的培训时，我们将会看到，当教学目标不再是避免淹没在知识的汪洋大海，而是带领学生朝着既定的目的地扬帆起航之后，新教师可以起到怎样的关键作用。

第五章

开学第31~60天：量身打造教学内容

你是不是经常听到这样一句老话："学习一项技能就像骑自行车。一旦学会了一辈子都不会忘记。"这个比喻默认我们一旦深入学习了某样东西，我们很多年都不会忘记。然而，除了这个含义之外，这个比喻还有更深层次的意义。普通学习骑自行车的人，在能够掌握好平衡，并绕城骑行之后，就结束了自己学习骑车的过程。竞赛型自行车运动员则需要在学习骑车这条路上继续前进。他们以前面这些技能为基础，增加对其他很多技能的掌握和练习。其中最值得注意的一个技能，就是如何有效地调整自行车的挡位。专业自行车运动员知道如何在下坡时切换高挡速，以便大大提升速度。他们也能够熟练地在进行爬坡时转向低挡速。每一次他们都运用自己专业的优势和技能，来把握好挡速切换的时机，以最大限度地提升效率并保持心率的稳定。当自行车手达到了这个水平，他们需要专注的就不再是如何保持平衡、启动或刹车，而是如何能够在正确的时间调整到正确的挡速。

新教师培训的第三阶段就是学会调整挡速的阶段。进入这个阶段的教师已经学会了如何确保课堂教学不会出岔子，但他们仍然需要学习和完善自己的教学技能，以确保能够因地制宜、因材施教。

> **核心理念**
>
> 经过前面两个阶段的培训，教师们已经知道如何保持自行车的平衡（课堂教学的顺利进行），因此在这个阶段，他们需要掌握调整挡速（因地制宜、因材施教）的技能。

让我们首先来看看这个阶段需要哪些教学领导力技能。

研究学生的作业

到了这个阶段，你已经学习了三项基本教学培训原则在教师职业化发展和反馈会议中的应用，即：

- 将教学技能细节化；
- 提前规划、认真练习、后续跟进、循环反复；
- 更频繁地提供反馈。

这三个基本原则在下一阶段的培训中将如何发挥作用？其实就是通过学生的作业来帮助教师实现自我发展。

每周数据会议

在第三阶段，教师们将开始学习如何按照学生的需求来量身打造教学内容，即开始差异化教学。在这个阶段，教学领导能够用来实现最有效教师发展的方法，是作为教师培训基础技能之一的数据驱动教学技能，即每周数据会议。

每周数据会议有过多种不同的名称，包括：职业学习社区（聚焦于学生作业）、学生工作会议、短期分析会议，等等。不管这个会议的名称是什么，它们都能够对新教师产生巨大的影响。教育领域的许多研究专家，都已经在著作中论证了数据驱动的教师群体对学生工作的巨大影响。其中最引人注目的应该是理查德·杜富尔（Richard DuFour）的《学习引领者：学区、学校和教师如何提升学生成绩》（*Leaders of Learning: How District, School, and Classroom Leaders Improve Student Achievement*）。如果实施得当，每周数据会议不仅能够让新教师（和所有教师）明白如何监督学生们在课堂上的学习，也能为教师们提供解读数据、提升教学领导者和同行教学能力的机会。短期来看，每周数据会议让教师能够迅速掌握满足学生实际学习需求的能力；长期来看，它也帮助教师们培养这方面的教学能力，使其内化为教师们后天的本事。

尽管前人进行了无数的高质量研究，但大多数教师团队的数据会议都没有预想中有效。我们将在本书中展示高效数据会议的基本结构，区分高效数据会议和无效数据会议的关键因素。你会发现每周数据会议与定期的反馈有着许多相似之处：教师们都需要在为会议做准备的阶段确定最亟须解决的问题（本阶段的问题从教师的行动步骤，变成了学生的学习需求），练习解决该问题所必需的相关技能，以及通过后续跟进确保能够真正在课堂上实施在会议中演练的改动。下面这些关键操作，是确保每周数据会议得以高效实施的必备因素。

● **从标准答案入手**。查阅教师编写的标准答案和成绩最好的学生提供的标准答案，以明确学生必须做到何种程度才能获得成功。

● **找出差距**。找出不同学习水平的学生在尝试给出标准答案时遇到的最突出问题。

● **再次教学**。确定教学策略，以通过再次教授相关内容来缩小前述差距。

下面，让我们逐一进行详细分析。

从标准答案入手

如果从标准答案入手这个方法让你感到莫名的熟悉，那说明你认真地阅读了本书，因为这是第二阶段精准教学培训阐述的一个教学技能。在第二阶段培训的相关内容中，我们详细地探讨了以最终目标为导向进行逆推式教学规划的重要性。

我们在前文中提到过的尼基·布里奇斯，就会利用标准答案来实施每周数据会议。她会要求她的教师们研究那些能够反映学生对相关知识掌握程度的学生答案，并确定学生应该提供什么样的理想答案。

在会议中，尼基会先带领老师们回顾他们本周的教学标准。这能够提醒所有在座的教师，他们的教学工作重心是什么。以此为出发点，他们还会一起分析教师编写的标准答案和名列前茅的优秀学生给出的答案，以清楚地了解标准答案需要包含哪些内容。将两者结合分析至关重要，因为没有这个对比分析的过程，教师们所设定的教学标准就是不明确的。没有明确的教学标准为指导，教师们制定出来的问题解决方案，就很有可能不能根植于他们希望学生掌握的更深层次的概念性理解中。

核心理念

没有分析和评估，教学的标准就无法确定；
没有明确的教学标准，教师们的教学指令就无法植根于
更深层次的概念性理解中。

在解析教师提供的标准答案时，提出下面这些探究式的问题可以帮助我们高效地完成这几项工作：

- 理想的答案包含了哪些关键信息？

- 所以最理想的是……

- 所以标准答案必须要包含什么？

- 如何将这些与教学标准联系起来？

在解析了教师编写的标准答案之后，尼基要求教师们拿出成绩最优秀的学生提供的答案——我们将之称为"学生版标准答案"。尽管听起来有点违背常识，但从最优秀的学生提供的答案着手，教师们可以确保他们的教学难度和

高度能够满足每个学生的需求，同时也能够看到班上最优秀的学生的答案与教师版标准答案之间的差距。在解析学生版标准答案的时候，下面这些问题可能有所帮助：

- 学生版标准答案与教师版标准答案的比较结果是？
- 二者之间的差距体现在什么地方？
- 学生版标准答案是否提供了一些教师版标准答案不具备的内容（有的时候，学生的答案确实比教师的答案更优秀）？

一线教学实践反馈：让每个学生都达到最优秀学生的标准

当我还是新教师的时候，真正让我实现了思维转变的事情是，研究最优秀学生的答案，并思考如何让所有的学生都能够达到这个水平。为此，我从教学指导员身上学到的最好的一个教学操作就是：查看最优秀的学生能够提供的最佳答案，然后尽力让所有的学生都能够达到这个水平。将这个教学操作牢记于心后，我不断地问自己：我们希望所有的学生都能够像班上的小数学家那样解决哪些问题？随后，我开始将这个问题结合到制定日常教学方案的过程中，也使它变成了所有学生共同努力的学习目标。

托马斯·奥布莱恩（Thomas O'Brien），校长，纽约州布鲁克林区

找出差距

在所有参加分析会议的教师都清楚地了解了他们希望学生实现的具体成就，以及班上成绩最好的学生的水平之后，尼基带领教师们将工作重点放在了如何找出差距上。

尼基首先让教师们把学生的作业按照成绩水平分成4份，4代表水平最高，1代表最低。为什么要这么做？因为这可以让教师们重点关注具备如下特点的学生群体：那些基本掌握了标准答案，但仍然需要一些额外的辅导，来进一步提高其成绩水平的学生（中间水平的学生）。具备这些特点的学生，与能够提供学

生版标准答案的学生之间存在的差距，就是教师工作最重要的出发点。因为缩小二者之间的差距意味着，教师可以重点向那一小部分尚未达到标准要求的学生提供一对一的辅导。同样的训练方法，也能用来帮助学习成绩最差的学生。

在此过程中，教师需要专注于尽可能准确地找出这两组学生所犯的错误，包括他们所犯错误反映出来的概念层面的误解。以此为出发点，教师们可以着手计划如何在教学中澄清这些误解。

关于那些成绩最差的学生

我在开展数据驱动的教学技能培训工作坊时，最经常被问到的一个问题是：这个方法如何适用于特殊教育和语言学习的学生（英语）。因为我们往往认为，存在特殊教育需求的学生不能从这种方法中受益。这种想法简直是大错特错！事实上，从事特殊教育和语言学习教学的老师们，可以照搬这个方法来提高学生的成绩。在我与美国最杰出的特殊教育专家进行交流互动的时候，他们反复告诉我同样的事情：数据驱动的教学方法是针对存在特殊需求的学生开展优秀教学的核心。具体的教学技巧可能有所不同（因为这些学生有着不同的学习需求），但根据学生作业所反映出来的学习需求进行教学，是因材施教和进行优秀的特殊教育教学的基础。

再次教学

差距分析固然重要，但只有高效的再次教学才会真正改变学生的成绩。但在一些关注学生作业的会议中，这一重要步骤往往被忽视。

在每周数据会议中，尼基会带领教师们找出学生理想答案的必备内容，以帮助教师们确定，在对所回顾的内容展开再次教学时应该着重讲授哪些内容。

如果你想要改变教学的成果，你就必须改变教学的方式。尼基的数据分析会议创造了这样一个空间，让教师们可以在她的指导之下练习和准备这些教学变革方式。参照尼基的做法，我们也同样可以带领全体教师，以及带领他们的学生一起，切换到学习的最高挡速，火力全开地前进。

一线教学实践反馈：不要止步于简单的再次教学

再次教学不就是再教一遍吗？我们只需要告诉学生他们下一次要怎么做不就可以了？优秀教师可不是这么做的。在我使用教师培训范围和顺序的过程中，我的培训内容从过去的让教师们"再教一遍，帮助学生解决理解错误的地方"，变成了一个教师们可以随时高效地使用差异化教学需求清单。我们的教师现在需要彻底搞清楚几个问题：再次教学里的哪些元素能够解决特定的学生水平差距问题？在再次教学过程中，哪些关键的问题或关键的表述，能够让重新教授的内容长久地留在学生的记忆中？再次教学应该采用什么样的结构？是利用有声思考、直接示范，还是围绕标准答案进行讨论？学生们在再次学习相关材料的时候需要思考什么？所有这些问题现在已经包括在教师培训范围和顺序中，而且所有的内容都旨在帮助教师实时回应学生当下的学习困难和需求。

切莱斯蒂娜·德·拉·加尔萨（Celestina De La Garza），

校长，纽约州布鲁克林区

下表总结了以学生的作业数据为基础的高效数据分析会议的组成部分。

表5-1 每周数据分析会议：引导教师团队分析学生的每日作业

1. 赞扬 1分钟	**表扬——肯定学生做得好的地方**
	描述学生已经实现的学习目标： •"上一周，我们已经掌握这个学习目标_____%的内容，现在我们已经实现了学习目标。"
2. 从标准答案入手 7~10分钟	**分析教师版标准答案和学生版标准答案**
	解释教学标准： •"用自己的话来讲一讲学生必须知道什么，或必须掌握哪些内容？" 解析教师版标准答案（2分钟）： •"理想答案的关键内容是什么？""因此标准答案必须包含……" •"（标准答案）的这部分内容如何与教学目标保持一致？" 分析学生版标准答案——认识到它和教师版标准答案之间的关系： •"学生版标准答案和教师版标准答案相比如何？二者之间的差距何在？" •"学生是否有不同的途径/证据来证明他们对教学内容和标准的掌握？" •"学生版标准答案中是否提供了一些教师版标准答案没有的内容？"

（续表）

3. 找出差距 5~7分钟	**找出学生作业与教师标准答案之间的差距**
	专注于成绩水平处于中间两个等级的学生（即几乎达到掌握水平的学生）：
	• "中间等级水平的学生与提供学生版标准答案的优秀学生之间的差距是什么？"
	• "我们通过解决哪个突出问题，能够最快速度地将这些学生的成绩提升到3级或4级的优秀水平？"
	• 分析过程和内容："我们发现学生做了什么才导致错误的发生？"
	指出错误（教师首先发表意见，教学领导记录后，对其表示肯定或进行补充）：
	• 描述学生的错误，并指出错误反映的更深层次的概念层面的误解。
4. 再次教学的规划 8~10分钟	**事先规划——设计/修订下一次课的教学方案来进行再次教学**
	为下一个适用的问题/错误/示例编写标准答案：
	• "我们希望看到的理想答案是什么样的？"呼吁参会的教师们各自编写标准答案并相互印证。
	规划教学结构：
	• "如果这个标准答案就是我们想要的，我们希望通过什么方式来教授这些信息？"
	• 选择合适的再次教学结构：示范（有声思考、示范技巧、迷你课程）或相互探讨（引导型对话、呼吁展示、图表记录错误等）。
	• 找出概念层面的影响："学生们能够清楚表达的'为什么'是怎样的？"
	具体化：
	• 如果某位教师的学生更擅长某项技能，可以问他："你是怎么教这项技能的？"再问这位教师的同行："你注意到自己教授技能的方式与他有什么不同吗？"
	• "告诉我你再次教学时将采取什么步骤？这些步骤与第一次有何不同？"
	• "教学材料是什么？你在教学过程中计划如何监控这些材料的学习情况？"
	• "让我们找出哪些学生需要再次教学？"
	• "充分利用教学资源，例如，引导式阅读提示指南。"
5. 练习 剩余的时间	**练习：以角色扮演的方式，演练教师将在下一节课中重新教授这些学习材料和标准的计划**
	"让我们现在演练一下这些全新的示例。"
	• （如果适当的话）请教师站起来或在教室里走动，以模拟课堂监控的操作。
	• 反复练习直到演练的结果令人满意。思考："是什么让这个操作变得更有效？"
6. 后续跟进 2分钟	**设置开展后续跟进的时间安排**
	制订后续跟进的计划（例如，何时再次教学、何时再次评估以及何时再度调用学生数据等）：
	• 观察在会议后二十四小时内实施的情况；
	• 将再度评估的数据发送给教学领导。

一线教学实践反馈：将会议要点提炼到一页纸内

作为一名专门培训教学主管的培训师，在培训过程中对我和那些愿意接受培训的教学领导们来说，最小但最有影响力的一个训练手段就是，提供让他们可以回顾教学工具的资料。例如，在努力改善每周数据会议的效果时，给每个人发放一页纸的每周数据会议要点，总是能够带来各种各样的顿悟，例如"我在这里做得挺好的""当我规划数据会议时，我应该从这里着手"，等等。

杰西·瑞科特（Jesse Rector），美国瑞雷校长学院
（Relay National Principals Academy）院长，纽约州纽约市

　　第三阶段的精准教学操作步骤直接培养了教师们在查看学生作业时所需要使用的技能：培养引用例证的习惯、检查全班学生的理解情况和再次教学入门（第四阶段的培训将继续探讨再次教学的技能并深入研究）。现在，让我们先深入研究一下第三阶段的每个行动步骤。

第三阶段教学技能概述

　　第三阶段标志着教师关注重点的转移。他们在这个阶段从大致上服务于全班学生的教学技能转向了差异化教学方法，并以解决个别学生的学习需求为目标。第三阶段的教学管理目标是，努力将那么一两个依然没有按照教师所设定的期望行事的学生拉回正轨。因为班上大部分的学生都能够按照教师的要求行事，因此在这个阶段，教师要做的就是营造一个让所有学生都能够积极参与的学习环境。

　　有了这个基础，教师放在精准教学上的关注度将达到前所未有的程度。他们要在更具体的层面上识别学生的学习需求，并针对这些需求进行规划和指导。

　　以下是教师培训范围和顺序在本阶段的相关内容，它将涵盖整个学年第三阶段的教师培训内容。

219

表5-2 第三阶段培训范围和顺序

教学管理技能培训	精准教学技能培训
调动全班学生的参与度	**响应学生的学习需求**
7. 营造课堂氛围： 激励学生完成学习任务	**6. 培养引用例证的习惯：** 教导学生论据的识别和引用
• 向学生提出一个简单的挑战，要求他们完成一个任务：	• 教会学生有目的地进行注释：总结、分析、找到最佳例证等。
– 例如："我知道你们是四年级的学生，但是我有一个六年级的问题，而且我相信你们一定可以解决它！"	• 教导并提示学生在答案中援引关键的例证。
• 加快语速、加快步伐、变化语音和语调、保持微笑！	**7. 检查全班学生的理解情况：** 收集可以证明全班学生学习情况的相关证据
8. 控制教学节奏： 营造一种紧迫的感觉，让学生感受到持续的参与度	• 通过全班调研来了解学生回答某些特定问题的情况。
• 遵循教学方案中设定的时间节点，使用手持计时器或给学生播放音频来提示时间已到，需要进入下一步骤操作。	– "有多少人选了A、B、C或D？"
• 加快提问的速度：学生的回答和教师相应的指导时间间隔不得超过两秒。	– 要求学生先将自己的答案写在白板上，然后说："听我倒数三声后举起你们手中的白板……"
• 发布教学指令时采用倒计时法（如5、4、3、2、1，开始）。	• 以解决学生错误为目标：引导全班学生就他们最容易犯错的问题开展讨论。
• 利用全班问答来学习关键词汇。	**8. 再次教学入门（亲自示范）：** 教师给学生示范如何进行思考/解题/写作
9. 确保全班学生的参与： 确保所有学生都参与了课堂学习	• 给学生布置一个明确的听力和记笔记的任务，在示范过程中培养学生积极聆听的能力，然后就示范内容进行简要的探讨：
• 确保能够调动全班学生。	– "我在示范过程中做了什么？"
• 随机点名学生来回答。	– "当你们在自己的作业中做同样的事情时，有哪些关键点必须完成？"
• 开展简短（15~30秒）的转身对话活动。	• 示范思考过程，而不仅仅是完成任务的流程。
• 有意识地灵活采用不同的方法来进行全班讨论，例如，随机提问、集体回答和转身对话等。	– 着重聚焦于学生存在思考困难或问题的地方。
10. 肯定学生的优秀表现	– 示范学生们可以复制的思考过程或步骤。
• 着重强调学生做得好的方面，而不是揪着错误不放。	– 示范如何激活学生们已经掌握的知识、内容已经在前面的课程中学习和掌握的技能。
– "我很高兴贾文按照老师的要求直接开始进行写作练习。"	– 在进行有声思考训练时，改变教师惯用的教学语调和节奏，以强调正在示范的思考技巧。
– "第二排的学生做得很棒。他们已经拿好了铅笔看着我，做好了做题的充分准备。"	• 教师做和学生做：为学生提供在教师的指导下进行实践的机会。
• 在表扬做得好的学生和/或观察全班情况并再次引导的过程中，着重看着那些开小差的学生。	
• 口头表扬那些表现更佳的学生。	
– 表扬那些超出一般水准的优秀答案，或比别人更认真努力完成任务的学生。	
11. 一对一指正	
• 预估哪些学生会出现开小差的行为，并演练在类似行为出现时你将要采取的两个行动。尽量使用侵入性最低的干预手段来将学生拉回正轨，这包括：	
– 靠近该学生；	
– 眼神接触；	
– 使用非语言提示；	
– 快速点到学生的名字；	
– 力求最小负面影响。	

调动全班学生的参与度

表5-3　第三阶段教学管理技能培训速查表

如果教师存在下列问题	请跳到
营造课堂氛围	
如果教师不知道如何以一种不枯燥的方式呈现教学内容并抓住学生的注意力	向学生提出一个简单的挑战
如果教师不知道如何传递可以营造融洽课堂气氛的愉悦和兴奋情绪	加快语速、加快步伐、变化语音和语调、保持微笑
控制教学节奏	
未能跟上教学方案中既定的教学节奏	使用计时器
在提问学生时未能跟上教学指令发布的节奏	加快提问的速度
不能在全班过渡的时候让学生快速行动	倒计时法
未能在亲自示范或讲话时维持学生的专注度和参与度	全班问答
确保全班学生的参与	
未能吸引不同学生的注意力	关注未回答的学生
教师未能在提问时保持学生的参与度	随机提问
在时间较长的授课过程或全班讨论活动中未能确保学生的长时间参与度	转身对话
未能运用多样化的教学技能来调动全班学生的参与度	使用多种方法来提问学生
肯定学生的优秀表现	
在解决教学管理问题时未能保持积极的态度	肯定学生做得好的方面
未能将开小差的学生拉回正轨并让他们响应教师的正面反馈	看着开小差的学生
未能在表扬学生成功的同时肯定学生的努力	组织语言来表扬那些取得进步的学生
一对一指正	
未能利用"告诉学生该做什么"和"肯定学生的优秀表现"技能来激励个别学生	采用侵入性最低的干预方法

第三阶段培训范围和顺序见表5–2。

第三阶段教学管理技能培训

是什么会让你感觉一部长达两小时的动作片，看起来比一部令人痛苦的20分钟默片更短？是什么让你感觉以每小时80英里[①]的速度奔驰在高速公路上的跑车是缓慢的，以每小时45英里速度行驶在狭窄街道上的出租车却速度过快？为什么乘坐高速飞行的飞机让你感觉无比漫长和无聊，而乘坐速度没那么快的过山车则给你带来难以置信的刺激？

所有的答案都可以归结为一个原则：速度幻觉。我们对速度快慢的感知取决于周围环境中的标志物：建筑物、声音、视线角度以及突然的运动等。当我们行驶在高速路上，两侧的建筑物至少位于100码[②]开外，我们就失去了与这些建筑物之间的距离感——它们移动的速度看起来非常缓慢，以至于我们认为自己的速度也不快。相比之下，坐在在狭窄的街道上行驶的出租车内，建筑物距离我们只有15英尺[③]远，而且周围所有的事物都让我们感觉自己乘坐的出租车移动得飞快。声音也能够造成同样的幻觉：时速80英里时，一辆跑车发出的声音是轻柔而稳定的，营造出一种一切都稳定而舒适的感觉；但一辆老旧的大众汽车在跑到时速60英里时，发动机可能就已经开始尖叫了。所有这些因素都可能改变我们对速度的感觉；所有这些因素都可以将轻柔的嗡嗡声，变成令人兴奋的狂野游乐设施的尖叫声。因此，当我们结束类似体验时，我们很难相信仅仅过去了几分钟时间。

任何曾经参加过非常难熬或特别精彩的课程或研讨会的人都可以证明，同样的概念适用于课堂。一个糟糕的讲话人可以让一个小时的学习过程感觉像

---

① 1英里=1609.344米。——译者注

② 1码=0.9144米。——译者注

③ 1英尺=0.3048米。——译者注

三个小时，而一个熟练的演讲者能够在充分吸引观众的情况下，让为期两天的研讨会看起来意犹未尽。这其中的诀窍不是加快讲话的速度，而是创造一种时间加速的感觉，即速度幻觉。

谈到我们现代的教育，营造速度幻觉成了一种强有力的教学工具。学生在课堂上的时间太过宝贵，经不起一丝的走神和浪费。第三阶段的教学管理技能培训专注于教师们可以用来提高学生注意力的诸多教学技巧。其中一些技巧，如手持计时器进行教学，是教学行业所特有的技能。其他一些技巧，如快速而大声地讲话和快速地移动，与动作片用来吸引观众的技巧并没有太大的不同。但是，如果我们能够在教学中恰当地运用这些技巧，它们就可以把课堂变得像飙车场景那样引人入胜。

核心理念

学生在课堂上的时间太过宝贵，经不起一丝的走神和浪费。
第三阶段的教学管理技能培训将专注于如何提高学生的注意力。

在本节中，我们将重点关注能够提升学生课堂参与度的三个关键方法：在不牺牲学生思考时间的情况下加快课程节奏；提升教师的教学（及学生的学习）热情；将个别开小差的学生拉回课堂。下面，让我们进行深入的分析。

营造课堂氛围

教师职业化发展目标

营造课堂氛围：通过将最简单的学习任务转化为激动人心的挑战，可以让所有学生都全身心地投入学习。

教师们在上课时通常会说下面这些话："这有点枯燥，但……""下一部分的内容将会非常难，所以……"这些免责声明背后的意图通常是，学生应该为接下来艰巨的学习任务做好准备，而且在完成后，他们能够得到长期的回报。但不幸的是，这些表述实际上会破坏教学的效果。简而言之，它们不仅无助于解决困难，反而会增加阻力。

营造气氛来转变可能会变得十分沉闷的课堂的诀窍就是，重新组织描述学习挑战的语言，让它们听起来令人兴奋，而不是枯燥无趣。将"下一部分的内容将会非常难"变成"好了，四年级的同学们，这里有一道六年级难度的问题，我相信你们一定可以解决"。这么做可以将沉闷无趣的课堂变成充满动力和干劲的课堂。如果教师可以做到这一点，学生们将满怀热情地迎接挑战，并更渴望展示自己为迎接这些挑战所做的准备。营造氛围不仅可以提高学生的课堂参与度，还能够让他们保持持续参与的状态。

营造积极的课堂氛围将能够帮助新教师解决下面两个核心问题：

- 教师直接陈述正在教授内容的无趣或艰深本质；
- 教师的语调太过平淡，无法表达对课程的喜悦和兴奋之情。

营造课堂氛围：向学生提出一个简单的挑战

 培训要点

当前困境

教师直接陈述正在教授内容的无趣或艰深本质。

行动步骤

向学生提出一个简单的挑战，要求他们完成一个任务。例如："我知道你们是四年级的学生，现在我有一个六年级的问题，但我相信你们一定可以解决它！"

行动步骤概述

如果你一直不知道如何让学生们专注于课堂学习，那当你发现学生们满怀热情地集体冲向体育课的球赛现场，或一到下课就瞬间满血复活时，可能会感到非常沮丧。不过，对于新教师来说，有一个好消息是：任何教师都可以将手球或篮球等如此令人兴奋的类似因素融入到自己的课堂教学之中。这些项目能够如此吸引学生，在很大程度上是因为它们为学生设置了一些挑战因素，让学生们渴望去表现自己可以做到这一点。我们完全有理由将数学问题或仔细阅读练习设计为类似的竞技游戏，而且当老师能够做到这一点时，学生们能够取得的成就将令人瞩目。

教学指导员的快速提示：从最简单的操作入手

在我担任幼儿园教师的第一年，我遭遇了很多困难。毫不夸张地说，我的课堂是真的"很火爆"——是水深火热的那种火爆！在解决了第一阶段和第二阶段的相关教学操作步骤之后，我的指导员要求我专注于为学生们设计挑战任务。我们从最简单的课堂上的转换开始着手，于是我的任务就变成了对孩子们说："我要看看谁能够又快又安静地站起来！"这样，孩子们就会更有动力去遵循并展示我一直期待他们能够展示的行为。那个星期的周一，我站在教室的后面看着我的教学指导员如何通过引导学生来给我做示范。然后我们练习了数遍并汇总了她的一些有效做法。到了周三，我尝试自己引导这个课堂上转换的过程，教学指导员在一旁围观，并在需要时介入。第一次尝试之后我们又进行了数次演练。到了周四，我再次自己主导课堂上转换的过程，这一次教学指导员站在教室后面旁观。我的课堂教学第一次能够如此顺利进行，这也是为什么我开始对这种训练模式充满热情。我现在痴迷于给学生们设置挑战，但鉴于我现在的身份已经转变为教师发展培训师，我总是试图确保我们即将进行的练习能够在三到四行的篇幅内表达清楚，以便老师们可以轻松记住，并能进行三四次的演练。试图第一次尝试时就让新教师带着学生演练是行不通的。

安德里亚·帕默·科林伯德（Andrea Palmer Kleinbard），

教师发展培训师，纽约州布鲁克林区

关键领导力行动	
探索性提问	• 亲自示范，提问："我说了什么激励自己的学生去踊跃完成任务的话？" • "通过设置挑战任务来营造课堂氛围有什么价值？" • "你在课程的哪个环节错过了设置挑战的良机？下一次你能采取什么不同的操作？"
计划和练习	• 要求教师将挑战任务的设置写入教学方案并在课前演练如何实施。
实时反馈	• 非语言提示：像拉拉队队员那样在空中挥舞手臂。 • 亲自示范：亲自示范如何设置一个挑战任务。

营造课堂氛围：加快语速、加快步伐、变化语音和语调、保持微笑

 培训要点

当前困境

教师的语调太过平淡，无法表达对教学内容的喜悦和兴奋之情。

行动步骤

加快语速、加快步伐、变化语音和语调、保持微笑！

行动步骤概述

想象一个优秀的说书人，他具备感染人心的能力，仅凭语言就可以让你进入故事之中。通过充满能量的口头表述，微笑和说话时语音、语调、语气的变化（降低嗓音来营造悬念或增加张力，或加大音量来强调故事情节的高潮等），任何讲话人都能够实现同样的效果。对于老师来说，这个技能非常具有价值，因为它不仅能够让学生参与课堂学习，还能够将他们的注意力牢牢吸引住。我的一些同事将这个看似简单的教学技巧称为"活力四射"！

教学指导员的快速提示：放慢降低法

我的校长曾尝试为我示范如何改变讲话的声音。在与学生交谈的过程中，她的确总是满怀激情，声音清晰且高昂，但当她终于讲到最重要的内容时，她几乎是耳语一般的低喃。事后看来，为了向我展示声音的变化和差异，她可能做得有点过于夸张，但我记得全班学生几乎顿住了，因为他们的注意力完全放在了她所说的内容上。我很难现场复制她的做法，所以她在亲自示范之后花了很多时间陪我一起练习。我们甚至选定了一段课堂时间来进行练习，并持续了好几天。我们将其称为"放慢降低法"，即当你讲到最重要内容时，放慢语速并降低音量。随后我们又进行了更多的练习。直到现在，我依然记得她当时对我说的话，"当你讲到最至关重要的东西时，放慢你的语速，降低你的音量"。

凯瑟琳·欧福斯（Kathryn Orfuss），教师和教学领导，

新泽西州纽瓦克市

关键领导力行动	
探索性提问	• 亲自示范，提问："你注意到我的声音和语气有何变化了吗？我做了什么让自己的讲课状态活力四射？" •"现在思考一下自己的课堂。你的教学声音和语气与我的有何差距？"
计划和练习	• 让教师在加快语速和保持微笑的状态下练习讲授下一节课的部分教学内容。 • 如有必要，打断该教师的练习，并重复他刚刚讲过的内容，但加快语速并面带微笑。 • 要求授课教师变化自己的声音，降低音量来营造紧张的气氛，而不是一直保持说话很大声或很小声的状态。 • 你的反馈意见至关重要。调整和变化声音是一项教师自己很难发现和掌握的技能，从某种程度来说，这意味着你要改变他们多年来的讲话习惯！因此，要确保你创造了一个安全的空间，让他们在进行练习时不会感到气馁。
实时反馈	• 非语言提示：指向自己的嘴角，暗示授课教师要面带微笑；通过手部的姿势提醒他要加快语速。 • 耳语提示："活力四射！微笑！进入教学状态！"

表5-4　营造课堂氛围的培训策略

行动 步骤	何时 使用	探索性提问	练习的场景	提供实时 反馈的信号
向学生提出一个简单的挑战	教师直接陈述正在教授内容的无趣或艰深本质。	• 亲自示范,提问:"我说了什么激励自己的学生去踊跃完成任务的话?" • "通过设置挑战任务来营造课堂氛围有什么价值?" • "你在课程的哪个环节错过了设置挑战的良机?下一次你能采取什么不同的操作?"	• 要求教师将挑战任务的设置写入教学方案并在课前演练如何实施。	• 非语言提示:像拉拉队队员那样在空中挥舞手臂。 • 亲自示范:亲自示范如何设置一个挑战任务。
加快语速、加快步伐、变化语音和语调、保持微笑	教师的语调没能传递本应调动课堂气氛的愉悦或兴奋情绪。	• 亲自示范,提问:"你注意到我的声音和语气有何变化了吗?我做了什么让自己的讲课状态活力四射?" • "现在思考一下自己的课堂。你的教学声音和语气与我的有何差距?"	• 让教师在加快语速和保持微笑的状态下练习讲授下一节课的部分教学内容。 • 打断该教师的练习,并重复他刚刚讲过的内容,但加快语速并面带微笑。 • 要求授课教师变化自己的声音,降低音量来营造紧张的气氛,而不是一直保持说话很大声或很小声的状态。	• 非语言提示:指向自己的嘴角,暗示授课教师要面带微笑;通过手部的姿势提醒他要加快语速。 • 耳语提示:"活力四射!微笑!进入教学状态!"

控制教学节奏

教师职业化发展目标

控制教学节奏:营造一种紧迫的感觉,让学生保持课堂专注力。

在《像冠军一样教学：引领学生走向卓越的62个教学诀窍》一书中，道格·莱莫夫解释说，"课程的节奏并非教学内容呈现的速度，而是教学安排如何让这些内容展开的速度"。飞速讲完一个全新的数学概念，并不会帮助学生更好地学习或加快进度，并且这么做的结果可能刚好事与愿违。但如果你能充满热忱地投入这个概念的教学，一步一步地确定学生的理解和掌握，那他们就能以合理的速度处理这个重要的信息。这可能意味着所有的学生都感觉自己正在以闪电般的速度飞行，而这也将确保他们的注意力牢牢地放在课堂上。

控制教学节奏这个教学技能可以在本阶段解决下面四个问题：

- 教师实际进度落后于既定教学方案的节奏（例如，在课程开始三十分钟后，全班学生仍在复习课前热身的内容）；

- 教师在师生问答环节停顿太久，导致学生的参与度下降；

- 学生从课程的一个环节转到下一个环节的过程太慢，如从整组讨论到配对分享再到独立练习等；

- 在教师示范或讲课的时候，学生的关注度和参与度下降。

控制教学节奏：使用计时器

 培训要点

当前困境

教师实际进度落后于既定教学方案的节奏（例如，在课程开始三十分钟后，全班学生仍在复习课前热身的内容）。

行动步骤

使用手持计时器来确保教学进度按照既定课程方案中的时间节点进行，并给学生提供语音提示，引导他们进入下一环节的学习。

行动步骤概述

如果教学进度不能够按照教学方案中既定的时间节点进行，那么学生可能没有时间完成最后的独立练习，但这恰好是整个学习过程中最重要的环节。为了确保教学进度符合既定计划，并保持学生的专注度和学习热情，教师应该准备一个计时器来确保所有的活动在既定时间期限内完成，例如，一个原定15分钟要完成的教学活动，就应该在它开始15分钟后结束。

教学指导员的快速提示：时间要精确到分钟而不是小时

我在教学节奏的把握方面一直做得不太好。有的时候，我会花太多时间来确定学生的理解和掌握情况，这导致学生没有时间来进行独立练习，但这恰好是他们需要用来检验和展示对所学知识掌握情况的机会。于是我开始使用计时器。我会给课程内容的各个部分标注具体的起始时间，比如，我知道在下午2:35我必须要开始教授新内容。我几乎不关注当前是几点钟，但我会精准地知道某个环节花了几分钟。同样，我的教学指导员和同仁也可以观察到这些时间节点，所以在计时器响起时，他们可以给我一个信号，提醒我可以进入下一环节了。

尼基·鲍温（Nikki Bowen），校长，纽约州布鲁克林区

关键领导力行动	
探索性提问	• "你计划花多长时间来完成课程的'教师该做什么'环节？是什么导致你没能在既定的时间期限内完成？" • "在教学方案中，你预留了多少时间让学生在下课前进行独立练习？是什么导致你没有足够的时间开展这项活动？"

（续表）

关键领导力行动	
计划和练习	• 拿着教学方案，跟接受培训的教师一起查看课程各个环节的时间节点，一起规划一下当计时器响起但教师还没有完成该部分内容的操作时要怎么办。例如，可以共同决定是否将该部分内容从教学方案中移除，以及教师可以使用什么表述来顺利过渡到下一部分内容。 • 事先规划教师在教学进度落后时可以削减哪些问题或小组任务，以确保课程的核心部分内容不受落后进度的影响。 • 要求教师拿着计时器来演练课程各部分内容的教学。也需要演练一下当计时器响起但教师尚未完成该部分内容教学时要怎么做。
实时反馈	• 非语言提示：在需要进入下一环节时，指向手表或手腕提示教师。 • 非语言提示：通过打手势提示教师留给这项活动的时间还剩下几分钟。

控制教学节奏：加快提问的速度

 培训要点

当前困境

在课堂讨论环节，教师在师生问答时停顿太久，导致学生的参与度下降。

行动步骤

加快提问的速度：学生回答和教师再度发布教学指令之间的时间间隔不应超过两秒钟。

行动步骤概述

在闲聊时，一个人说话和另外一个人回应之间偶尔的停顿或沉默不一定会令人尴尬或有害，但是在课堂上，太多长时间的停顿可能会拖慢教学进度。教师要想避免这种情况的发生，只要他在学生结束发言后的两秒钟内继续进行教学即可。

提升教师反应速度的核心在于，教师知道在学生回答完问题后应该做什么。尽管教师可能事先无法预测应该如何应对一个错误的回答（详见第四阶段的培训内容），但他可以通过继续提出预先设定的问题，或发布教学方案中预先设定的教学指令，来重新掌控教学的节奏。因此，要掌握这项技能，就要求教师能够内化教学方案的内容。

关键领导力行动	
探索性提问	• "控制教学节奏的关键是什么？你认为，在学生回答完一个问题和你提出下一个问题之间，最理想的时间间隔是多少？" • "你还记得昨天在课堂上点××同学回答问题之后发生了什么吗？你需要做什么才能够确保在提问一个学生之后，可以立即发布进入下一环节活动的教学指令？"
计划和练习	• 以角色扮演的方式演练下一次课的提问顺序，并记录提问的效率。需要尤为注意因为两个问题之间停顿时间过长和教师准备不足而导致效率放慢的情况。 • 我们需要培养的关键教师操作是，彻底了解所提的问题并知道应该如何提问学生。
实时反馈	• 亲自示范：为接受培训的教师亲自示范如何控制提问节奏。

控制教学节奏：倒计时法

 培训要点

当前困境

学生从课程的一个环节转到下一个环节的过程太慢，如从整组讨论到配对分享再到独立练习等。

行动步骤

使用倒计时法来控制进度和节奏（即教师进行5、4、3、2、1的倒计时）。

行动步骤概述

在教师已经掌握使用计时器来保持课程的进度和节奏后，下一步就是让学生也参与进来。通过让学生了解他们必须遵守的时间节点，教师就可以实现这一目标。教师在布置课堂活动时，可以说"你们有五分钟时间来完成课前热身"等开场白，并在过程中发出类似"我们已经用了一半的时间啦"和"还剩三十秒"的提醒，最终以倒计时来结束活动。这个方法可以让学生们将无精打采的任务完成，变成激动人心的与时间的赛跑，从而尽可能快速而专注地完成教师布置的任务。

关键领导力行动	
探索性提问	• "你打算花多长时间来完成这个过渡？" • 亲自示范，提问："我采用了哪些操作步骤来加快速度？你要怎么做才可以将同样的技巧应用到自己的课堂？" • "你如何才能够通过为学生设置挑战来让他们带着更强烈的目的感去完成任务？"
计划和练习	• 撰写并演练高亮提示，即用来表示从一个活动到下一个活动的重大转变的提示，如拍手、比手势等。 • 扮演学生的角色，让教师使用倒计时法来实现从一个活动到下一个活动的转变。
实时反馈	• 非语言提示：到了需要倒计时的时候，通过手指动作提示教师开始倒计时"5、4、3、2、1"。

控制教学节奏：全班问答

 培训要点

当前困境

在教师示范或讲课的时候，学生的关注度和参与度下降。

行动步骤

通过全班问答来练习关键词汇。

行动步骤概述

要求全班学生一致回答问题可以获得无尽的好处——学生们将会全神贯注，因为他们知道自己随时可能被要求回答问题；教师也能够顺便检查全班所有学生的理解和掌握情况。

关键领导力行动	
探索性提问	• "全班问答的目标是什么？这个操作如何在学术层面和行为层面提升学生的参与度？" • "这是你们昨天的课堂录像。你们本应如何运用全班问答来提升学生的课堂参与度？"
计划和练习	• 确定进行全班问答的最佳时机。 • 通过角色扮演来练习该部分的教学活动，其中教学主管扮演学生的角色，提供答案。偶尔提供不正确的答案，让教师可以练习当学生在全班问答中回答错误时，如何要求他们再来一遍。
实时反馈	• 非语言提示：创造或使用信号来提示全班问答。

表5-5　控制教学节奏的培训策略

行动步骤	何时使用	探索性提问	练习的场景	提供实时反馈的信号
使用计时器	教师实际进度落后于既定教学方案的节奏。	• "你计划花多长时间来完成课程的'教师该做什么'环节？是什么导致你没能在既定的时间期限内完成？" • "在教学方案中，你预留了多少时间让学生在下课前进行独立练习？是什么导致你的时间不够用？"	• 回顾教案中各个课程环节的时间节点，一起规划一下当计时器响起但教师还没有完成该部分内容的操作时要怎么办。规划在进度落后时，可以将哪部分内容从教学方案中移除。 • 拿着计时器来演练课程各部分内容的教学。也需要演练一下当计时器响起但教师尚未完成该部分内容教学时要怎么做。	• 非语言提示：在需要进入下一环节时，指向手表或手腕提示教师。 • 非语言提示：通过打手势提示教师留给这项活动的时间还剩下几分钟。

（续表）

行动 步骤	何时 使用	探索性提问	练习的场景	提供实时 反馈的信号
加快提问 的速度	在课堂讨论 环节，教师 在师生问答 时停顿太久， 导致学生的 参与度下降。	• "控制教学节奏的关键是什么？你认为，在学生回答完一个问题和你提出下一个问题之间，最理想的时间间隔是多少？" • "你还记得昨天在课堂上点××同学回答问题之后发生了什么吗？你需要做什么才能够确保在提问一个学生之后，可以立即发布进入下一环节活动的教学指令？"	• 以角色扮演的方式演练下一次课的提问顺序，并记录提问的效率。需要尤为注意因为两个问题之间停顿时间过长和教师准备不足而导致效率放慢的情况。 • 需要培养的关键教师操作是，彻底了解所提的问题并知道应该如何提问学生。	• 亲自示范：为接受培训的教师亲自示范如何控制提问节奏。
倒计时法	学生从课程的一个环节转到下一个环节的过程太慢，如从整组讨论到配对分享再到独立练习等。	• "你打算花多长时间来完成这个过渡？" • 亲自示范，提问："我采用了哪些操作步骤来加快速度？你要怎么做才可以将同样的技巧应用到自己的课堂？" • "你如何才能够通过为学生设置挑战来让他们带着更强烈的目的感去完成任务？"	• 撰写并演练高亮提示，即用来表示从一个活动到下一个活动的重大转变的提示，如拍手、比手势等。 • 扮演学生的角色，让教师使用倒计时法来实现从一个活动到下一个活动的转变。	• 非语言提示：到了需要倒计时的时候，通过手指动作提示教师开始倒计时"5、4、3、2、1"。
全班问答	在教师示范或讲课的时候，学生的关注度和参与度下降。	• "全班问答的目标是什么？这个操作如何在学术层面和行为层面提升学生的参与度？" • "这是你们昨天的课堂录像。你们本应如何运用全班问答来提升学生的课堂参与度？"	• 确定进行全班问答的最佳时机。 • 角色扮演：偶尔提供不正确的答案，让教师可以练习当学生在全班问答中回答错误时，如何要求他们再来一遍。	• 非语言提示：创造或使用信号来提示全班问答。

确保全班学生的参与

我们推荐的新教师90天培训计划的每个课程背后的指导思想是，每个学生可以而且必须在整个学年中的任何时候，都朝着既定目标开展学习。第一阶段和第二阶段的培训课程侧重于针对全班学生采取的教学行动步骤，第三阶段的培训将学生作为个体，重点放在如何让学生参与讨论并积极开展学习。

朝这个方向迈出的下一步是确保每个学生都积极参与学习，但我们时常纵容"我们最喜爱的"学生在课堂上开小差或不遵循教师的指令——靠在椅背上，拒绝参与学习活动。因此，本阶段的教学操作步骤将侧重于培养那些能够让学生参与课堂讨论的技巧。这些技巧也能够帮助避免在课堂上出现少数积极的学生主导，而其他大部分的学生保持沉默的情况。

一线教师实践反馈：使用勒马尔教学策略

作为一名第一年从事教学工作的五年级老师，我非常刻苦地工作，但还是没办法让班上最难搞的学生积极参与课堂学习。观摩教授同一个班级的其他教师同仁的课堂教学给我提供了莫大的帮助。我还记得自己观摩了艾米丽的课堂教学。班上有个叫作勒马尔的学生，在我的课堂上，他总是开小差，也不愿意学习。但在艾米丽的课堂上，他总是非常兴奋地投入学习。我发现，在整节课中，艾米丽总会额外花时间点他来回答问题，给他安排任务并表扬他的努力和配合。于是，我也开始采用同样的做法来对待班上最难搞的那些学生。我为他们提供更多的机会，让他们融入合作学习并通过互动建立更加紧密的师生关系。如果你知道他们的

> 个人特点，并预先准备了能够触发他们求知欲的学习内容，那么你就能够增强他们的自信，并表现出对他们作为学习者的尊重。我将这个办法称为勒马尔教学策略。
>
> 乔迪-安·琼斯，校长，新泽西州纽瓦克市

帮助确保全班学生参与学习的教学操作步骤能够解决下面的具体问题：

- 教师倾向于一遍又一遍地点同一批学生来回答问题；

- 一些学生在教师提问的时候开小差，因为他们认为如果自己不举手，就不会被点名回答问题；

- 在冗长的"教师该做什么"环节或教师讲授其他材料的过程中，学生们变得焦躁不安；

- 在冗长的课堂讨论中，学生变得焦躁不安；

- 教师过度依赖某一种特定技巧来确保全班学生参与学习。

确保全班学生的参与：关注未回答的学生

 培训要点

当前困境

教师倾向于一遍又一遍地点同一批学生来回答问题。

行动步骤

务必提问全班学生。

行动步骤概述

教师们往往倾向于经常性地要求同一批学生来回答问题，尽管这是一种常见的做法，但这意味着其他学生很少需要发言。造成这种现象的原因可能是一部分学生表现得特别积极，或因为教师过度依赖点水平最高的学生来回答，

以确保对话的顺利进行。因此，确保全班学生参与学习，并有意识地避免类似问题出现的第一步是，记录学生回答问题的情况，并刻意抽取那些没有被点到的学生来回答问题。

关键领导力行动	
探索性提问	• "让我们来看一段课堂录像，它展示了你在过去一周里的教学过程中提问学生的顺序，看看你点了哪些学生来回答问题，哪些学生从未被点过。" • "你要怎么做才能确保自己点到了所有的学生？你在教学过程中要如何记住这一点？"
计划和练习	• 方案1：将提问学生的计划纳入课程方案中，即事先计划每个具体问题抽取哪些学生来回答，以确保对教学内容掌握程度不同的学生能够得到发言的机会，且每个学生都可能经常发言。引导接受培训的教师将具体的学生名字写进课程方案中。 • 方案2：充分利用课堂出勤表——拿出考勤表并要求教师在表上记录已经被提问过的学生。可以设定一个目标，即在每个学生都被点到之前，不会点任何一个学生来回答两次以上。
实时反馈	• 非语言提示：指向教师应该点起来回答问题的学生。

确保全班学生的参与：随机提问

 培训要点

当前困境

一些学生在教师提问的时候开小差，因为他们认为如果自己不举手，就不会被点名回答问题。

行动步骤

随机提问。

行动步骤概述

尽管在某些情况下，教师从那些主动举手的学生中选择人来回答问题是有意义的，但并非总是如此。如果教师限制自己只能从举手的学生中抽人回答问题，那么你就给了其他学生不参与课堂的选择。这就相当于把谁要参与课堂，谁可以不参与课堂的控制权交给了学生，而不是教师。解决这个问题的办法就是随机提问。道格·莱莫夫在《像冠军一样教学：引领学生走向卓越的62个教学诀窍》一书中详细论述了这个做法的好处：这个方法让学生知道教师可能随时会点到他们来回答问题，这就让教师能够随时查看学生的学习情况，并进一步提升教师课堂管理和开展精准教学的能力。

关键领导力行动	
探索性提问	• "随机提问的目的是什么？" • "在今天的教学过程中，在什么时候进行随机提问能够提升学生的课堂参与度？" • "随机提问能够给哪些学生带来最大的好处？"
计划和练习	• 要求教师提前将随机提问的学生名单拟好。 • 提前演练下一次课的提问顺序，其中教学领导扮演不同的学生角色，教师则根据学生的成绩水平和相关问题的难度有计划地实施随机提问。
实时反馈	• 非语言提示：指向教师在随机提问时的理想学生人选。

确保全班学生的参与：转身对话

 培训要点

当前困境

• 在冗长的"教师该做什么"环节或教师讲授其他材料的过程中，学生们变得焦躁不安；

• 在冗长的课堂讨论中，学生变得焦躁不安。

行动步骤

开展简短（15~30秒）的转身对话活动。

行动步骤概述

保持学生的课堂参与度和快速行动只是快节奏的转身对话的好处之一。在正确的时机要求学生转向自己的搭档并进行对话也可以确保100%的课堂参与度，营造一种合作学习的氛围，为教师提供实时检查全班学生理解情况的机会。如果转身对话的持续时间不超过30秒，所有这些好处将能够最大化。因为这个时间已经足够让所有学生充分解决问题，但又不会长到使他们的专注度降低。

教学指导员的快速提示：一切在于"恰当的时机"

转身交谈很容易执行，但其成效如何将完全取决于实施的时机。时机的选择就直接决定了活动的成败。能够确保这个操作长久有效的唯一办法就是将其写入课程计划，事先选择好恰当的时机，然后严格按照课程计划的时间节点实施。正确地规划转身交谈的"时机"是教师们可以在无需教学领导协助的情况下依然能够成功实施这一活动的关键。

雷米·阿卜杜勒-纳比，教师和教学指导员，纽约州布鲁克林区

关键领导力行动	
探索性提问	• "让学生转身对话有何好处？" • "有效实施转身对话活动的关键是什么？" • "如何判断转身对话活动是否取得应有的效果？"
计划和练习	• 基于授课的内容、节奏和课堂氛围来决定下一次课应该在什么时候实施转身对话活动。 • 以高亮形式明确标注转身对话活动的开始和结束： 　　– 事先确定学生需要转向谁进行对话以避免混乱。教师发出明确的指示："请转向你的搭档，并进行眼神交流。" 　　– 然后发出简短的开始信号："开始对话！" • 结合前面阶段的教学技能实施，如扫描全班和重新引导开小差的学生等。
实时反馈	• 非语言提示：用食指指向对方。 • 亲自示范：引导学生进行转身对话，并在学生完成任务的过程中向教师解释活动背后的原理。

确保全班学生的参与：使用多种方法来提问学生

 培训要点

当前困境

教师过度依赖某一种特定技巧来确保全班学生参与学习。

行动步骤

在课堂讨论环节，有意识地选用不同的教学技巧，例如随机提问、集体回答、全班举手抢答（即要求全班学生都举手抢答一个所有人都应该知道答案的问题）和转身对话等。

行动步骤概述

一旦新教师掌握了一些提问学生的技巧之后，他们就会倾向于过分依赖这些技巧。比如，他们总是进行随机提问，这导致学生们不再举手抢答；或他们总是只点某个特定学生来回答问题，使其他学生很快意识到自己在很长时间内都不会被点到回答问题，于是开始开小差。为了让所有学生尽可能充分地参与课堂，教师们不仅要注意哪个学生是最适合被点来回答问题的，还要注意哪种方法可以用来选择回答问题的最佳人选。这里没有放之四海而皆准的操作，真正能够带来神奇变化的就是视具体情况调整教学的策略。

教学指导员的快速提示：不仅关乎教学平衡，还关乎教学目的

不仅要交替使用不同的策略，还要选择最符合当下目的的方法。你希望所有学生都知道答案吗？那就选择进行集体回答或要求全班学生举手抢答。你希望所有学生都有机会大声地说出问题的答案吗？那就选择转身对话的方式。使用各种不同的教学方法来调动全体学生不仅关乎教学平衡，还关乎教学目的。通过手里的课程计划，我们很容易就可以找到具体的教学目的。你可以问问自己："哪些问题我们可以进行随机提问？我们需要提问哪些学生，为什么？我们在什么时候应该使用集体回答，为什么？"这些问题能够帮助你更好地理解这些教学操作背后的原理。

雷米·阿卜杜勒－纳比，教师和教学指导员，纽约州布鲁克林区

关键领导力行动	
探索性提问	• "我们已经探讨了提问学生的各种方法，包括随机提问、全班举手抢答、转身对话等。你最经常使用的是哪种方法？在以后的教学中，你应该更经常使用哪种方法？" • "在课堂上使用前述各项方法的最佳时机是什么时候？"
计划和练习	• 规划一次全班讨论，标注不同的问题使用的不同提问方式。 • 按照教师编写的课程计划，通过角色扮演练习课堂讨论。
实时反馈	• 非语言提示：创造/使用提示进行全班举手抢答、转身对话和集体回答等的信号。 • 耳语提示："当你希望再次吸引全班学生的注意力时，先使用集体回答，然后再进行随机提问。"（如有必要，可亲自示范。）

表5-6　确保全班学生的参与的培训策略

行动步骤	何时使用	探索性提问	练习的场景	提供实时反馈的信号
关注未回答的学生	教师倾向于一遍又一遍地点同一批学生来回答问题。	• "让我们来看一段课堂录像，它展示了你在过去一周里的教学过程中提问学生的顺序，看看你点了哪些学生来回答问题，哪些学生从未被点过。" • "你要怎么做才能确保自己点到了所有的学生？你在教学过程中要如何记住这一点？"	• 方案1：将提问学生的计划纳入课程方案中，即事先计划每个具体问题抽取哪些学生来回答，以确保对教学内容掌握程度不同的学生能够得到发言的机会，且每个学生都有可能经常发言。 • 方案2：充分利用课堂出勤表——拿出考勤表并要求教师在表上记录已经被提问过的学生。	• 非语言提示：指向教师最好点起来回答问题的学生。

（续表）

行动步骤	何时使用	探索性提问	练习的场景	提供实时反馈的信号
随机提问	一些学生在教师提问的时候开小差，因为他们认为如果自己不举手，就不会被点名回答问题。	• "随机提问的目的是什么？" • "在今天的教学过程中，在什么时候进行随机提问能够提升学生的课堂参与度？" • "随机提问能够给哪些学生带来最大的好处？"	• 要求教师提前将随机提问的学生名单拟好。 • 演练提问顺序，要求教师根据学生的成绩水平和相关问题的难度有计划地实施随机提问。	• 非语言提示：指向教师在随机提问时的理想学生人选。
转身对话	在冗长的"教师该做什么"环节或课堂讨论中，学生变得焦躁不安。	• "让学生转身对话有何好处？" • "有效实施转身对话活动的关键是什么？" • "如何判断转身对话活动是否取得应有的效果？"	• 计划：确定下一次课应该在什么时候实施转身对话活动。 • 以高亮形式明确标注转身对话活动的开始和结束：事先确定学生需要转向谁进行对话；教师发出明确的指示；发出简短的开始信号，"开始对话"。 • 扫描全班和重新引导开小差的学生等。	• 非语言提示：用食指指向对方。 • 亲自示范：引导学生进行转身对话，并在学生完成任务的过程中向教师解释活动背后的原理。
使用多种方法来提问学生	教师过度依赖某一种特定技巧来确保全班学生参与学习。	• "我们已经探讨了提问学生的各种方法，包括随机提问、全班举手抢答、转身对话等。你最经常使用的是哪种方法？在以后的教学中，你应该更经常使用哪种方法？" • "在课堂上使用前述各项方法的最佳时机是什么时候？"	• 规划一次全班讨论，标注不同的问题使用的不同提问方式。 • 按照教师编写的课程计划，通过角色扮演练习课堂讨论。	• 非语言提示：创造/使用提示进行全班举手抢答、转身对话和集体回答等的信号。 • 耳语提示："当你希望再次吸引全班学生的注意力时，先使用集体回答，然后再进行随机提问。"（如有必要，可亲自示范。）

243

肯定学生的优秀表现

> **教师职业化发展目标**
>
> **肯定学生的优秀表现：** 肯定学生做得好的地方，而不要揪着错处不放。

正如流行歌手强尼·莫瑟（Johnny Mercer）的歌曲里唱的那样，消除负面影响的最佳方法就是强调积极的因素。在课堂上，这意味着肯定学生的优秀表现，即将注意力放在学生做得好的地方，而不是揪着错处不放。与维持一个良好管理的课堂将消灭教学过程中的快乐这一普遍存在的误解相反的是，让学生全神贯注地完成学习任务本身也可以成为一种快乐的行为。而肯定学生的优秀表现这个强有力的教学措施，可以让课堂管理不再扼杀而是增强学习的乐趣。

肯定学生的优秀表现可带来两大好处：首先，它给教学增加了乐趣；其次，教师可以积极地强化你想要在课堂上看到的行动。赞美学生做得好的地方，大大增加了他们下一次继续做得这么好的概率。因此，不要吝啬对学生的优秀表现的肯定，你可以通过表扬和实际的教学行动来实现理想的教学效果。

一线教学实践反馈：不要停止赞美学生

有一天，我走进了一位教师的课堂，她一贯将课堂管理得非常好。但那天我发现课堂的管理质量不如以往，于是我参照本书的教师培训范围和顺序从头查找对应的问题。我在"肯定学生的优秀表现"这里停住了，因为我发现上课的老师只是单纯地发出教学指令，并在学生完成后立即进入下一环节，却没有停下来或放慢教学的速度以肯定她想要看到的那些行为和成就。在我们后续的反馈会议上，我给她看了当时的课堂录像，她几乎立刻意识到有一半的学生在听到教师清晰的教学指令后表现不如预期。我还播放了一段她在学年刚开始的教学课堂视频，来帮助她理解这其中的差距。她几乎立即顿悟了！"我的天呐，"她吃惊地喊道，"我不再表扬学生的优秀表现了！"随后我们进行了演练，她说："哇，这种感觉太棒啦。我们忘记了表扬学生这么一件小事，却可以对课堂效果造成最大的影响！"哪怕资深的教师们把它当成是一个"打扫战场"（即确定是否全班学生都理解了相关内容）的工具，但它依然有效！正确使用"赞美学生"时，它会给你带来无穷的好处。

娜塔莉·卡廷-圣路易斯（Natalie Catin-St. Louis），

校长，宾夕法尼亚州费城市

教师们通过肯定学生的优秀表现可以解决以下一些常见问题：

- 教师在处理课堂管理问题时采用的语气过于消极；

- 开小差的学生对教师的肯定和赞美毫无反应；

- 教师倾向于赞美行为而不是学生的努力或成就。

肯定学生的优秀表现：肯定学生做得好的方面

 培训要点

当前困境

教师在处理课堂管理问题时采用的语气过于消极。

行动步骤

强调学生们做得好的地方，而不是揪着错处不放，例如：

- "我很高兴贾文按照老师的要求直接开始进行写作练习。"

- "第二排的学生做得很棒。他们已经拿好了铅笔看着我，做好了做题的充分准备。"

教学指导员的快速提示：专注于那些摇摆不定的学生

我认为我得到的最有价值的提示是我意识到每个班上都有一些"摇摆不定的学生"。你的班上有一些无须鼓励就很优秀而积极的学生，也有那么三四个极差的学生，无论你是不是花上一整天的时间来赞美和肯定他们，他们的反应速度总是很慢。然后你还有那么六到八个处于二者中间的学生，他们可能会变得很好，也可能会变得更差。对于这些摇摆不定的学生，你就需要通过赞美他们的优秀表现来确保他们往好的方向发展。

劳伦·莫雷尔，校长，新泽西州纽瓦克市

关键领导力行动	
探索性提问	• "教师如何在避免消极批评的情况下，让学生自己纠正错误的行为？" • 观看该教师的课堂录像，提问："你在这个特殊的时刻可以做些什么来增加反馈的积极性？" • "你发现自己最常使用哪些否定式的表达？"
计划和练习	• 通过重写将教师最常用的负面表述变成积极的肯定和赞美。 • 通过角色扮演让教师练习如何通过肯定和赞美让学生专注于学习。 • 在练习过程中，不仅要关注教师使用的词汇，还要关注教师在表达时的语气。练习表达的语气，直到听起来真实而自然——不要过度夸张，也不要过于平淡或负面。
实时反馈	• 非语言提示：举起一张画着"+"的指示卡，或写着"肯定学生的优秀表现"的标志牌。 • 耳语提示："肯定学生的优秀表现。"

肯定学生的优秀表现：看着开小差的学生

 培训要点

当前困境

开小差的学生对教师的肯定或赞美毫无反应。

行动步骤

在肯定学生的优秀表现或重新引导的扫描全班过程中，着重看着那些开小差的学生。

行动步骤概述

一些学生可能不会立即意识到，老师在赞美其他学生的优秀表现时依然关注着自己。尽管这种情况不常出现，但如果出现了，解决的办法很简单，教师只需要在赞美其他学生做得对的地方的同时，坚定地看一眼那些开小差的学生即可。

教学指导员的快速提示：最简单的做法可能最有效

当我在参加新教师培训时，我认为要学会赞美学生看起来是个很傻的做法。难道我表扬一个孩子做得好的地方，其他的孩子就会照做吗？但现在，我把它当成教师的魔法手段，因为它的确能够产生意想不到的效果。它就是教师们手中的魔法棒。掌握这项技能也成为我在教学第一年取得的最重要进步。这对我来说意义重大。

杰米·甘帕（Jamie Gumpper），教师兼教学培训师，

马萨诸塞州波士顿市

关键领导力行动	
探索性提问	• "教师在肯定学生的优秀表现时应看向何处？这对学生的反应有何影响？"
计划和练习	• 角色扮演：教学指导员扮演学生的角色，并模拟开小差的行为。教师则需要在表扬另外一个（虚构）学生的优秀表现的同时看着教学指导员。
实时反馈	• 耳语提示："在表扬学生优秀表现的同时看着那些开小差的学生。"

肯定学生的优秀表现：组织语言来表扬那些取得进步的学生

 培训要点

当前困境

教师倾向于表扬学生的行为，而不是他们所付出的努力或取得的成绩进步。

行动步骤

组织语言来强调学生的进步：表扬那些超出一般水平的答案或学生付出的努力。

行动步骤概述

能够独立思考的人不是那些知道正确答案的人，而是那些知道如何找到正确答案的人。我们试图灌输给学生的很多良好的学习习惯，不论是在数学课上展示他们的作业还是在英语课上引用他们的例证，都是为了实现这个目标。因此，我们在赞扬学生时，不应局限于他们提供了正确的答案，而是应该强调他们得到正确答案的过程和努力。如果教师没能肯定学生在这方面的努力，他们就会养成学习的坏习惯，即专注于答案本身而不是寻求答案的过程，这会损害到身为学习者的学生们的发展。

关键领导力行动	
探索性提问	• "当学生们回答问题时，教师应该说什么？教师的反应会强化什么行为？" • "你发现自己什么时候会向学生提供积极的反馈？" • "表扬成绩而不是行为能够给课堂文化带来哪些好处？"
计划和练习	• 根据下节课的课堂计划，找出哪些时刻教师应该提供明确的学习习惯方面的赞扬，以肯定学生的努力并强化他们的行为。 • 练习在学生给出答案后教师给出具体的赞扬。
实时反馈	• 亲自示范：如果已经错失最佳的时机，那么可以赞扬学生的思维。 • 耳语提示：提示教师在学生再次表现出良好的学习习惯时，给出具体的赞扬。

表5-7　肯定学生的优秀表现的培训策略

行动步骤	何时使用	探索性提问	练习的场景	提供实时反馈的信号
肯定学生做得好的方面	教师在处理课堂管理问题时采用的语气过于消极。	• "教师如何在避免消极批评的情况下，让学生自己纠正错误的行为？" • 观看该教师的课堂录像，提问："你在这个特殊的时刻可以做些什么来增加反馈的积极性？" • "你发现自己最常使用哪些否定式的表达？"	• 通过重写，将教师最常用的负面表述变成积极的肯定和赞美。 • 通过角色扮演让教师练习如何通过肯定和赞美让学生专注于学习。 • 关注教师在表达时的肯定语气。练习表达的语气，直到听起来真实而自然——不要过度夸张，也不要过于平淡或负面。	• 非语言提示：举起一张画着"+"的指示卡，或写着"肯定学生的优秀表现"的标志牌。 • 耳语提示："肯定学生的优秀表现。"
看着开小差的学生	开小差的学生对教师的肯定或赞美毫无反应。	• "教师在肯定学生的优秀表现时该看向何处？这对学生的反应有何影响？"	• 角色扮演：教学指导员扮演学生的角色，并模拟开小差的行为。教师则需要在表扬另外一个（虚构）学生的优秀表现的同时看着教学指导员。	• 耳语提示："在表扬学生优秀表现的同时看着那些开小差的学生。"
组织语言来表扬那些取得进步的学生	教师倾向于表扬学生的行为，而不是他们所付出的努力或取得的成绩进步。	• "当学生们回答问题时，教师应该说什么？教师的反应会强化什么行为？" • "你发现自己什么时候会向学生提供积极的反馈？" • "表扬成绩而不是行为能够给课堂文化带来哪些好处？"	• 根据下节课的课堂计划，找出哪些时刻教师应该提供明确的学习习惯方面的赞扬，以肯定学生的努力并强化他们的行为。 • 练习在学生给出答案后教师给出具体的赞扬。	• 亲自示范：如果已经错失最佳的时机，那么可以赞扬学生的思维。 • 耳语提示：教师在学生再次表现出良好的学习习惯时，给出具体的赞扬。

一对一指正

> **教师职业化发展目标**
>
> **一对一指正**：指正个别开小差的学生，而不是针对全班发出教学指令。

第一阶段和第二阶段的教学管理技能侧重于适合全班学生管理的通用性教学操作。在第三阶段，教师可以更深入地了解如何纠正个别学生的开小差行为。

纠正个别学生的开小差行为可能意味着要解决下面这些挑战：

- 教师已经发现了问题,但"告诉学生该做什么"和"肯定学生的优秀表现"的基本策略对少数学生来说并不适用；
- 当学生表现出轻微的不当行为时，教师不能始终如一或有效地进行惩罚；
- 教师在指正开小差的学生时吸引了过多不必要的注意力；
- 学生表现出的开小差行为是教师长久以来未能解决的问题。

一线教学实践反馈：迅速改变课堂氛围来获得长久的效果

在过去两年内，我在学校中开展了一个关于如何控制课堂氛围的短期教师职业化发展培训。在这个培训中，教师们需要学会去控制"课堂的天气"。当课堂的天气是晴空高照时（大多数时候应该如此），教师应该非常乐观、温暖且面带微笑；当教师需要以闪电般的速度采取纠正行动时，课堂的天气可能会迅速巨变，随becoming复温暖而乐观的状态。我对教师进行培训时，要求他们在不得不重置全班，或指正个别学生的任何时刻停止在教室移动。等这个教学指令完成之后，再开始稍微移动（即略靠近教室两边），并提高音量，带动课堂气氛回到温暖和晴朗的状态。

丽贝卡·亚顿（Rebecca Utton），教学主管，科罗拉多州丹佛市

一对一指正：采用侵入性最低的干预方法

 培训要点

当前困境

● 教师已经发现了问题,但"告诉学生该做什么"和"肯定学生的优秀表现"的基本策略对少数学生来说并不适用；

● 当学生表现出轻微的不当行为时，教师不能始终如一或有效地进行惩罚；

● 教师在指正开小差的学生时吸引了过多不必要的注意力；

● 学生表现出的开小差行为是教师长久以来未能解决的问题。

行动步骤

预判哪些学生会出现开小差的行为，并演练在类似行为出现时你将要采取的行动，尽量使用侵入性最低的干预手段来将学生拉回正轨，这包括：

● 靠近该学生；

● 眼神接触；

● 使用非语言提示（通过手势引导学生按要求进行某项活动：在空中写字提示他要进行写作；打开手掌提示他打开教材等）；

● 快速点到学生的名字、发出"告诉学生该做什么"的指令然后扫描进展情况；

● 力求最小负面影响。

行动步骤概述

为了在指正学生的同时维持一个愉快的学习氛围和保持尊重学生的态度，教师要能够以引起最少关注度的方式来进行纠正。如果教师掌握了在学生出现开小差行为时可用的一系列按照侵入性等级从最低到最高排序的教学干预手段，那么教师就具备了重新引导学生的一系列有效工具。

教师的快速提示：凝视开小差的学生

在培训过程中，我的教学指导员会假扮成特定的学生，并模拟他们所展示的特定行为。而特别有效的一个做法是我们一起观看我的课堂录像，发现我在实施我们所用的教学技巧时会发生哪些真实的问题。最终能够取得最好效果的处理办法就是，教师站在教室的角落，以造成负面影响最小的方式快速地凝视开小差的学生，然后继续正常的教学。正是这个凝视学生的做法改变了教学技巧的实施效果。

克里斯蒂娜·马里亚尼（Christine Mariani），

教师和教学培训师，新泽西州纽瓦克市

关键领导力行动	
探索性提问	• "当一个学生出现_____（填入轻微的不当行为，如大呼小叫、一直低头、开小差等）时，你的理想反应是什么？" • "当你试图将一个开小差的学生拉回正轨时，面临的挑战是什么？" • "看一下这个按照侵入性最低到最高排序的教学干预措施列表，思考从侵入性最低的措施入手有什么好处？" • "当你对开小差的学生进行干预时，你使用了哪些干预措施？还有哪些干预措施可以加入到常用方法里？"（如有必要，可观看课堂录像。） • "考虑到学生行为的本质和当时教学的进度和内容，在学生出现不良行为时，哪一个干预措施是最合适的？"
计划和练习	• 这个教学操作步骤规划得越早、练习次数越多，且成功实施的次数越多，则效果越好！ • 逐字逐句地编写处理这些行为的语言表述，因为这对于无法处理此类行为的新教师来说是最难的部分。在完成语言组织的工作之前不要开始实战演练。 • 完成语言内容的组织工作后，练习表达时的语气和时机，直到教师完全掌握了正式的语气，再开始全过程的角色扮演练习。 • 教学指导员在角色扮演中扮演学生的角色，并模仿各种不同的开小差行为，请教师用侵入性最低的干预方式来纠正这些行为。循序渐进地逐个展示不同类型的不良行为，让教师可以有机会练习不同类型和侵入程度的干预手段。

（续表）

关键领导力行动	
实时反馈	• 非语言提示：指向开小差的学生并给出重新引导的信号。 • 耳语提示："这个学生开小差了。使用_____干预手段。" • 亲自示范：引导一个开小差的学生，并等着观摩教师引导下一个出现开小差行为的学生。

表5-8　一对一指正的培训策略

行动步骤	何时使用	探索性提问	练习的场景	提供实时反馈的信号
采用侵入性最低的干预方法	教师已经发现了问题，但"告诉学生该做什么"和"肯定学生的优秀表现"的基本策略对少数学生来说并不适用；当学生表现出轻微的不当行为时，教师不能始终如一或有效地进行惩罚；教师在指正开小差的学生时吸引了过多不必要的注意力。	• "当一个学生出现___（填入轻微的不当行为，如大呼小叫、一直低头、开小差等）时，你的理想反应是什么？" • "当你试图将一个开小差的学生拉回正轨时，面临的挑战是什么？" • "看一下这个按照侵入性最低到最高排序的教学干预措施列表，思考从侵入性最低的措施入手有什么好处？" • "当你对开小差的学生进行干预时，你使用了哪些干预措施？还有哪些干预措施可以加入到常用方法里？"（如有必要，可观看课堂录像。） • "考虑到学生行为的本质和当时教学的进度和内容，在学生出现不良行为时，哪一个干预措施是最合适的？"	• 这个教学操作步骤规划得越早、练习次数越多，且成功实施的次数越多，则效果越好！ • 逐字逐句地编写处理这些行为的语言表述。 • 练习表达时的语气和时机，直到教师完全掌握了正式的语气。 • 教学指导员在角色扮演中扮演学生的角色，并模仿各种不同的开小差行为，请教师用侵入性最低的干预方式来纠正这些行为。循序渐进地逐个展示不同类型的不良行为，让教师可以有机会练习不同类型和侵入程度的干预手段。	• 非语言提示：指向开小差的学生并给出重新引导的信号。 • 耳语提示："这个学生开小差了。使用___干预手段。" • 亲自示范：引导一个开小差的学生，并等着观摩教师引导下一个出现开小差行为的学生。

暂停并思考

在给新教师进行第三阶段的教学管理技能培训时，你会优先选择哪三项技能进行培训？

_____

_____

_____

响应学生的学习需求

表5-9　第三阶段精准教学技能培训速查表

如果教师存在下列问题	请跳到
培养引用例证的习惯	
不知如何让学生在阅读时进行文本注释	教会学生有目的地注释
不知如何让学生引用原文作为例证	教会学生引用关键论据
检查全班学生的理解情况	
无法确切地知道学生理解了什么（或多少学生理解和掌握了相关内容）	全班调研
在采集学生数据之后不知如何响应这些数据反映出来的需求	以解决学生错误为目标
再次教学入门（亲自示范）	
不知如何在示范的时候保证学生也全神贯注地保持思考	给学生布置明确的听力和记笔记任务
不知如何提供一个清晰的示范或解释示范背后的思路	示范思考过程
在完成示范后不知如何让学生进行练习	为学生提供自主练习的机会

第三阶段培训范围和顺序见表5-2。

第三阶段精准教学技能培训

到了第三阶段，教师已经具备了教授一堂完美课程所需的所有技能。他们的课程计划非常完善地以课程大纲为驱动，并且他们已经将其演练得十分完美。无需教学指导人员提供任何额外的提示，教师们也可以顺利地按照既定安排完成教学。学生们也非常投入，很少出现开小差的行为；而且很多学生在被提问时，能够提供准确且富有洞察力的答案。乍一看，一切都进展得顺利而完美。

虽然你可以经常完成这种高质量的教学，但当你批改学生的作业时，你才意识到，学生并没有真正地掌握所学的内容。学生们交过来的书面作业的质量，总体上不如在课堂上发言的学生的质量（通常情况下，在课堂上发言的学生也有可能是班上水平最高的学生）。此外，以此次所学内容为基础的第二天的课程，也被证明对学生来说太难驾驭。尽管完美的教学方案、紧凑的教学流程和高水平的学生成就，都是确保学习活动发生的必备要素，但这些要素本身并不能确保学习活动一定会发生。

这中间缺失的就是对学生的学习需求的响应。研究学生的作业可以让看似可靠的教学变成真正令人难以置信的教学。毕竟，就算你教过学生了，但是他们并没有学会，那也不能算作真正的教学。因此，第三阶段的精准教学技能就是让你学会如何确保教=学。

核心理念

研究学生的作业可以让看似靠谱的教学变成真正令人难以置信的教学。

我们在第三阶段精准教学技能培训中提出的一些教学行动步骤将在课堂外进行，因为教师们需要分析来自独立练习或临时评估的数据，并将他们的见

解融入到即将进行的教学中。但所有这些教学行动最终都会影响到课程本身的教学过程，它们不会任由运气来决定学生是否能够实现真正的学习。教师们会聚焦于学生的真实水平，并以此为出发点来提升学生的成绩。

一线教学实践反馈：通过回应数据所反映的需求来打消抵触情绪

我的一位教师非常反感教学反馈。她强烈地认为自己的教学质量比同行教师要高，且学生在评估中的不佳表现不过是偶然的异常现象。我发现她没能了解学生们在回答问题时的思路，于是我将针对她的培训调到了第三阶段——响应学生的学习需求上。我们一起计划了她在教学过程中的特定时刻应该提出的具体问题，以此了解学生的掌握情况。尽管一开始她抱着怀疑的态度，但很快她的质疑就被打破了——这位老师很震惊地发现学生几乎没办法完成很初级的内容。她开始专注于确保自己能够理解学生的思路，并利用这个理解来进行教学，并取得了立竿见影的效果。学生在接下来的测试中成绩明显提高。这个结果也让这位教师改变了自己的教学思路，现在，她会持续关注学生的理解情况。我们只是采取了一个微不足道的教学操作，却最终打消了教师的抵触情绪。

希尔达·阿巴卡·姆诺兹（Hilda Abarca Munoz），

教学培训师，加利福尼亚州圣地亚哥市

对于那些渴望能够亲自了解学生最迫切学习需求的老师来说，第三阶段的技能培训是令人激动的。在本阶段的精准教学技能培训中，教师们是从分析和计划数据开始着手的，这是为了让教师们在未来需要进行数据分析时可以无须寻求他人的帮助。掌握了这个阶段的技能，他们就可以自己了解学生的理解和掌握情况，分析其原因并计划如何改进各个部分的教学。他们不仅学会了如何加快自身能力的发展，还学习了如何评估最佳的教学效果。

培养引用例证的习惯

第三阶段精准教学的第一个行动步骤是一个通用性教学策略，可以适用于学生学习的各个方面。让学生养成在答案中引用关键的文本论据的习惯，能够直接帮助学生们纠正自己的错误。引用例证对老师和学生都有好处：对于老师来说，听取学生基于例证的答案，能够帮助教师在学生的答案出现错误时，快速诊断学生的思维失误；对于学生来说，当他们理解并可以运用适当的论据来进行辩论时，他们也开始能够区分强有力和空洞的论点之间的差别。养成引用例证的习惯在现在变得尤为重要，因为几乎每种形式的评估，都要求学生用坚实的论据来证明其答案的合理性。而本阶段的行动步骤能确保教师们有机会这么做。

教师职业化发展目标

培养引用例证的习惯：教会和鼓励学生在阅读和回答问题时援引原文作为例证。

教师在此时可能会面临三项挑战，而这些挑战可以通过改进学生引用论据的习惯来解决：

- 学生们在阅读时不会有效地注释文本，这使得他们很难回头引用最佳的例证；
- 学生在回答问题时，不会引用文本中的论据。

培养引用例证的习惯：教会学生们有目的地注释

 培训要点

当前困境

学生们在阅读时不会有效地注释文本，这使得他们很难回过头引用最佳的例证。

行动步骤

教会学生有目的地进行注释：总结、分析、找到最佳例证等。

行动步骤概述

实际上，要求学生在阅读文本时对论据进行注释，是在培养他们成为优秀的作家和演讲者。同样重要的是，作为教师的你在看到学生的阅读注释时也看到了他们的思维过程。鼓励学生在被要求回答问题之前确定重要的例证，就是在教他们论证的技巧，让他们可以成为具备批判性思维的读者。在阅读一篇文章的过程中养成注释例证的习惯，能够让学生具备在阅读时自动识别关键论据的能力。

关键领导力行动	
探索性提问	• "对文本进行注释的目的是什么？基于你的提示/任务，学生在注释时应该最关注什么？" • "有多少学生在阅读过程中进行了文本注释？" • "对于正在进行注释的学生来说，他们在注释最佳论据的能力方面的最大差距是什么？"
计划和练习	• 查看学生们下一周将要阅读的文本，要求老师提供一个文本注释的范例："你希望学生能够突出显示的关键论据是什么？" • 将这个带注释的范例夹在笔记本中，让教师在监督学生的独立练习时随身携带。 • 编写一个简单的书面反馈/提示，让教师在监控学生的注释时可以提供反馈，例如，打钩表示"例证援引得当"，画圈表示"需要寻找更好的论据"。
实时反馈	• 在教师监控学生阅读过程中所做的注释时，跟在教师的身边。找出恰当的注释和不太好的注释之间的规律，然后耳语提示："提示××学生去改进他的注释。"

培养引用例证的习惯：教会学生们引用关键论据

 培训要点

当前困境

学生在回答问题时，不会引用文本中的论据。

行动步骤

教导并提示学生在答案中援引关键的论据。

行动步骤概述

在学生学会在阅读时寻找最佳论据后，下一步操作就是让他们学会在课堂上发言时引用论据。这是一个必不可少的步骤：对于学生来说，这是一种学术习惯，可以在他们的学业生涯中为他们提供良好的帮助；对于老师来说，它揭示了很多和学生理解情况有关的信息。当你理解了学生们基于什么论据来提出自己的观点时，你就能够更容易地帮助学生改进他们的论点。为了巩固这种习惯，教师必须在学生们不能主动做到这一点时提醒他们完成这项任务。

关键领导力行动	
探索性提问	●"在回答问题时引用论据有何重要性？" ●"你上一次课的哪些部分可以让学生更清楚/有效地引用他们的论据？"
计划和练习	● 跟教师一起找出标准答案中的关键论据，确定其他有效的论据，并预测学生可能援引哪些错误的论据。 ● 通过角色扮演让教师练习如何在学生不引用论据或引用论据不够充分时提示学生。
实时反馈	● 非语言提示：给老师一个提示，让他要求学生提供论据。例如，举起一张印着大写字母E（论据）的纸板。 ● 耳语提示："要求学生提供论据。"如有必要，可亲自示范。

表5-10　培养引用例证的习惯的培训策略

行动步骤	何时使用	探索性提问	练习的场景	提供实时反馈的信号
教会学生们有目的地注释	学生们在阅读时不会有效地注释文本，这使得他们很难回过头引用最佳的例证。	• "对文本进行注释的目的是什么？基于你的提示/任务，学生在注释时应该最关注什么？" • "有多少学生在阅读过程中进行了文本注释？" • "对于正在进行注释的学生来说，他们在注释最佳论据的能力方面的最大差距是什么？"	• 查看学生们下一周将要阅读的文本，要求老师提供一个文本注释的范例："你希望学生能够突出显示的关键论据是什么？" • 将这个带注释的范例夹在笔记本中，让教师在监督学生的独立练习时随身携带。 • 编写一个简单的书面反馈/提示，让教师在监控学生的注释时可以提供反馈，例如，画圈表示"需要寻找更好的论据"。	• 耳语提示：在教师监控学生阅读过程中所做的注释时，跟在教师的身边。找出恰当的注释和不太好的注释之间的规律，然后耳语提示："提示××学生去改进他的注释。"
教会学生们引用关键论据	学生在回答问题时，不会引用文本中的论据。	• "在回答问题时引用论据有何重要性？" • "你上一次课的哪些部分可以让学生更清楚/有效地引用他们的论据？"	• 跟教师一起找出标准答案中的关键论据，确定其他有效的论据，并预测学生可能会援引哪些错误的论据。 • 练习：在学生不引用论据或引用论据不够充分时提示学生。	• 非语言提示：给老师一个提示，让他要求学生提供论据。例如，举起一张印着大写字母E（论据）的纸板。 • 耳语提示："要求学生提供论据。"如有必要，可亲自示范。

检查全班学生的理解情况

教师职业化发展目标

检查全班学生的理解情况： 在不中断教学的情况下收集可以反映全班学生理解情况的证据。

以数据为基础进行课程规划有两种形式：教师根据学生书面考试的结果在课堂外进行的课程规划；在教学进行过程中的快速调整，以满足学生当前的学习需求。教师们可以通过第二阶段的独立练习监控培养这项技能，这也是最简单的方法，因为教师在介入和干预之前只有很短的时间来思考。现在，教师需要运用同样的方法来通过学生发言中的错误来查看全体学生的理解情况。

一线教师实践反馈：用"脑力放松活动"来检查学生的理解情况

检查学生的理解情况是一个非常有价值的行动步骤，通过它不仅可以收集学习数据，还可以确保不同水平学生的课堂参与度。通过肢体的动作来检查学生的理解情况，学生们就能够保持持续的参与度。我们将这些动作称为"脑力放松活动"。例如，拇指朝上或朝下意味着你认为答案是正确或错误；举起卡片分享多项选择题的答案（不同颜色的卡片分别代表A/B/C/D选项）；使用白板来写出和展示你的答案。所有这些动作既能够让老师即时了解到全班学生的理解情况，又可以让学生充满了参与的热情。这将有助于所有学生的学习，尤其是我们最喜欢的那些学生。

萨瓦娜·傅雷克斯（Savanna Flakes），教学培训师，
弗吉尼亚州亚历山大市

教师将通过检查全班学生的理解情况来克服下面的挑战：

- 教师在不知道学生理解了哪些内容（或多少学生理解了所讲的内容）

的情况下，就进入下一环节的教学；

- 课堂讨论没有围绕大部分学生存在困难的常见错误展开。

检查全班学生的理解情况：全班调研

 培训要点

当前困境

教师在不知道学生理解了哪些内容（或多少学生理解了所讲的内容）的情况下，就进入下一环节的教学。

行动步骤

通过全班调研来确定学生如何回答某个问题：

- 有多少人选择了A、B、C或D？
- （学生在白板上写下答案）"听我倒数三声后举起你们手中的答案白板……"

行动步骤概述

课堂讨论可以是教学过程中最重要的一个环节。但在这个环节中，那些存在学习困难的学生也最容易躲在同班同学背后。解决这个问题有两个办法，耗时较长的办法是让所有的学生都参与讨论并发言，但即便如此，这些学生给出的答案也极有可能是照搬同学的；耗时较短的办法是通过全班调研来收集相关数据。

全班调研是一个简单又极为有效的做法，只要学生们举手示意，教师就可以在不超过几秒钟的时间内确定每个学生达到的理解水平。对于多项选择题或正误问题，你只需要列出选项并让学生举手表示他们选择了哪个答案；对于非选择性问题，你可以通过为每个学生提供一个小白板和干擦标记来评估全班的理解情况。你可以提出问题，然后要求学生展示他们在白板上写的内容。

　　能否收集这些数据是区分一个看起来不错的课堂讨论和一个真正能够推动学习的课堂讨论的依据。因为在真正了解数据之前，教师是无法真正推动学生的学习的，他们无法知道有多少学生真正理解了材料，也无法知道学生不能理解的具体内容是什么（我们在第三阶段和第四阶段的精准教学行动步骤中详细探讨如何依据这些数据采取行动）。

教学指导员的快速提示：思维白板

　　我有一段时间非常苦恼要如何培训教师们在独立练习后有效地检查学生们的理解情况。随后我遇到了一个人，他是较早采用白板显示方法的教师之一。在进行数学练习时，他要求学生们在解决棘手的数学问题时，在自己的白板上写下解题的每一个步骤供教师检查，而不是仅提供最终的答案。他会发出这样的指令，"不行，回过头去检查一下你的符号""回过头去标记你的变量"或"对了，但是要加快速度"。通过这种方式，所有孩子都得到了他们所需要的反馈，因为他们的行为和专注度都是可以观察到的，教师也获得了能够反映作业质量的数据。他做到所有这一切的前提不过是站在教室的一个角落，知道自己在寻找什么。我开始使用"思维白板"这个词来比喻新教师进行的有效独立练习，因为它将所有那些因为太艰难而无法同时在大脑中运作的复杂变量汇集在白板这个单一的动作里。对于一些人，尤其是选修英语语言艺术、科学等课程的人，这意味着他们要使用白板来操作类似的文字答案。对于其他人来说，只需要在规划课堂练习的时候考虑到白板的运用，就能够让他们一次性将所有这些变量考虑清楚。这能让教师们首先抓住那些他们原本可能会忽视的关键操作。例如，我在构思一篇文章时，想到了"思维白板"，然后我意识到我没有为接受培训的老师提供足够多可以看到的内容，于是我将文章转换为一篇大家可以在投屏上看到的文档。

本杰明·马尔科维茨（Benjamin Marcovitz），教学主管，

路易斯安那州新奥尔良市

关键领导力行动	
探索性提问	• 简要汇总自己的干预行为，提问："我干预了你的课堂并进行了全班调研。我这么做的目的是什么？这对你剩余课程内容的教学有何帮助？" • "全班调研有何目的？考虑到这一点，你在下一节课上进行全班调研的最佳时刻是什么？" • "这些教师的全班调研技巧（如白板）与学生自我反馈的手势（大拇指向上/向下表示正确/错误）相比有何优劣势？"
计划和练习	• 在课程计划中写入可以进行全班调研的关键时刻，并事先规划教师如何采集相关数据。 • 规划和实施相关的全班调研流程（参见第一阶段和第二阶段教学管理操作步骤实施）： 　– 编写教学指令； 　– 练习； 　– 再来一遍。 • 预测下一次课的全班调研结果，帮助教师预测学生的错误。
实时反馈	• 非语言提示：举起一个写着"全班调研"的标志牌。 • 亲自示范：亲自进行全班调研。

检查全班学生的理解情况：以解决学生错误为目标

 培训要点

当前困境

- 教师收集了相关数据，但没有根据数据做出反馈，就直接进入下一环节的教学；

- 课堂讨论没有围绕大部分学生存在困难的常见错误展开。

行动步骤

以解决错误为目标：将课堂讨论的重点放在学生最难以正确回答的问题上。

行动步骤概述

在采集了关于学生表现的数据之后，关键是要采取相应的行动。在接下来的步骤中，将会出现更加全面和复杂的教学技巧。一个简单的出发点是针对学生犯下的错误，即只关注学生存在困难的部分。很多时候，大部分老师会犯的错误是讲解家庭作业或测验的所有问题。但如果收集到的数据显示几乎全部学生都正确回答了第 1 ~ 4 个问题，却基本都在第 5 个问题上出错，那么我们的讲解时间就应该花在第 5 个问题上。是不是很简单？没错！但这是所有老师下意识的反应吗？不是！如果我们能尽早让教师养成这个习惯，我们就能更快地让每次的课堂讲解都变得更加高效。

高中历史老师雷恩·米勒（Ryan Miller）在学生们对美国革命后颁布的法令存在错误理解时，就通过提出一系列的问题，如"这能够帮助穷人，还是会对他们造成伤害"，来纠正学生们的错误理解。

关键领导力行动	
探索性提问	• "你认为学生们会在独立练习环节遇到什么困难？" • "当你在规划课后作业/测试/独立练习的讲解时，最应关注的重点领域是什么？" • 亲自示范，提问："我采取了什么教学操作步骤来应对学生犯下的书面错误？"
计划和练习	• 让教师更容易养成这种习惯的一种快速方法是预测学生将在即将到来的课程中犯下的错误。教师可以提前为解决这些问题做好准备。 • 练习：讲解学生的作业（随堂测试、课前热身练习）并指出错误。
实时反馈	• 在独立练习环节耳语提示："你注意到这些错误存在什么规律？计划只针对错误的地方进行讲解。"

表5-11　检查全班学生的理解情况的培训策略

行动步骤	何时使用	探索性提问	练习的场景	提供实时反馈的信号
全班调研	教师在不知道学生理解了哪些内容（或多少学生理解了所讲的内容）的情况下进入下一环节的教学。	• 简要汇总自己的干预行为，提问："我干预了你的课堂并进行了全班调研。我这么做的目的是什么？这对你剩余课程内容的教学有何帮助？" • "你在下一节课上进行全班调研的最佳时刻是什么？" • "这些教师的全班调研技巧（如白板）与学生自我反馈的手势（大拇指向上/向下表示正确/错误）相比有何优劣势？"	• 在课程计划中写入可以进行全班调研的关键时刻。 • 规划和实施相关的全班调研流程（结合第一阶段和第二阶段教学管理操作步骤实施）。 • 预测下一次课的全班调研结果，帮助教师预测学生的错误。	• 非语言提示：举起一个写着"全班调研"的标志牌。 • 亲自示范：亲自进行全班调研。
以解决学生错误为目标	教师收集了相关数据，但没有就数据做出反馈，就直接进入下一环节的教学；课堂讨论没有围绕大部分学生存在困难的常见错误展开。	• "你认为学生们会在独立练习环节遇到什么困难？" • "当你在规划课后作业/测试/独立练习的讲解时，最应关注的重点领域是什么？" • 亲自示范，提问："我采取了什么教学操作步骤来应对学生犯下的书面错误？"	• 预测学生在即将到来的课程中会犯的错误。 • 讲解学生的作业并指出错误。	• 在独立练习环节耳语提示："你注意到这些错误存在什么规律？计划只针对错误的地方进行讲解。"

再次教学入门（亲自示范）

　　伟大教学的核心是在学生遭遇困难时再教一遍（让他们有机会再次尝试）。虽然有很多方法可以用于再次教学，但它们基本上形成了两种类型的课程：教师为学生示范要做什么（有声思考、迷你课程）或教师引导学生通过自己的讨论来解决问题（教师引导的对话、小组合作等）。我们将这些技巧整合在再次教学入门和再次教学进阶中。第一部分内容稍微容易一点，第二部分内容将在第四阶段讨论，这也是成为伟大教师的标志。

教师职业化发展目标

再次教学入门（亲自示范）：为学生示范回答一个问题或高效完成一个学习任务所需要的思考过程。

在教师完全掌握课堂讨论的技巧之前，再次教学入门是一种快速、有效的补救错误的方法。新教师在尝试为学生示范如何完成学习任务、撰写论文或解决问题时可能遇到下面一些共同挑战：

- 教师给出了明确的示范，但学生在观看教师示范时没有任务要完成；
- 教师的示范含糊不清，与教师所说的其他内容混淆不清（例如示范的时候语调太过单调或没有强调关键信息），导致学生很难知道哪些部分的内容最重要；
- 教师告诉学生一个操作或流程，但没有帮助分析学生实现该流程所需的思维或概念层面的理解；
- 教师给出了明确的示范，但学生在看完示范之后没有机会来尝试复制教师的做法。

再次教学入门：给学生布置明确的听力和记笔记任务

 培训要点

当前困境

教师给出了明确的示范，但学生在观看教师示范时没有任务要完成。

行动步骤

给学生布置明确的听力或记笔记的任务来促进学生积极地倾听教师的示范，然后汇报与示范相关的信息，提问：

- "我在示范时做了什么？"
- "如果你们在自己的作业中做同样的事情，那么你们需要记住什么关键信息？"

行动步骤概述

在教师的示范产生作用之前，他需要确保学生们在观看过程中积极倾听。

高中历史教师亚特·沃瑞尔（Art Worrell）正在为自己的学生示范如何理解基于文档的问题提示，这也是历史考试的主要考点。在之前的测试中，他的学生在确定他们所拥有的所有背景知识方面存在困难，但这些知识能够帮助他们更好地回答问题。于是，为了帮助更好地理解这些内容，亚特进行了有声思考的示范："下面是一个你们很熟悉的话题，我会向你们描述我是如何思考以及破解问题的……"同时，为了保证学生认真听讲，他说道："我想让你们做的是，当我在描述的时候，你们能记下来我所采用的有效方法和策略。并在记录的过程中思考，你们的思考方式和我的有怎样的不同。"

亚特通过这样的教学指令，让学生们变成了更积极的聆听者，也让他们对他的示范操作有了更深刻的理解。

教学指导员的快速提示：要求学生"模仿"教师的范例

向学生示范思考的过程，而不仅仅是解决问题的流程，对任何类型的问题都非常有帮助。但学生有时候只是被动的观察者，并没有积极参与吸收教师示范的经验。我曾见过最有效预防此类情况出现的一个策略就是"镜像实践"。即我们给学生布置一个与教师示范的案例不同，但要求同样思考过程的任务，在教师示范每个思考的步骤之后，要求学生当堂运用新的思路来解决教师布置的任务。这为学生提供了直接实践教师所示范的思考过程的机会。镜像实践完全改变了教师示范取得成就的效果和质量。

惠特尼·赫维茨，校长，得克萨斯州达拉斯市

关键领导力行动	
探索性提问	• 阅读亚特的教学过程，提问："该教师采取了什么关键操作步骤来确保学生在教师示范过程中认真听讲？"
计划和练习	• 这个行动步骤的效果取决于教师是否提前规划了示范的内容，以及学生需要学习的关键技能。在这个任务完成后，教师需要通过记笔记和听力任务来确保学生的确在认真听讲，而不是单纯地复制教师的做法。最后再检查全班的理解情况。
实时反馈	• 耳语提示："史密斯老师，在你开始示范之前，我希望你检查一下学生们是否都准备了用来做笔记的笔记本——示范实在是太有价值了，不记录相关信息实在是太浪费！"

再次教学入门：示范思考过程

 培训要点

当前困境

• 教师的示范和所说的其他内容含糊不清（如示范的时候语调太过单调或没有强调关键信息），导致学生很难知道哪些部分的内容最重要；

• 教师告诉学生一个操作或流程，但没有帮助分析学生实现该流程所需的思维或概念层面的理解。

行动步骤

示范思考的过程，而不仅仅是展示解题流程：

• 将重点缩小到学生存在困难的思考过程上；

• 示范可复制的思考过程让学生可以模仿；

- 示范如何激活以前的课程中学到的内容知识和技能；

- 通过改变语调和节奏的有声思考示范来区别于正常的"教学声音"，以突出和强调思考技巧。

行动步骤概述

当学生第一次尝试掌握一些全新的东西时，优秀的教师会尝试以不同的方式来教学。为学生们示范教师自己的思考过程——我们将这个教学方法称为有声思考，也是一个用于教学和再次教学的核心技能。

有效的示范和无效的示范之间的区别对于新教师来说，可能是微妙而不可辨别的。二者之间的第一个区别，可能就在于教师讲授的声音和语调。让有声思考产生效果的一个做法就是教师在关键内容上的语气变化，即教师的"有声思考的声音"与他"讲课的声音"应该是不同的。在教师进行思考示范时，这点不同应该能被学生瞬间意识到（如果你能够在教学节奏上突出这个不同就更好了）。

如果你没有精确地分析自己想要示范的内容，你就不知道应该在哪里改变声音和语调。关键是要将示范的重点缩小到学生在回答问题时遭遇的难题。如果他们误解了写作的提示，那么就不要向他们讲解如何写一个正文段落，而是应该先展示如何理解题目的意思，再采取能够帮助学生实现这一目标的举措。

教学指导员的快速提示：创建图像来辅助语言的表达

作为一位数学教学培训师，我会引导教师们参加一个关于如何示范任何类型的数学问题的教师职业化发展培训，并教授一系列八年级数学问题的示范技能。有一点很重要的是，大多数的数学概念都可以用图片来表达，甚至效果比文字描述更好。因此，在示范过程中，除了语言的表述之外，我们还会加上图片或图像来帮助总结关键的想法。如果教师不清楚教学内容的标准，那么他可以坐下来画一幅画，以尝试理解和表达。这个画图的过程能够帮助教师理解教学的关键组成部分，并可以以此为基础规划教学的过程。

凯蒂·麦克尼科尔（Katie McNickle），数学教学培训师，

新泽西州纽瓦克市

关键领导力行动	
探索性提问	• "让我们来看看你的独立练习范例。大声说出你将如何解决这个问题或撰写这篇文章。"（在教师回答之后）"学生在试图达到你所示范的质量时遇到了什么问题？他们的思维或理解在什么地方出现了问题？" • "鉴于存在这些差距，你在为学生们示范时最重要的事情是什么？你需要为他们指出什么错误？你将如何强调他们使用的这些关键技能和策略？" • 阅读亚特的教学过程，提问："教师采取了哪些关键行动来有效地示范技能？他用什么预期来传递有声思考的信息？这与你在课堂上的做法有何不同？"
计划和练习	• 如果你不花足够的时间来分析学生正在犯的关键错误，那么所有这些练习都不会取得任何效果。所以首先回顾在"研究学生的作业"内容中列出的关键行动，即： 　– 从标准答案入手：对比教师版标准答案和优秀学生提供的标准答案，确定学生必须提供什么答案才算正确； 　– 找出差距：找出处于不同成绩水平的学生无法给出标准答案的关键问题； 　– 规划重新教学。 • 经过有效的分析之后，下一步的关键操作是如何设计一个有效的有声思考引导过程。下面是一些关键要点： 　– 以学生的错误为重点：将关注重点缩小到学生出现问题或困难的思考过程上； 　– 示范可复制的思考过程让学生模仿，例如，示范如何激活自己在以前的课程中学到的内容知识和技能（"当我看到'好感的时代'这个表述时，我知道我们正在谈论的是19世纪和门罗主义时期"）； 　– 检查学生的理解； 　– 变化有声思考/示范的语音语调和节奏，以尽可能清晰地强调关键信息点。
实时反馈	• 耳语提示："史密斯老师，这很有趣。你能否再次告诉我，当你采取那个操作时，你的思维逻辑是什么？我想确保我的理解是正确的。" • 亲自示范：亲自进行有声思考的示范。

再次教学入门：为学生提供自主练习的机会

 培训要点

当前困境

教师给出了明确的示范，但学生在看完示范之后没有机会尝试复制教师的做法。

行动步骤

教师做和学生做：给学生提供在教师的指导下进行实践的机会。

行动步骤概述

在教师有效的示范和学生认真听讲之后（详见前面的行动步骤），关键是要确保学生有机会进行练习。没有练习和实践的夯实，学生观看教师有效示范学到的经验很快就会被遗忘。

关键领导力行动	
探索性提问	• "在学生认真看完教师的示范之后，能够让学生进行练习的最佳办法是什么？"
计划和练习	• 在这里，计划是最关键的操作。教师需要确保学生踏踏实实地按照教师示范的流程进行练习和实践；教师需要注意自己为学生设计的练习活动不仅能够练习解题的过程，还能够锻炼相关的思考过程。
实时反馈	• 非语言提示：给教师发出进行学生练习的信号。

表5-12　再次教学入门的培训策略

行动步骤	何时使用	探索性提问	练习的场景	提供实时反馈的信号
给学生布置明确的听力和记笔记任务	教师给出了明确的示范，但学生在观看教师示范时没有任务要完成。	• 阅读亚特的教学过程，提问："该教师采取了什么关键操作步骤来确保学生在教师示范过程中认真听讲？"	• 专注于规划，包括如何记笔记任务和检查全班的理解情况。	• 耳语提示："史密斯老师，在你开始示范之前，我希望你检查一下学生们是否都准备了用来做笔记的笔记本——示范实在是太有价值了，不记录相关信息实在是太浪费了！"
示范思考过程	教师的示范含糊不清；教师告诉学生一个操作或流程，但没有帮助分析学生实现该流程所需的思维或概念层面的理解。	• "让我们来看看你的独立练习范例。大声说出你将如何解决这个问题或撰写这篇文章。"（在教师回答之后）"学生在试图达到你所示范的质量时遇到了什么问题？他们的思维或理解在什么地方出现了问题？" • "鉴于存在这些差距，你在为学生们示范时最重要的事情是什么？" • 阅读亚特的教学过程，提问："教师采取了哪些关键行动来有效地示范技能？他用什么预期来传递有声思考的信息？这与你在课堂上的做法有何不同？"	• 准备：分析学生正在犯的关键错误（第三阶段培训要领，即：1. 从标准答案入手；2. 找出差距；3. 规划重新教学）。 • 计划：设计一个有效的有声思考引导过程（1. 以学生的错误为重点；2. 示范可复制的思考过程；3. 检查学生的理解）。 • 练习：变化有声思考/示范的语音语调和节奏，以尽可能清晰地强调关键信息点。	• 耳语提示："史密斯老师，这很有趣。你能否再次告诉我，当你采取那个操作时，你的思维逻辑是什么？我想确保我的理解是正确的。" • 亲自示范：亲自进行有声思维的示范。

（续表）

行动步骤	何时使用	探索性提问	练习的场景	提供实时反馈的信号
为学生提供自主练习的机会	教师给出了明确的示范，但学生在看完示范之后没有机会尝试复制教师的做法。	"在学生认真听完教师的示范之后，能够让学生进行练习的最佳办法是什么？"	计划：创建一个尝试的机会，让学生踏踏实实地按照教师示范的流程进行练习和实践。要注意不仅要练习学生解题的过程，还要锻炼他们的思考过程。	• 非语言提示：给教师发出进行学生练习的信号。

暂停并思考

在给新教师进行第三阶段的精准教学技能培训时，你会优先选择哪三项技能进行培训？

_____

_____

_____

◎ 本章小结

恭喜！你刚刚在教师职业化发展道路上迈出了一大步。完成第三阶段的技能培训是一个重要的里程碑，教师不但掌握了最基本的教学技能，而且深入了解了学生最需要学习的内容。接下来我们会进入一个真正强大的老师需要掌握的教学技能领域。请继续努力！

第 六 章

开学第61~90天：创造课堂讨论文化

据传，最早的顿悟时刻（eureka moment）发生在一个非常私密的空间里：著名数学家阿基米德的浴缸。经过漫长的一天工作，躺入浴缸时，阿基米德认为自己终于可以从困扰自己的数学难题中抽身出来喘口气了。事与愿违的是，当他沉入浴缸时，他注意到水位随着他的动作而上升了，他的大脑不仅没有休息，反而开始在灵感的驱动下高速运转。据说，阿基米德对他的发现感到非常兴奋，他大声喊着"尤里卡（eureka）"——希腊语中是"我找到了它"的意思。就这样，阿基米德成为了第一个阐明为什么有些物体会漂浮在水中而其他物体则会下沉的运动定律的人。

这个故事在我们的文化中根深蒂固，于是我们经常将灵感来临的时刻称为尤里卡时刻（顿悟时刻）。我们倾向于认为灵感的来临是个人的体验，是孤独而深刻的思考的结晶。

然而，现代研究已经开始揭开创造力的神秘面纱。一些引领了这个领域发展的思想家是凯文·邓巴（Kevin Dunbar）和史蒂芬·约翰逊（Steven Johnson），史蒂芬著有《伟大创意的诞生：创新自然史》（*Where Good Ideas Come From: The Natural History of Innovation*）一书。在这本书中，约翰逊对被认为是伟大创新者的人进行了研究——从启蒙思想家到现代科学实验室的研究人员。他发现，只有当一群人走到一起，分享自己的想法和错误，并通过一种全新的方式来理解以前的想法时，创新才能够真正发生。尽管我们常常将创新认为是某个人的杰出贡献，但实际上却是一群人的思维和想法推动了创新的实现。用约翰逊自己的话来说，"创新不是在显微镜前的实验室里独自发生的，而是在每周实验室举办会议期间的会议桌上产生的"。换句话说，真正的尤里卡时刻不是"我找到它了"，而是"我们找到它了"。

在教学过程中，这个原理在课堂讨论和小组工作中发挥了前所未有的作用。教师们已经设定了明确的课堂惯例和程序，也掌握了管理课堂的独立练习和以教师为中心的课程内容的教授技能，因此我们可以开始着手研究一些能够实现奇迹的伟大教学技能，即通过高质量的脑力碰撞和讨论让学生解决极为艰难的学习问题。

核心理念

经过小组对话锤炼的学生思维将比孤立思考状态下的更为敏锐。

我们如何引导教师们来创造一个良好的环境，以确保课堂讨论不会成为引诱学生开小差的时机，而是实现创造性思维碰撞的机遇？下面的步骤将告诉你如何实现这个目标。

响应实时数据反映的需求

第四阶段的培训要领完全根据第三阶段的培训要领展开。第三阶段侧重于每周数据会议，即在课程结束后检查学生的作业，而第四阶段则强调利用在课堂上收集的数据来推动学习。在这个过程中，一位成熟的教学培训师将在观摩课堂教学的过程中，成为教师分析学生学习数据的参与者。我们将探讨教学领导可以实现这一目标的两种方法：监督课堂学习并以精准教学为目标来规划实时反馈。

在观摩的同时监督学习情况

到了特定的程度之后，教学指导员只有在对教师的学生正在学习的内容进行即时观察的情况下，才有可能给教师提供精准教学方面的反馈。就像授课教师那样，教学指导员也需要将关注点从学生的行为是否表现良好，转移到学生是否掌握了相关的教学内容上。尼基·布里奇斯向我们展示了实现这一巨大转变后可能实现的目标。她指导的老师莎拉·恩格尔（Sarah Engle）正在带领学生一起练习十位数和个位数的加法技巧。但教学领导和授课老师都发现，学生们要不就是用错了十位数和个位数的加法原则，要不就是干脆不用。在与尼基讨论后，莎拉决定尝试使用"展示+询问"的教学方法。莎拉选用了卡米亚这个学生的正确答案，并将她的答案展示给全班学生，并要求学生描述"卡米亚是怎么做的"。当需要进行更深入的提问时，尼基介入了。

作为参考，这是尼基在主导课堂时的提问顺序：

- 询问提供了正确答案的学生卡米亚："你是怎么做的？"
- 询问得分较高的学生阿尼亚："卡米亚首先做了什么？"
- 询问得分较低的学生亚哈瓦尼："卡米亚在加完十位数后得到什么总数？"
- 询问得分较高的学生穆罕默德："卡米亚在加完个位数后得到什么总数？"
- 要求学生与搭档进行转身对话："我们可以使用的规则是什么？"
- 然后再让阿尼亚，班上得分最高的学生之一，在完成转身对话的任务后阐述这个运算过程。

正如我们可以从上面的提问顺序中看到的那样，尼基已经将监控的全部重点从观察教师的授课，转移到学生的学习情况上来。她将大部分的注意力放在直接观察学生在独立练习时的作业上。在这里，我们想要向教学领导们表达的一个重要想法是：要想确定正确的精准教学培训方案，你们就必须亲眼看到学生的学习过程。

核心理念

要想确定正确的精准教学培训方案，你们就必须亲眼看到学生的学习过程。

在第四阶段，教师们已经具备了教学的相关技能，他们只需要知道何时以及如何使用它们。如果你没有在学生正在练习的过程中观察他们的学习情况，你的反馈就不会产生很好的效果。

这个实时观摩学生学习情况的举动让尼基能够与教师协商，并听取她为了解决学生犯下的错误而制定的再次教学规划。同时，也可以让尼基在后面的环节中介入课堂进行干预。为了实现这个目标，我们需要利用实时反馈来促进精准教学。

提供实时反馈来促进精准教学

当尼基开始围绕她在课堂上观察到的问题提供实时反馈时，我们才真正开始看到她和授课教师在监督课堂学习过程中所采取的行动的影响和力量。

通过逻辑严密的对话和提问，尼基让学生达到了更高的理解水平。如果尼基等到课堂结束之后才对教师反馈她所看到的问题，那么学生们就失去解开困惑的机会，教师也不会清楚地意识到下次该怎么做。在这里，我们看到了如何通过实时反馈促进精准教学的绝佳方法：学生们将尼基看成是一起上课的老师。通过立即提供反馈，尼基可以实时提升学生的学习效果，而教师也从中学到了引导高效课堂讨论的技能。学生们完全没有注意到课程运行方式的变化，因为在他们看来，除了授课教师之外，不过是多了一个成年人来提出与学习内容相关的问题而已。

让尼基的反馈产生效果的原因不仅是她对课堂进行了干预，还在于她进行干预的方法。如果我们仔细研究尼基提问的过程，我们就会发现她的脑子里有一个最终目标，而且这个目标不是关乎解题的过程。她希望学生们可以理解解题过程背后的深层次概念。在这个示范中，她希望学生们能够在加总数之前先单独加出个位数和十位数的总和。这让学生能够理解和掌握十位数的加法原则，为后续的数学内容打下坚实基础。简而言之，尼基专注于为学生打下长期的理解基础，而不只是追求眼下的解决方案。

> **核心理念**
>
> 锁定长期学习，而不是短期捷径。
> 将行动目标设定为追求掌握更深刻的理解，而不仅仅是解决问题的过程。

我们在这里看到的是，实时反馈不一定要随着教师的成长而减少。事实上，随着教师的发展，教学指导员可以逐渐变成他们工作中的同事。如果教学领导也参与提升精准教学能力的过程，教师们将很高兴你能够成为他们发展过程中的搭档。而进行学生讨论的最佳方式就是实时讨论。学生讨论是一个动态的过程，很难在教师培训中进行有效的模拟。因此，通过为教师提供尽可能多的实时反馈，你可以显著地加速教师在这方面能力的发展。大量的高质量讨论也会随之而来，这将有助于学生在接下来一年中的学习。

第四阶段教学技能概述

在第四阶段，教学管理问题将不再以教师为中心。现在唯一需要的步骤——设置高质量的提问节奏和进行小组讨论的有效流程，就是为了给课堂讨论制定高质量的教学流程，让教师可以更专注于实现精准教学。

精准教学的行动步骤完全转变为如何引导高质量的讨论，做到这一点可能比我们想象的更难！首先，教师们需要学会如何将课堂讨论作为学生作业质量监控的主要目标，因为这些讨论将最高效地提升学习效果。其次，教师们将学习能够保持讨论顺利进行的通用提示。最后，通过培养学生的讨论习惯来进一步夯实这些技能，使教师们可以更好地控制学生讨论的质量和教学的精准性。

教师培训范围和顺序将展示教师们在第四阶段将要发展的技能。

表6-1 第四阶段培训范围和顺序

教学管理技能培训	精准教学技能培训
制定课堂讨论的流程 **12. 全员参与的小组讨论** • 在完成小组讨论过程中，确保每个学生都能取得最大化的学习效果，清楚地说明小组讨论的每个操作步骤： 　– 使小组讨论清晰可见或易于观察（例如，提供需要填写的建议、需要记录的笔记、需要创建的产品等）； 　– 为每个学生设定一个角色（小组人数不得大于完成手头的任务所需要角色的数量）； 　– 在教学指令中规定时限，描述各个小组在每个时间节点后应该实现的基本目标。 • 监控小组进展的可视证据： 　– 每5到10分钟检查一下各个小组的进度。 • 口头强调个体学生和小组的责任： 　– "你们小组已经落后5分钟了，请加快速度。" 　– "布兰登，要专心！"	**引导学生讨论入门** **9. 再次教学进阶（教师引导的讨论）：**引导学生通过讨论自主探讨问题并提供解决方案 • 展示和询问：展示学生的作业（可以是标准答案，也可以是错误的示例），并要求学生搞清楚为什么答案是正确或错误的。 • 强调理解： 　– "在解决类似问题时，需要记住哪些关键内容？"或"有没有人可以提供规则？"（学生用自己的话来表述） • 为学生提供实践演练的机会：为学生提供在教师指导下进行练习的机会。 **10. 通用型提示：**通过使用可以在任何情况下使用的通用型激励语来鼓励学生们完成思考任务 • 在给出挑战性的问题后等候一段时间。 • 提问预告：让需要更多时间准备的学生知道你下一个会点他来回答问题。 • 重复错误答案：将错误的答案向学生重复一遍（这既给学生提供了思考的时间，也给教师提供了构思解决方案的时间）。 • 通过通用型提示鼓励学生进行详细说明： 　– "可以告诉我更多信息吗？" 　– "你为什么会这么想？" 　– "你怎么知道的？" 　– "为什么这很重要？" • 画上圆满句号：在纠正学生的错误之后，回到犯错的学生旁边，要求他们修改自己的答案。 **11. 培养讨论的习惯：**教授并亲自示范可以强化课堂讨论效果的良好学习习惯 • 保持中立/控制好自己的表述：不要让自己对学生答案的反应透露出他们的答案是正确的还是错误的。 • 认同并进一步拓展："我同意××的说法，并且想补充一下……" • 怀着尊敬之意否定学生的答案："虽然我认同（你这部分的观点），但我不认同_____的内容，我的理由是……"

制定课堂讨论的流程

表6-2 第四阶段教学管理技能培训速查表

如果教师存在下列问题	请跳到
全员参与的小组讨论	
不知如何为小组讨论设定清晰的指南	发出明确的教学指令
在具备清晰指令的情况下不知如何确保学生的小组讨论按计划展开	监督小组讨论的进展并通过口头指令来强调小组的责任

第四阶段培训范围和顺序见表6-1。

第四阶段教学管理技能培训

即使对于经验最丰富的教师来说，管理小组讨论和全班讨论也是一项挑战。小组讨论的本质意味着各个学生将同时完成不同的任务。如果这项工作管理得不好，结果可能就会好坏参半：某些小组很好地合作，并提供高质量的结果；其他小组可能集体开小差，或者让一个小组成员承担所有的小组任务。在全班讨论中也可能发生同样的情况：一些学生正在积极学习，其余学生则被动地观察或完全置身事外。如果是这样，全班讨论可能在为一些学生创造良好的学习体验的同时，牺牲和浪费了其他同学的宝贵学习时间。

> **核心理念**
>
> 优秀的小组讨论必须确保所有学生的时间都花得很值，
> 绝不可以是在为一些学生创造良好的学习体验的同时，
> 牺牲和浪费了其他同学的宝贵学习时间。

充分利用学习时间并实现学习效率最大化的核心，在于设计切实可行的教学例程，为每个学生建立明确的期望，以便每个学生都能够从思想的交流和碰撞中获益。在我们设计这些教学例程时，集体的顿悟时刻在每一刻都有可能生根、发芽和开花。

全员参与的小组讨论

> **教师职业化发展目标**
>
> **全员参与的小组讨论**：在小组讨论中确保每个学生的学习收益最大化。

小组讨论的学习促进效果类似转身对话活动，即相较于全班讨论，这可以使更多的学生能够在同一时间内直接参与学习。完成小组讨论的挑战是，如何制定教学例程来确保花在小组讨论上的时间是值得的。小组讨论是最难管理的课堂活动类型之一，因为从一个小组转到另外一个小组，并发现每个小组的讨论是否进展顺利非常具有挑战性，至少比监督个别学生或引导全班讨论要困难得多。

下面是许多教师在尝试通过小组讨论收获最佳学习效果的过程中经常遭遇的两个问题：

● 整个小组都在开小差，因为学生们不知道要干什么或不是每个学生都有任务要完成；

● 哪怕教师给出了明确的指令，还是有些小组开小差。

全员参与的小组讨论：发出明确的教学指令

 培训要点

当前困境

整个小组都在开小差，因为学生们不知道要干什么或不是每个学生都有任务要完成。

行动步骤

清楚地说明小组讨论的每个操作步骤：

● 使小组讨论清晰可见或易于观察（例如，提供需要填写的建议、需要记录的笔记、需要创建的产品等）；

● 为每个学生设定一个角色（小组人数不得大于完成手头的任务所需要角色的数量）；

● 在教学指令中规定时限，描述各个小组在每个时间节点后应该实现的基本目标。

行动步骤概述

当学生们被分成小组进行讨论时，教师需要比以往更加明确而清晰地告诉他们需要做什么。做到了这一点，即使教师没能时刻监督，他们也可以按照要求完成小组讨论（同时教师也可以在小组没有能够按照要求进行讨论时迅速发现问题）。确保做到这一点的最佳方法是明确说明小组讨论的任务。通过讲解每个步骤的具体要求，学生们更容易遵守规则，教师更容易监控学生们是否按照要求开展讨论。

关键领导力行动	
探索性提问	• "你希望学生们在小组讨论期间做什么？如果成功地进行小组讨论，他们会得到什么结果？" • "你需要为学生们创建多少个角色才能够让他们顺利地完成小组讨论？基于此，每个小组的人数应该是多少？" • "最难执行的部分是什么？你可以创建哪些可视证据，以便教师可以更容易确保小组讨论的正常进行？"
计划和练习	• 引导教师完成小组讨论的精准教学指令的编写。 • 需要着重考虑可视化证据。例如，如果学生们正在讨论一个信息丰富的文本来了解什么叫做特征描述，请让学生们把自己的想法写到白板或黑板上。如果学生能够按照要求这么做，那么教师可以迅速扫描全班，并了解每个小组的进度。如此就产生了可视化的任务效果，这比学生单纯的口头描述要更有效。 • 教师需要练习如何下达明确的小组讨论的教学指令。
实时反馈	• 亲自示范：示范如何提供明确的小组讨论的教学指令。

全员参与的小组讨论：监督小组讨论的进展并通过口头指令来强调小组的责任

 培训要点

当前困境

哪怕教师给出了明确的指令，还是有些小组开小差。

行动步骤

- 监控小组进展的可视证据：
  - 每5到10分钟检查一下各个小组的进度。
- 口头强调个体学生和小组的责任：
  - "你们小组已经落后5分钟了，请加快速度。"
  - "布兰登，要专心！"

行动步骤概述

尽管有明确的教学指令，有些学生还是会开小差。避免这种情况的第一步操作就是通过教师雷达来发现这群学生，这个步骤可以在上一个步骤的可视化证据中完成。第二步操作是实际监控这些学生的可视化证据并将整个小组或个别学生拉回正轨。在这里，教师培训的关键就在于养成教师每隔五分钟就扫描一下各个小组进展的习惯（不要在指导一个小组的时候花太长时间），并事先准备好快速应对策略，来将开小差的小组拉回正轨，或对个别开小差的学生进行一对一指导。

教学指导员的快速提示："你们现在应该解决这个问题了"

如何管理小组讨论是我们必须经常培训我们的老师学会去做的事情。如果你只是简单地对学生说，"请跟你的搭档一起完成这个导入练习"，然后就让学生自己去摸索，那么等你稍后巡视课堂的时候就会发现，他们只完成了第一道题。相反，想一想你希望学生们完成多少个问题，并将导入练习拆分成几个较小的部分。这样，当你在巡视课堂时，你可以说，"你们现在应该解决这个问题了，如果你们还没有做到这个问题，那么请加快速度"。

惠特尼·赫维茨，校长，得克萨斯州达拉斯市

关键领导力行动	
探索性提问	• "尽管你已经发出了高质量的教学指令，今天依然有几个小组没有按照要求完成任务。你有没有注意到他们是什么时候开始开小差的？" • "回顾你之前学到的教学行动步骤，你可以提供什么样的小组重置或一对一纠正的方法，将小组或个人拉回正轨？" • "在哪些小组中，一些学生承担了更多的工作？你可以采取什么措施来解决这个问题？"

（续表）

关键领导力行动	
计划和练习	• 这个练习实际上就是要求教师整合在前面阶段学到的各项教学技能。从第二阶段开始，教师可以结合有效监控（教师雷达和积极监控，但这一次应用的对象是小组的学生）的技能；从第二阶段和第三阶段开始，教师可以结合全班重置（但这一次只针对单个小组进行）或个别学生的一对一纠正。 • 为了进行监控，可以将教师希望在课堂的每个阶段看到学生做的事情——无论是在图表中，还是在学生的笔记本上，以小组成果的形式展示出来。这将确保教师可以进行有效监控。 • 为了进行重置，逐字逐句地编写进行有效全班重置或个别更正的教学指令。教师们很可能已经掌握了这个技巧，只需要教学指导员提示他们将这些技能用于小组讨论。因此，可以结合这些操作步骤中的所有关键内容使用。 • 监督小组讨论，并练习个别更正和全班重置。
实时反馈	• 非语言提示或耳语提示：找出开小差的小组。

表6-3　全班参与的小组讨论的培训策略

行动步骤	何时使用	探索性提问	练习的场景	提供实时反馈的信号
发出明确的教学指令	整个小组都在开小差，因为学生们不知道要干什么或不是每个学生都有任务要完成。	• "你希望学生们在小组讨论期间做什么？如果成功地进行小组讨论，他们会得到什么结果？" • "你需要为学生们创建多少个角色才能够让他们顺利地完成小组讨论？基于此，每个小组的人数应该是多少？" • "最难执行的部分是什么？你可以创建哪些可视证据，以便教师可以更容易确保小组讨论的正常进行？"	• 完成小组讨论的精准教学指令的编写。 • 需要着重考虑学生们正在完成任务的可视化证据，让教师们可以更容易监控小组讨论（例如，学生们将自己的想法以图表形式写在白板上）。	• 亲自示范：示范如何提供明确的小组讨论的教学指令。

（续表）

行动 步骤	何时 使用	探索性提问	练习的场景	提供实时 反馈的信号
监督小组讨论的进展并通过口头指令来强调小组的责任	哪怕教师给出了明确的指令，还是有些小组开小差。	• "尽管你已经发出了高质量的教学指令，今天依然有几个小组没有按照要求完成任务。你有没有注意到他们是什么时候开始开小差的？" • "回顾你之前学到的教学行动步骤，你可以提供什么样的小组重置或一对一纠正的方法，将小组或个人拉回正轨？" • "在哪些小组中，一些学生承担了更多的工作？你可以采取什么措施来解决这个问题？"	• 将教师希望在课堂的每个阶段看到学生做的事情计划出来。 • 为了进行重置，逐字逐句地编写进行有效全班重置或个别更正的教学指令。可以结合这些操作步骤中的所有关键内容使用。 • 监督小组讨论，并练习个别更正和全班重置。	• 非语言提示或耳语提示：找出开小差的小组。

暂停并思考

在给新教师进行第四阶段的教学管理技能培训时，你会优先选择哪三项技能进行培训？

_____

_____

_____

引导学生讨论入门

表6-4　第四阶段精准教学技能培训速查表

如果教师存在下列问题	请跳到
再次教学进阶（教师引导的讨论）	
无法引导学生的课堂讨论专注于学生常见的误解	展示和询问
无法确保学生在认识到自己的错误之后知道应该做什么	确定学生的理解并提供实战演练的机会
通用型提示	
不能在遇到一个挑战性的问题后给学生足够的时间来回应	预留等待时间、提问预告、重复错误答案
不知如何找出学生给出错误答案的原因	促使学生进一步解释
不知道如何让那些一开始回答错误的学生给出正确的答案	要求学生修改错误答案
培养讨论的习惯	
不能在学生自己搞清楚之前保证不在自己对学生的回应中透露学生答案的正误	保持中立的态度
无法让学生即使在同意对方答案的情况下也能继续提供相互联系的答案	表达认同并进一步拓展
无法让学生以一种相互尊重的态度来表达观点的不同	以尊重的方式表达不认同

第四阶段培训范围和顺序见表6-1。

第四阶段精准教学技能培训

在美国的每一次总统选举过程中，我们都能看到大量的总统竞选辩论——从初选一路辩论到选举结果公布的前几天。这些辩论让我们有机会看到各个候选人如何回答关于他们当选总统之后会做什么等重要问题。

我们大多数人在辩论形式中最看重的是能够看到候选人相互辩论，批评对方的立场并尝试提供更好的选择。辩论者表现得越好，他就越能够将辩论变为对他有利。

这种充满挑战的对话不仅对观看者来说是一场盛事，还能够帮助辩论者打磨自己的思维。我们必须更加努力地以这种方式来了解世界，即通过考虑他人的观点来检验我们自己的观点。我们不会从手边的基本事实的片面解释中学习，我们需要从对话和讨论中学习。

在总统辩论中经常被忽视的一个组成部分是主持人的角色。如果主持人能力不足，辩论双方就会进行过多不必要的反复驳斥，导致辩论的质量下降。当高水平的主持人管理辩论的过程时，你会注意到他很少打断发言者、请另外一方来回应，但可以在关键时刻提出关键问题来推动辩论的进展。而且，当辩论进展顺利时，你根本不会注意到主持人的存在，因为你全部的注意力都被辩论本身吸引了。

高质量的学生讨论也是同样的道理。课堂讨论可以变得如此热烈，以至于你可能会认为它的发生需要特定的环境，但事实并非如此。没有老师的有效调节，学生可能会在一个非常肤浅的层面上进行讨论，无法使用有效的证据或很少相互驳斥对方的某些意见。熟练的主持人将以未经训练的外行人注意不到的方式，来提升对话和讨论的深度和广度。这就是第四阶段精准教学的目标：学习提高讨论质量的技能。

核心理念

改变学生说话的方式，就是改变他们思考的方式。
学生讨论的质量是通过学生说话的质量而非教师话语的质量来评判的。

在第四阶段的精准教学培训中，教师将承担成为学生讨论的熟练主持人的任务。通过让我们的学生在很小的时候就开始进行讨论，我们将赋予他们进

行提问和倾听的终身能力，并帮助形成他们自己的世界观，帮助他们在思想和独立之间实现平衡。

再次教学进阶（教师引导的讨论）

> **教师职业化发展目标**
>
> **再次教学进阶（教师引导的讨论）**：让学生自己发现问题并提出解决方案。

如果再次教学入门专注于再次教学的第一个目标（亲自示范），那么再次教学进阶是一个值得注意的进步。这将是一个美妙的时刻，前提是老师可以开始利用学生自身的专业知识来帮助他们在课堂上实现理解。这对老师和学生来说都是非常有用的。最简单的教学技能就是展示和询问，即将某个学生的作业展示给其他学生看，并以此推动学生讨论。这是教师实施积极监控后的自然操作——有针对性地展示学生的作业，可以使学生们的讨论集中在纠正错误和加深理解上。这个操作可以与确定学生的理解并给予学生进行练习的机会相结合。而取得的成果将是学生的积极讨论和学习，在这个过程中，学生进行的相互指导将达到前所未有的程度。

下面是通过教师引导的讨论可以解决的问题：

- 很多学生都不能找出自己理解错误的地方；
- 学生们能够提供有局限性的问题答案，但很难给出一个示范性的答案；
- 教师试图利用学生的作业，但不能引导学生围绕拿来示范的作业展开讨论；
- 学生能够找出自己的错误，但不能明确表达自己要做什么来预防此类错误；
- 学生在找出自己的错误或学习新内容之后，没有时间来检验全新的理解。

再次教学进阶：展示和询问

 培训要点

当前困境

- 很多学生都不能找出自己理解错误的地方；
- 学生们能够提供有局限性的问题答案，但很难给出一个示范性的答案；
- 教师试图利用学生的作业，但不能引导学生围绕拿来示范的作业展开讨论。

行动步骤

展示和询问：展示学生的作业（正确的或错误的示范），并要求学生找出答案正确或错误的原因。

行动步骤概述

使用学生作业的核心逻辑是让学生找出自己的错误或同伴正在使用的有效策略，以帮助他们自己进行练习。展示和询问法有两个关键之处，顾名思义，就是展示和询问。展示意味着挑选正确的学生作业向全班展示（如何选择完全取决于教学的重点）。询问指的是提出正确的问题，并呼吁正确的学生来开始对话。下边是一个来自一位校长和教师安德鲁·莎舍（Andrew Schaefer）的示例。他正在跟四年级的学生一起理解分母在分数中的重要性。学生们正在通过下面这个旗帜来学习：

学生们被问到这样的问题："每种颜色的旗帜占据的比例是多少？"在他

们的独立练习中，大约一半的学生说"1/3"，而另一半说"1"。于是安德鲁向学生展示了关于这个问题的三种不同解题思路，并在讲解完之后，让学生们转身对话，讨论哪种思路是对的。在这之后，他再次提问："你现在认为哪种答案是对的？"此时学生们都可以给出正确答案："三分之一的黑色、三分之一的白色和三分之一的灰色。"

让学生可以同时看到正确和错误答案，有利于他们有机会自己找出错误。

教学指导员的快速提示：让学生的作业可视化

我最经常给教师布置的三个操作步骤是：将学生的作业放到黑板/文档显示器上让所有的学生都可以看见；问学生他们有何想法；指出所展示作业的优点。这个操作大大提高了教学的精准性。我强调教师们应该让学生从"优秀读者"的角度来评论展示和询问操作中展示出来的作业。例如，"××和××做了什么让他们成为优秀的读者？××和××还需要做什么才能成为优秀的读者？"

安德里亚·帕默·科林伯德，教学培训师，纽约州布鲁克林区

关键领导力行动	
探索性提问	• "教师通过展示学生的作业来启动课堂讨论有何价值？如何做到这一点？" • "在解决这些问题或完成这些类型的任务时，你的学生经常会犯什么错误？" • "在检查学生的作业时，你发现他们需要更多地了解什么信息？是来自同伴的一个示范性答案，还是他们犯的错误？" • "学生能够提供的理想答案是什么样的？"

（续表）

关键领导力行动	
计划和练习	• 遵循每周数据会议的操作（参见第三阶段的培训要领）。 • 找到用来进行展示和询问的最佳学生答案。查看随堂测试的结果并选择一个最优秀的示范性答案，以及一个具有代表性的错误答案，或者能够代表许多学生正在犯的错误的不完整答案。 • 编写展示和询问的操作步骤：(1) 展示学生作业（要么是示范性答案，要么是不正确的答案，或两者均展示）；(2) 转身对话：要求学生对展示的答案进行评估；(3) 教师引导全班学生进行讨论：指出错误和最好的做法。 • 编写和演练教师在指导时需要使用的表述： 　– "在我检查你们的作业时，我注意到以下策略（展示作业）……（那个学生）做了什么来解决这个问题？你认为她为什么使用这个策略？"
实时反馈	• 耳语提示：在独立练习期间，找到一个或多个学生的可以被教师用来进行展示和询问活动的作业样本。询问教师打算用哪些学生的作业来进行展示。如果教师的选择不得当，则可以向他展示你选择的作业并简要解释原因。

再次教学进阶：确定学生的理解并提供实战演练的机会

 培训要点

当前困境

• 学生能够找出自己的错误，但不能明确表达自己要做什么来预防此类错误；

• 学生在找出自己的错误或学习新内容之后，没有时间来检验全新的理解。

行动步骤

• 确定学生的理解：

　– "在解决类似问题时，需要记住哪些关键内容？"或"有没有人可以提供规则？"（学生用自己的话来表述）

• 为学生提供实战演练的机会：为学生提供在教师指导下进行练习的机会。

行动步骤概述

一旦你选择了适当的学生作业并开始讨论，关键是要确定你希望学生能够掌握的关键理解——我们称之为"盖章确认"。完成这个步骤之后，给学生们时间进行练习——就这么简单！

关键领导力行动	
探索性提问	• "在学生们找出所展示作业中的错误或正确策略后，你希望他们能够确定的关键理解是什么？理想的答案会是什么样的？" • "如果我们希望给学生提供机会来掌握这一新策略或理解，最佳的实践形式是什么？"
计划和练习	• 在确认学生理解的时候，最重要的事情是教师要清楚地表达自己希望看到什么，将这个关键的理解写到黑板上让所有的学生都可以看到。 • 为学生提供更多的实践练习的机会——这个任务在课程规划的过程中就可以简单地完成。我们只需要在课程规划中确保有足够的时间来进行练习即可。
实时反馈	• 亲自示范：如果教师没有立即确定学生对关键内容的理解，请教学指导员立即介入并确保学生掌握了相关概念。 • 非语言提示：给教师发出信号，提示他应该进行学生自主练习了。

表6-5　再次教学进阶的培训策略

行动步骤	何时使用	探索性提问	练习的场景	提供实时反馈的信号
展示和询问	很多学生都不能找出自己理解错误的地方；教师试图利用学生的作业，但不能引导学生围绕拿来示范的作业展开讨论。	• "教师通过展示学生的作业来启动课堂讨论有何价值？如何做到这一点？" • "在解决这些问题或完成这些类型的任务时，你的学生经常会犯什么错误？" • "在检查学生的作业时，你发现他们需要更多地了解什么信息？是来自同伴的一个示范性答案，还是他们犯的错误？" • "学生能够提供的理想答案是什么样的？"	• 遵循每周数据会议的操作（参见第三阶段的培训要领）。 • 找到用来进行展示和询问的最佳学生答案。查看随堂测试的结果并选择一个最优秀的示范性答案，以及一个具有代表性的错误答案，或者能够代表许多学生正在犯的错误的不完整回答。 • 编写操作步骤：（1）展示学生作业（要么是示范性答案，要么是不正确的答案，或两者均展示）；（2）转身对话：要求学生进行评估；（3）教师引导全班学生进行讨论：指出错误和最好的做法。 • 演练事先编写好的操作过程。注意保持语言的凝练。	• 耳语提示：在独立练习期间，找到一个或多个学生的可以被教师用来进行展示和询问活动的作业样本。询问教师打算用哪些学生的作业来进行展示；如果教师的选择不得当，则可以向他展示你选择的作业并简要解释原因。
确定学生的理解并提供实战演练的机会	学生能够找出自己的错误，但不能明确表达自己要做什么来预防此类错误；学生在找出自己的错误或学习新内容之后，没有时间来检验全新的理解。	• "在学生们找出所展示作业中的错误或正确策略后，你希望他们能够确定的关键理解是什么？理想的答案会是什么样的？" • "如果我们希望给学生提供机会来掌握这一新策略或理解，最佳的实践形式是什么？"	• 练习如何确定学生的理解：明确地表达教师希望看到学生提供什么样的答案，将这个关键的理解写到黑板上。 • 在课程计划中融入更多供学生练习新技能的机会。	• 亲自示范：如果教师没有立即确定学生对关键内容的理解，请教学指导员立即介入并确保学生掌握了相关概念。 • 非语言提示：给教师发出信号，提示他应该进行学生自主练习了。

通用型提示

在任何社会中，都有一些其公民自动知道的社会惯例，这些惯例最终成为了集体的习惯。例如请求他人帮忙时礼貌地说"请"和"谢谢"，握手和等所有人都就座之后再动筷子，等等。我们会不假思索地重复所有这些行动。通过养成这些习惯，我们可以更多地关注交流和对话的质量，而不需要花费精力来研究如何才算是表现得当（如果你曾经身处一个不知道什么才是正确的礼节的环境，那么回想一下要专心交谈有多么困难，因为你全部的精力可能都放在不要丢脸或不要搞砸事情上）。

通用型提示就是保证课堂讨论质量的"请"和"谢谢"。学会使用通用型提示是教师可以掌握的技能，它让教师们有更多的时间来审视学生讨论的质量。在学生养成使用通用型提示中的习惯之后，教师可以继续提供更多更复杂的提示（参见第七章中对战略型提示的讨论）。这些最基本的提示能够给你带来很大的好处，并且无论你的培训进行到什么阶段，你都可以使用。本节描述的通用型提示适用于任何学科领域，也适合于那些能够在特定主题中提供更具体提示的教师。

通用型提示可以解决课堂讨论中的下列问题：

- 在提出具有挑战性的问题之后，教师太快进入下一环节，没有给学生足够的时间来回答这个问题；
- 教师不知道为什么学生会回答错误；

● 在一个学生给出错误答案后，教师提问了另外一个学生，没有先纠正前面一个学生的错误。

通用型提示：预留等待时间、提问预告、重复错误答案

培训要点

当前困境

在提出具有挑战性的问题之后，教师太快进入下一环节，没有给学生足够的时间来回答这个问题。

行动步骤

● 在提出挑战性的问题后等候一段时间。

● 提问预告：让需要更多时间准备的学生知道你下一个会点他来回答问题。例如："黑板上有两个问题。杰瑞德将回答第一个问题。阿丽莎，我会点你来回答第二个问题，请做好准备！"

● 重复错误答案：将错误的答案向学生重复一遍（这既给学生提供了思考的时间，也给教师提供了构思解决方案的时间）。例如："你刚刚说16的平方根是5？"（给时间让学生反应一下，看看他能否意识到自己的错误。）

行动步骤概述

有时候，最强大的提示是不提供任何提示，你只需要给对方时间来思考即可。和成年人一样，在解决特别具有挑战性的问题之前，学生需要时间来理顺思路。前面三个行动步骤策略中的每一个都做到了这一点，即确保学生有足够的时间思考。第一个策略：给出挑战后等待一段时间是最简单的（教师只需要安静地等候即可）；第二个策略对于那些只需要一点额外处理时间的学生来说非常有帮助；第三个策略也同样简单而有效，它允许教师和刚刚发言的学生

以及教室里的每个其他学生能够在评估答案和整理思路之后推动课堂讨论（这些策略不能解决所有问题，但它们是一个良好的开始。此阶段的后续行动步骤将缩小正误答案之间的差距）。这些行动的操作关键在于如何规划这三个策略的整合使用。

教学指导员的快速提示：在提供等候时间的同时给予"温馨提示"

应对那些成绩不太好的学生时，我的一位老师经常会省掉等待学生反应的时间，尤其是那些接受个别化教育计划（Individualized Educational Plan，简称IEP）的学生。随着时间的推移，在她的课堂上，学生们不知不觉地养成了在教师提问之后保持沉默而不回应的习惯。一旦这种情况出现，教师自己会很着急地用自己的答案来填补沉默和尴尬。于是我们在办公室里练习提问，要求教师不要着急地自问自答。我们练习如何积极地重新表述问题，向学生们表明教师知道他们可以回答问题，然后再次提出问题。我们的不同之处在于，我先给全班同学一个转身对话的机会，再去跟学生沟通，帮助他们准备问题的答案（也就是温馨提示），然后告诉全班学生写下一些想法来帮助这个学生回答问题。在我们练习时，我扮演了一个我们都认识也很喜欢的学生，这个学生的特点是非常擅长用沉默来回应教师的提问。就是在这个时候，这个教师意识到自己急于自问自答，也意识到自己的做法不是很妥当。自那之后，当学生避免回答问题时，教师也做好了要求学生负责的准备；并在学生愿意回答时，力图确保他们能够成功给出正确的答案。

丽贝卡·奥特顿（Rebecca Utton），教学主管，科罗拉多州丹佛市

关键领导力行动	
探索性提问	• "除了不知道答案之外，还有什么原因可能会导致学生不能够在你提出问题的时候立刻回答？" • 亲自示范，提问："我采取了什么操作步骤？为什么这些步骤能够产生效果？" • "重复学生的答案有什么用？为什么不直接纠正他们的错误？" • "哪些学生需要比其他人更多的时间来组织答案？哪些人会受益于预先给他们足够的思考时间？"
计划和练习	整合这三种技能，并进行实践： • 提供等待的时间：要求教师找出需要更多时间思考的高难度问题。编写教师在等待时间发出教学指令的具体表述。（例如："这个答案需要强有力的证据。在我们等待的时候，请大家找一找这些证据。"） • 提问预告：让教师先找出哪些学生能够从提问预告中受益。正常情况下，肯定不会是全部学生。从课程计划中选择特别适合在讨论环节提问这些学生的问题，编写教师在提问预告时需要用到的表述。要求教师练习提问预告的问题和流程，这样教师就能够体会到应该如何将提问预告融入到提问流程中。 • 重复学生的错误答案：让教师演练下一次课的提问顺序。在角色扮演的练习中，教学指导员扮演学生的角色，并给出能教师可以有效地练习重复错误答案这个操作步骤的答案。在完成这个操作后，让教师继续演练后续的教学过程。
实时反馈	• 非语言提示：创建并使用一个提示教师准备等待时间的信号（例如，用举手表示暂停）。 • 亲自示范：将错误答案重复给回答问题的学生，亲自为教师示范如何操作。

通用型提示：促使学生进一步解释

 培训要点

当前困境

教师不知道为什么学生会回答错误。

行动步骤

提出通用型问题来鼓励学生进行详细说明：

- "可以告诉我更多信息吗？"
- "你为什么会这么想？"
- "你怎么知道的？"
- "为什么这很重要？"

行动步骤概述

在一个学生回答错误后，很多老师会继续教学流程——要么自己给出正确的答案，要么点另一个学生起来回答。然而，这么做就意味着失去了一个至关重要的机会。如果我们不知道为什么学生会得出错误的答案，我们就无法帮助学生纠正错误。当教师接受正确答案而没有解释时，同样的问题也会发生。因为学生可能是碰巧回答正确，这就意味着他的成功是不可复制的。使用通用型提示可以帮助教师理解学生的思维。这些提示非常有益，它们不但可以让教师有更多时间来诊断学生的错误，而且可以让学生更有效地了解他们的同伴。除此以外，它们还能够让教师抛弃"自作多情"的思想——将自己的想法强加在学生的思维上，并将思考的任务留给学生。针对特定的内容，肯定还有很多相对应的方式来纠正错误，但通用型提示在任何内容领域都能被很好地运用，这使得它成为了一个功能强大且简单的教学工具。

教学指导员的快速提示：在课程规划中提前编写好通用型提示

在我们学校，我们一直在努力学习如何让学生认真学习困难的学术内容。我们在教室的墙上发布了这些提示，但最终真正有效的是三个通用的提示，我们将其战略性地编写到了教师的课程规划中，并对可以使用这些提示的教学流程进行了演练。虽然课堂讨论不一定按照我们的设想进行，但教师们也养成了使用这些教学提示的习惯。通过这样做，我们的学生迅速变成了更投入的学习者，我们的教师也能够更好地引导更有深度的讨论。

斯泰西·谢尔斯（Stacey Shells），教学主管，伊利诺伊州芝加哥市

关键领导力行动	
探索性提问	• "当学生给出了错误的答案之后，接下来要做什么？你如何确定那个学生在课程结束后就能够获得正确的理解？" • "让我们看一看这些通用型提示。使用这样的提示有何益处？" • "在你的课程中可以使用一个或多个类似的通用型提示吗？"
计划和练习	• 与教师一起挑选可以开展课堂讨论的下一次课程。预测将从通用型提示中受益的学生可能给出的答案类型，包括可能的错误答案和解释有限的正确答案。 • 作为教学领导，扮演下面三种不同的学生角色：一个是提供了错误答案的学生；另外两个是提供了解释有限的正确答案的学生。通过角色扮演练习讨论的过程，教师要练习如何使用每一个通用型提示。最后，询问教师对学生理解情况的看法，以了解教师诊断学生错误的能力。

通用型提示：要求学生修改错误答案

 培训要点

当前困境

在一个学生给出错误答案后，教师提问了另外一个学生，没有先纠正前面一个学生的错误。

行动步骤

画上圆满句号：在纠正学生的错误之后，回到犯错的学生旁边，要求他们修改自己的答案。

行动步骤概述

有时候教师不得不在一个成绩较差的学生得到正确的答案之前放弃等待，继续下一步教学流程。然而，当这种情况发生时，如果教师在其他学生努力确定正确的答案之后，能够再回到这个学生的旁边，确保这个学生成功地跟随教师的指令，并学会了如何自己解决这个问题，那么学生的学习将会受益最多。这是一个被高度低估和未充分利用的行动，却对学生学习非常有价值。回想一下我们在前文中看过的高中历史老师雷恩·米勒。在通过讨论解决了错误之后，他又回到了犯错的学生旁边，并确保他们根据新的理解修改了自己的错误答案。

关键领导力行动	
探索性提问	• "当学生昨天给出错误的答案时，你接下来做了什么？你怎么知道学生是否明白为什么他错了？你下次可以怎么做？" • 亲自示范，提问："我是如何保证学生在最初犯错后能真正学到东西的？"
计划和练习	• 通过角色扮演练习下一次课的提问顺序。教学领导扮演不同学生的角色，让教师有机会练习回过头去跟第一个被提问的学生确认其理解的全过程。
实时反馈	• 耳语提示："回到X学生身边，以确保他的理解。" • 亲自示范："杰瑞德，为什么那个答案是正确的？"

表6-6　通用型提示的培训策略

行动步骤	何时使用	探索性提问	练习的场景	提供实时反馈的信号
预留等待时间、提问预告、重复错误答案	在提出具有挑战性的问题之后，教师太快进入下一环节，没有给学生足够的时间来回答这个问题。	• "除了不知道答案之外，还有什么原因会可能导致学生不能够在你提出问题的时候立刻回答？" • 亲自示范，提问："我采取了什么操作步骤？为什么这些步骤能够产生效果？" • "重复学生的答案有什么用？为什么不直接纠正他们的错误？" • "哪些学生需要比其他人更多的时间来组织答案？哪些人会受益于预先给他们足够的思考时间？"	整合这三种技能，并进行实践： • 提供等待的时间：找出需要更多时间思考的高难度问题；编写教师在等待时间发出教学指令的具体表述。（例如："这个答案需要强有力的证据。在我们等待的时候，请大家找一找这些证据。"） • 提问预告：找出哪些学生能够从提问预告中受益。从课程计划中选择特别适合在讨论环节提问这些学生的问题。 • 重复学生的错误答案：通过角色扮演练习下一次课的提问顺序。给出教师可以有效地练习重复错误答案这个操作步骤的答案。在完成这个操作后，让教师继续演练后续的教学过程。	• 非语言提示：创建并使用一个提示教师准备等待时间的信号（例如，举手作为暂停的标志）。 • 亲自示范：将错误答案重复给回答问题的学生，亲自为教师示范如何操作。

（续表）

行动步骤	何时使用	探索性提问	练习的场景	提供实时反馈的信号
促使学生进一步解释	教师不知道为什么学生会回答错误。	• "当学生给出了错误的答案之后，接下来要做什么？你如何确定那个学生在课程结束后就能够获得正确的理解？" • "让我们看一看这些通用型提示。使用这样的提示有何益处？" • "在你的课程中可以使用一个或多个类似的通用型提示吗？"	• 计划下一次课程：预测将从通用型提示中受益的学生可能给出的答案类型。 • 扮演下面三种不同的学生角色：一个是提供了错误答案的学生；另外两个是提供了解释有限的正确答案的学生。通过角色扮演练习各个提示的使用。	无
要求学生修改错误答案	在一个学生给出错误答案后，教师提问了另外一个学生，没有先纠正前面一个学生的错误。	• "当学生昨天给出错误的答案时，你接下来做了什么？你怎么知道学生是否明白为什么他错了？你下次可以怎么做？" • 亲自示范，提问："我是如何保证学生在最初犯错后能真正学到东西的？"	• 通过角色扮演练习下一次课的提问顺序。教学领导扮演不同学生的角色，让教师有机会练习回过头去跟第一个被提问的学生确认其理解的全过程。	• 耳语提示："回到 X 学生身边，以确保他理解。" • 亲自示范："杰瑞德，为什么那个答案是正确的？"

培养讨论的习惯

教师职业化发展目标

培养讨论的习惯：教授并为学生示范如何养成有利于强化课堂讨论的习惯。

在全国各地的学校中，学生评分最低的教学领域是课堂讨论。很多时候，教育工作者认为，只是通过说话"参与"讨论就足以获得满意的成绩，哪怕

所谓的参与是冗余的或贫乏的。一个学生可能在其他学生发言之后进行评论，但其评论基本上重复了第一个学生所说的内容；另外一个学生会提出一个富有洞察力或相关的评论，但根本无法表明他听到或理解了前一个学生所说的话。因为学生没有掌握相互促进和推动的技能，所以他们的讨论永远都无法更进一步。

教师如何确保学生在讨论中能够积极贡献，而不仅仅是被动参与？通过培养学生的讨论习惯。我和同事们用这个表述来描述高级别对话和讨论中的技巧，即以有意义的方式表达对他人的认同，以尊重的方式表达对他人的不认同，以及将学术对话推向更深层次。所有这些都是可学的技能，即使是我们年纪最小的学生也可以掌握。

一线教师实践反馈：为学生提供自我反思的时间

虽然需要大量的时间和实践，但我们的教师已经训练我们的学生要在讨论中学会使用提示，能够彼此相互促进，并在尊重对方的基础上表达不同意见。我们在全校范围内设立了讨论的章程，而且我们的教师也会在讨论开始之前和进行过程中反复强调讨论的良好习惯。但直到我们在全班讨论后提供了学生反思时间，我们的学生才真正内化了这个流程。在全班讨论之后，我们的教师要求学生反思他们的讨论，并将他们自己和同学的讨论习惯与我们全校的讨论习惯进行比较。学生可以快速提供反馈，并确定他们依然需要改进的课程内容。当学生花时间思考时，他们会对自己和同伴负责，全班讨论的质量也会迅速提高。

格雷格·达顿（Greg Dutton），校长，纽约州皇后区

无论学生处于哪个年级，教师在尝试作为课堂讨论的促进者的早期阶段，最容易遇到下面三个挑战，而且会极大地阻碍学生产生高质量的讨论：

* 在学生以小组为单位发现自己提供的答案是正确的还是错误的之前，教师对他们所提供答案的反应暗示了答案的正误（例如："你确定答案是正确的吗？你们检查了自己的作业吗？"）；

- 即使是在相互认同的情况下，学生们提供的答案仍互不相关；

- 学生们要么不表达对同班同学的不同意见，要么就是不能以尊重的方式表达不认同。

我们在这里呈现的讨论习惯能够帮助解决这些问题，并为有效的学术讨论打下最为重要的坚实基础。

培养讨论的习惯：保持中立的态度

 培训要点

当前困境

在学生以小组为单位发现自己提供的答案是正确的还是错误的之前，教师对他们所提供答案的反应暗示了答案的正误。

行动步骤

保持中立态度，或者管理好自己的表述：不要在自己的反应中提示学生答案的正误。

行动步骤概述

教师常常因为在学生们自己找出正确答案之前就提示了正确答案，而无意中减少了课堂教学的精准性。当学生提供的答案正确时，教师可能会点头或微笑；当答案错误时，教师可能会提出疑问，例如："二加二等于五？你确定吗？"（这会引导学生意识到自己的答案是错误的。）通过保持表述的中立性，教师可以允许学生自己找到对教学内容的概念性理解，而不是简单地猜测教师的反应。

教学指导员的快速提示：暂时隐藏兴奋的情绪

当我们尝试实施培养学生讨论习惯的教学操作时，对我们的老师来说，最关键的一个步骤就是确保他们对学生给出的答案保持中立的态度——优秀的答案通常会让教师感到兴奋。但讨论的真正目的是让学生学会评估答案的质量，而不是老师。所以，为了很好地执行这个行动步骤，我们进行了专门的教师职业化发展培训，训练老师在其他人给出完美的回答时依然能够保持中立。而这个过程比我们想象中更难执行！

莎拉·赫格德（Shara Hegde），教学主管，加利福尼亚州圣何塞市

关键领导力行动	
探索性提问	• "回想一下我们最近针对培养学生讨论习惯的教师职业化发展培训的内容，我们希望学生养成讨论习惯的目的是什么？" • 观看该教师的课堂录像，提问："我希望你看看自己的反应，包括语言的和非语言的。把你对学生正确答案和错误答案的反应对比一下。有没有什么不同？你的不同反应如何限制了讨论的有效性和精准性？" • "为了确保你对正确和错误答案的反应是一样的，你应该采取的关键行动是什么？"
计划和练习	• 要求教师想一想如何在学生给出答案时保持自己的中立反应。下面是保持中立反应的一些关键做法： 　– 保持眉毛的中立（当我们做出积极或消极的反应时，我们常常扬起眉毛或皱眉。保持眉毛不动，保持面部表情的中立）； 　– 要么在听到学生答案之后一律点头，要么不管如何都不点头； 　– 每次听到学生答案之后，说的话的长度应该一样（尽量不说或少说）； 　– 提供等待的时间：明确表示你希望学生而不是教师来评判答案的正误。
计划和练习	• 在练习了中立反应的各个部分之后，通过角色扮演练习一个提问的流程。教学领导扮演学生的角色，给出一系列错误的答案，让老师练习保持中立。让老师提示学生利用讨论的习惯进一步推动对方的观点："你是否认同茱莉亚给出的答案？"

培养讨论的习惯：表达认同并进一步拓展

 培训要点

当前困境

即使是在相互认同的情况下，学生们提供的答案仍互不相关。

行动步骤

教会学生如何在认同他人观点的基础上继续拓展："我同意××的说法，并且想补充一下……"

行动步骤概述

作为成年人，我们大多数人能够在交流过程中自动表达对他人的认同。然而，许多学生，特别是我们最年轻的学生，尚未学会这种习惯。甚至对于那些已经这样做过的学生来说，让他们在自己认同的观点上添加信息或进一步拓展，依然是一件很有挑战性的事（对许多成年人来说也是如此）。让学生掌握这项技能是促进有意义的课堂讨论的重要基础。对于年龄较小的学生来说，这通常意味着教会他们在表达对同伴的认同时使用"我同意_____，因为……"等表述；对于已经知道要在表达对同伴的认同时给出类似陈述的学生，如果他们开始发表的评论与之前所述的内容无关，教师可能只需要问他们："你是否同意_____的观点（上一个发言的学生的姓名）？"

关键领导力行动	
探索性提问	• "当学生需要表达对同伴观点的认同时，你希望学生能够提供的理想表述是什么？你如何才能够让他们在当时做到这一点？" • "让我们假设一下，如果X学生分享了他的答案，而下一个学生直接重复了这个答案。那么学生们需要学会什么才能够在其他人的答案上进一步拓展？"

（续表）

关键领导力行动	
计划和练习	• 编写能够让学生相互拓展彼此观点的提示，例如："我同意_____，我想补充一点……"然后通过角色扮演练习课堂讨论的操作。其中教学领导扮演学生的角色，而教师则练习如何提示你要在他人的观点上进一步拓展。 • 角色扮演练习课堂讨论过程。提示学生要在他人的观点上进一步拓展。
实时反馈	• 非语言提示：将讨论的习惯张贴在教室里；当学生没有使用时，可以指向张贴板。 • 亲自示范："大卫，能否请你使用墙上张贴的讨论的习惯来重新表述一下你的答案？"

培养讨论的习惯：以尊重的方式表达不认同

 培训要点

当前困境

学生们要么不表达对同班同学的不同意见，要么就是不能以尊重的方式表达不认同。

行动步骤

教会学生以尊重他人的方式表达不认同："虽然我认同（你这部分的观点），但我不认同_____的内容，我的理由是……"

关键领导力行动	
探索性提问	• "当学生不同意同伴所说的内容时，你希望学生能够做出什么理想的反应？" • "他们在课堂上的反应与这种理想的反应之间有何差距？" • "你怎么能让他们在那一刻做出理想的行动？"

（续表）

关键领导力行动	
计划和练习	• 编写教学提示，确保学生能够以尊重他人的方式表达对彼此观点的不认同，包括："我不同意＿＿＿＿＿＿（同学的名字）的观点，因为……"或"我同意＿＿＿＿＿，但我不同意＿＿＿＿＿。我的理由是……" • 角色扮演一个课堂讨论，你在其中扮演学生，老师提示你要以尊重的方式表达不同意见。
实时反馈	• 非语言提示：指向贴在教室墙上的提示。 • 亲自示范："劳拉，能否请你使用墙上张贴的讨论的习惯来重新表述一下你的不认同？"

表6-7　培养讨论的习惯的培训策略

行动步骤	何时使用	探索性提问	练习的场景	提供实时反馈的信号
保持中立的态度	在学生以小组为单位发现自己提供的答案是正确的还是错误的之前，教师对他们所提供答案的反应暗示了答案的正误。	• "回想一下我们最近针对培养学生讨论习惯的教师职业化发展培训的内容，我们希望学生养成讨论习惯的目的是什么？" • 观看该教师的课堂录像，提问："我希望你看看自己的反应，包括语言的和非语言的。把你对学生正确答案和错误答案的反应对比一下。有没有什么不同？你的不同反应如何限制了讨论的有效性和精准性？" • "为了确保你对正确和错误答案的反应是一样的，你应该采取的关键行动是什么？"	• 通过角色扮演练习回应学生正确或错误的答案。重点训练教师如何保持中立：保持眉毛中立；无论正误，一律点头或一律不点头；听完每个答案之后，用同样长度的话来回应。 • 结合提供等待时间和讨论的习惯来练习。	无

行动步骤	何时使用	探索性提问	练习的场景	提供实时反馈的信号
表达认同并进一步拓展	即使是在相互认同的情况下，学生们提供的答案仍互不相关。	• "当学生需要表达对同伴观点的认同时，你希望学生能够提供的理想表述是什么？你如何才能够让他们在当时做到这一点？" • "让我们假设一下，如果X学生分享了他的答案，而下一个学生直接重复了这个答案。那么学生们需要学会什么才能够在其他人的答案上进一步拓展？"	• 编写能够让学生相互拓展彼此观点的提示，例如："我同意_____，我想补充一点……" • 角色扮演练习课堂讨论过程。提示学生要在他人的观点上进一步拓展。	• 非语言提示：将讨论的习惯张贴在教室里；当学生没有使用时，可以指向张贴板。 • 亲自示范："大卫，能否请你使用墙上张贴的讨论的习惯来重新表述一下你的答案？"
以尊重的方式表达不认同	学生们要么不表达对同班同学的不同意见，要么就是不能以尊重的方式表达不认同。	• "当学生不同意同伴所说的内容时，你希望学生能够做出什么理想的反应？" • "他们在课堂上的反应与这种理想的反应之间有何差距？" • "你怎么能让他们在那一刻做出理想的行动？"	• 编写教学提示，确保学生能够以尊重他人的方式表达对彼此观点的不认同。 • 角色扮演一个课堂讨论，提示学生要以尊重的方式表达不同意见。	• 非语言提示：指向贴在教室墙上的提示。 • 亲自示范："劳拉，能否请你使用墙上张贴的讨论的习惯来重新表述一下你的不认同？"

暂停并思考

在给新教师进行第四阶段的精准教学技能培训时，你会优先选择哪三项技能进行培训？

_____

_____

_____

◎ 本章小结

回想一下我们在本节开头所提的总统辩论，当我们培训老师们像主持总统辩论的主持人那样促进学生的讨论时，我们实际上是在为学生获得成功的人生辩论做准备。对于某些学生来说，这也可能是总统辩论。对其他人来说，可能是他们必须为之辩护的医学研究；为自己所经营公司提出的新政策；又或者他们成为了教师，必须说服自己的学生在遭遇困难的时候坚持下去。无论我们的学生选择何种人生，让他们掌握能够激发真知灼见的讨论的技能，不仅能很好地为他们当前的学习服务，还能让他们获得更加光明的未来。当我们思考教师需要掌握什么技能时，如果我们能够优先考虑与课堂讨论相关的技能，那么我们就能够让我们的学生成为我们希望看到的领导者。

第七章

开学91天后：激发学生主动思考

    教学是一门极为复杂的艺术，它要求教师每天动态地做出数百个小决定，但每个决定都会影响到孩子们的学习内容。在这种情况下，当我们在日常工作中进行教学和领导时，我们很容易就会忽略本书中提到的行动步骤的价值。因此，如果你和你的教师们已经在教师培训范围和顺序上花费了大量的时间和精力，并且让第一阶段到第四阶段的所有教学操作步骤成为了日常的教学习惯，那么请真诚地祝贺你自己。教师们肩上的重担让这些特殊习惯的影响尤为显著，也正是因为教师们掌握了所有这些技巧和方法，他们才能够让学生们学到更多的知识和内容。

    掌握了这一切的教师可以毫不犹豫地说，他们已经学会了教学的基本技能，他们不再是教育行业的学徒，而是专家。他们需要在日常工作中做出的各种决定将不再是关于自我的学习和成长，而是关乎如何发挥这些技能，使教学工作大放异彩。这是什么意思呢？让我们来看看艺术家米开朗基罗的一节艺术课。

    米开朗基罗，或者欧文·斯通（Irving Stone）在他最畅销的《痛苦与狂喜》（*The Agony and the Ecstasy*）中想象的米开朗基罗在刚开始时，也不是我们现在认为的著名绘画和雕塑大师。像所有其他艺术家一样，米开朗基罗一开始以学徒身份开始学习绘画的基本技能。作为一个小男孩，甚至在他成为正式学徒之前，米开朗基罗就花时间与一名石头切割师一起学习了从山边凿出大理石块的基本技能。当他与一位大师画家开始他的第一次学徒训练时，他不得不先花上好几个月时间学习混合油漆颜色和制作画笔，才被允许在他的导师的壁画上涂上一笔——更不用说自己上手绘画了。后来，米开朗基罗学会了完美地在蜡和黏土上雕塑之后，才动手在大理石上雕刻。专注于这些卑微的任务对年轻的天才来说是极度痛苦的，因为他迫不及待地想要将他最生动的艺术视野带入生活。

然而，当米开朗基罗有机会创造自己的艺术时，那些他心不甘情不愿花费如此多时间掌握的技能对他产生了帮助。《大卫》不是他雕刻的第一件作品，但如果他没有经历过学徒时期的练习，他就不能在这件雕塑中展现出他更高超、更先进的技艺。对于任何职业中最有天赋的人来说，某种形式的学徒阶段，即在经验丰富的大师的指导下花费一段时间来完善本行业的基本技能，将增加他们对工艺和工作质量的控制，并加快他们成为行业大师的速度。

本书的后续拓展阶段就是要帮助新教师们从学徒变成教育行业的大师。到目前为止，教师们已经学会了所有教学的基本技能，可以开始让学生的自发性讨论与讲课的内容一样成为学习的基础。为了将教学提升到新的水平，他们还要在更加细致入微的课堂讨论和内容掌握方面发挥作用。在课堂上有很多可能出错的地方，就像艺术家用凿子雕琢一块大理石板的过程也会出错那样。然而，就像一个掌握了正确的学徒技能的艺术家一样，一位熟练的教师可以使用正确的策略来使学习变得生动。接下来，我们将在下面的内容中揭晓能进一步提升教师能力的六个策略。

核心理念

就像一位完成了学徒训练的艺术家一样，
一位熟练的教师也拥有了绘制杰作所需的一切技能和训练。

保持并完善教学技能

后续拓展阶段最重要的两项辅导行动是帮助教师保持他们已经学到的技能，并让学生尽可能多地思考。

保持既有技能

如果你有健身的经历，你就会知道最难的部分不是达到目标的体重和身体状况，而是维持已经达到的目标。掌握教学的艺术也是同理：最困难的部分不是学习和掌握教师培训范围和顺序的内容，而是将所学的技能变成日常的习惯。因此，在后续拓展阶段，帮助教师们保持以前学过的技能，将是教学领导们应该做的重要工作之一。

核心理念

作为一个教师，职业发展的最困难部分不是掌握所有必需的技能，
而是确保能够长期使用这些技能。

有的时候，技能退化的速度太快，以至于教师们不得不回到前面的阶段并从头开始学习技能。如果是这样，请回到相应的阶段并重新构建自己的教学技能！

但是在大多数情况下，你可以立即使用实时反馈——快速、简单的提醒，让教师去做他已经知道如何做的事情。如果教师能够通过该反馈解决问题，那么你可以继续培养教师去掌握新技能。

保持对学生的关注

在第四阶段，我们描述了教学指导员的培训重点应转向教学监控，以掌

握精准教学和可以尽可能全面关注学生讨论标准的技巧。当你进入后续拓展阶段时，情况仍然如此。如果真要说有什么变化的话，那就是我们的关注点可能要前所未有地从教师身上转向学生工作。

当你在后续拓展阶段观摩教学时，你可以提高课程由教师驱动转向学生驱动的期望。如果你之前的重点主要放在教师的行动上，那么现阶段可以更加关注学生的回答；如果你在过去通常拍摄教室前面的教师的话，那么现在你可以将镜头转向桌子并记录学生的行动。确定班级教学精准性的最直接指标是：如果你消除了教师的声音，那么课堂的对话听起来依然符合精准教学目标的要求吗？

这个阶段的主要关注点是学生的行动，而解析这些学生的行为和确定他们的行为在多大程度上受到教师行动的影响将是第二重要的任务。当你在后续拓展阶段与教师一起练习时，你主要的工作形式将是战略性干预教师的行动，让他们给学生提供提示、分析和建立彼此的问答模式。

进行后续拓展阶段培训之前，教师和教学领导者们已经经历了一个可以改变游戏规则的漫长旅程，教学领导们已经让教师达到了可以更加独立的程度。现在，教师们应该在这个阶段学会为学生们做同样的事情。让我们深入探讨这一阶段每个行动步骤的具体内容，以及它如何能够进一步提升课堂的精准教学。

后续拓展阶段教学技能概述

回想一下我们在前面四个阶段的精准教学方面已经完成的所有内容：我们完善了课程规划、独立练习、响应学生的学习需求，并开始探讨课堂讨论的艺术。在后续拓展阶段，我们没有什么新的教学管理技能需要学习。但这不是说当教师们达成前面阶段的目标时，他们的教学管理就是完美无缺的。我们的意思是，在这个阶段，我们的关键任务是保持和完善教师在前面各个阶段中学习和掌握的技能。

而准备好大展身手意味着开始创造经典教学。教师们凭借自己在前面90天中掌握的教学技能，要解决的下一个难题是如何提高课堂教学的精准性，即培养学生形成对材料更深刻的概念性理解。在这里，我们为大家提供一些常规操作步骤。

在掌握了这些操作步骤之后，教师们就可以真正深入了解他的教学内容了：

● 英语老师广泛地学习莎士比亚十四行诗的各种注释，以便能够推动学生进行更深入的分析；

● 数学老师重新深入学习二次方程的概念，以确保学生不仅能够记住方程式，还能够理解和掌握其概念，让他们可以在微积分学习中取得更大成功；

● 历史老师深入研究工业革命的直接和间接记录和描述，以便能够让学生更深入地理解他们的论点和论文陈述。

这就是我所说的基于内容的行动步骤——在所教授学科的主题领域培养教师的内容知识专长。不过，想要为K–12年级的每个科目学习提供所有基于内容的行动步骤，我们可能需要上千本书的篇幅来论述！幸运的是，在我们达到特定的教学水平和阶段后，除了本书，我们还可以借鉴许多其他的资源。有一点请牢记，在教师掌握了教学技巧后，就应该聚焦于教学内容。因此，掌握教学内容是一项终身的事业。

以下是一些不限特定内容的通用策略，可以帮助教师进行教学内容的终身学习。

表7-1 后续拓展阶段培训范围和顺序

教学管理技能培训	精准教学技能培训
无！ 到了这个阶段，教师可以全身心专注于精准教学能力的培养和内容知识的深化。	**引导学生讨论进阶** **12. 战略型提示：**引导学生以解决错误为目标来提供问题答案 • 提示学生去回忆之前学到的知识： 　– 点明可援引的资源（笔记、发布的概念和内容、讲义等）； 　– "我们对_____了解多少（在之前课程上学到的内容）？" 　– 利用提示方法指南来设计问题（如参考书籍《良好的习惯，伟大的读者》）。 • 根据学生的学习需求（数据驱动）来进行学生提问。 　– 提问中低水平的学生； 　– 如果他们存在困难，则试试提问一个成绩更好的学生； 　– 如果他们很容易就完成解答，那么可以尝试点一个成绩更差的学生来回答； 　– 根据每个教学提示的难度来安排提问学生的顺序（例如，先询问中等水平学生，再是低水平学生，最后是高水平学生等）。 • 学生之间相互提示和督促——鼓励学生利用讨论的习惯来相互批评和相互完善： 　– 深入探讨："××，你有没有考虑过这一点……" **13. 概念化：**要求学生进行概念性理解 • 要求学生用语言表达对内容的概念性理解，而不只是回答特定问题： 　– "你描述了过程。现在，请告诉我为什么会有效。" 　– "你可否将自己的想法概括一下，使其可以适用于所有此类问题？" 　– "使用以下术语（以前的课程中学到的）来重述你的答案。" • 词汇升级——要求学生在回答问题时使用学术语言： 　– "大体来说你的答案是正确的，下面请使用正确的数学/历史/科学用语再表达一遍。" 　– "正确。请参考学术词汇库再表述一遍。" • 拓展已有知识——要求特定的学生来回答更有难度的给定题目的拓展问题： 　– "如果我将其改为_____（将问题变为更复杂的问题），答案是什么？" 　– "有没有其他方法可以解决这个问题/完成这个任务？" 　– "你认为对你最强有力的驳斥是什么？你如何反驳回去？"

引导学生讨论进阶

表7-2 后续拓展技能培训速查表

如果教师存在下列问题	请跳到
战略型提示	
尽管使用了引导学生讨论入门中的技巧，还是没能让学生掌握概念	回顾已经掌握的知识
不可避免地总是提问已经知道答案的高水平学生，或是连续提问明显存在困难的学生	基于学生的学习需求来进行提问
无法让学生相互提示和促进	学生相互促进
概念化	
无法让学生超越对内容的肤浅理解	用语言表达对内容的概念性理解
无法让学生使用学术语言	词汇升级
无法在学生迅速理解内容后进一步推进他们的深度理解	拓展已有知识

后续拓展阶段培训范围和顺序见表7-1。

后续拓展阶段精准教学技能培训

在课堂讨论过程中，学生犯下的一个错误，可能会让毫无心理准备的教师惊慌失措。我们已经通过第四阶段的通用型提示教学操作步骤解决了这个问题。

但是，当通用型提示或讨论习惯不能满足需求时，会发生什么？当学生整体无法理解任务需求，或所涉及内容导致他们无法理解教学内容含义时，会发生什么？除了为学生亲自示范和接管学习的任务之外，教师们还可以做什么？

这些问题可能也是引导高质量课堂讨论的最大挑战，即如何在不降低材料难度和水平的情况下，为深陷困境的学生们提供有用的教学提示。让我们来看看涉及两个不同学科内容的讨论示范——其中一个是读写课程，一个是数学课程，思考其中的教师们如何从"降低难度和水平"到实现更高水平的精准教学。

让我们首先来看看针对《时间的折皱》（*A Wrinkle in Time*）这一科幻小说的两组不同文学讨论。在这两个讨论中，教师都试图让学生们认识到这本书的头号反派IT用来对抗主角梅格的最强大武器是使其归降。

读写课程讨论案例研究

教学提示（版本1）: 降低难度和水平

学生们出现了理解方面的困难，所以老师介入。

老师：想想IT让卡马佐茨的人民做的事情。记住，所有的父母都去上班了，孩子都在街上玩耍，他们做着同样的事情。那么，IT让他们做了什么？

学生：他们都必须做同样的事情。

老师：对。因为如果人们都做同样的事情，谁就能呼风唤雨了？

学生：IT。

老师：没错。所以IT的主要目标是创造一致性。那么梅格背诵《独立宣言》的用处是什么？我们没有看到书中有其他人在这样做，对吗？是什么让梅格的举动与众不同？

学生：她没有和其他人做同样的事情。

老师：对！ 那你怎么打败IT呢？

学生：只要不跟其他人做一样的事情就可以了。

虽然老师的提示最终让学生用语言表达出了正确的答案，但是是老师自己完成了所有核心的思考过程，学生只不过是向老师反馈了他们听到的内容。当老师使用我们称之为战略型提示的内容时，看看师生的对话发生了什么变化。

读写课程讨论案例研究

教学提示（版本2）：战略型提示

学生们出现了理解方面的困难，所以老师介入。

老师：我们在阅读这篇文章时，在理解作者为了IT这个角色的发展而描述的重要信息上出现了困难。当我们无法理解一篇文章的深层含义时，我们可以采取哪些行动？请大家查看一下解读疑难文本指南，以寻找帮助。

学生：我们可以先回到文本中，找到关于IT的段落，并解释和理解关键的描述，再根据我们的释义来对描述进行总结和综合。之后我们可以尝试再次回答核心问题，确保我们的证据支持我们的结论。

老师：太好了。现在请大家回到文本，继续阅读……

（教师在监控阅读的过程中注意到一些学生现在能够理解文本的大主题了，但还是有学生没能做到这一点。）

老师：我要点两位同学来总结一下文章的两个不同段落。

（点到一个学生。）

老师：告诉我，一个好的总结的关键是什么？

学生：（陈述贴在墙上的高质量总结的定义。）

老师：转身跟你的搭档交谈，看看哪个同学的总结更有力，为什么？

（学生们转身进行对话，完成后，老师再要求全班同学将注意力收回来。）

老师：现在，让我们分享一下。请使用高质量的总结来捍卫你的答案。

在继续往下阅读之前，记录一下你的想法：你认为这两个版本的讨论之间有何差别？

你可能立即意识到在第二个版本的对话中，教师融入了一些前面阶段的教学操作步骤，如第二阶段（积极监控）、第三阶段（转身对话）和第四阶段（展示和询问）。所有这些教学技能的运用能够增加对话的教学精准性。然而，老师并没有就此止步。在这个对话中，教师引导学生通过查阅一份资料来回顾可以帮助他们理解困难段落的策略和技能，他发出的每一个指令都会引导学生回顾他们已经掌握的内容。很多时候，如果教师不提示，学生就想不到使用他以前学过的知识。教学提示是为了让学生回顾自己已经掌握的知识，而不是让老师告诉他们该做什么。对于所学知识难度和精准度的掌握，不同的教学做法将会造成学生掌握程度的巨大不同。

核心理念

解决学生困惑的关键是什么？确保学生已经掌握了完成任务所需的知识储备，并能够利用这些已经掌握的知识来帮助他们成功解决问题。

这些操作看似简单，但在针对实际的教学内容进行实时操作时，可能就会变得十分复杂。为了帮助我们更好地理解这些操作，我们来看看另外一个数学课程案例。我会假设学生犯下了较小的错误，但无论错误大小，最终的操作和结果都是一样的。

数学课案例研究

教学提示（版本1）：降低难度和水平

当标准形式为$ax^2 + bx + c = 0$时，代数课上的学生已经学会了如何求解基本二次方程。

现在他们遇到的一个数学问题产生了$x^2 + 2x = 15$这个初始等式。

学生们陷入了困境，没能意识到需要将等式设置为零才能解决问题。大多数学生最后交上来的作业中存在下面的问题：

$$(x)(x + 2) = 15$$

$$x = 15, \ x + 2 = 15$$

$$x = 15 \ 或 \ x = 13$$

老师将全班同学聚到一起来解决问题。

老师：我注意到大部分同学都没能正确地解开这个等式。这是我们在作业中犯下的典型错误。这里出了什么问题？

（鉴于所有学生都提供了错误的答案，且没有人能够正确识别错误，所以学生们没有给出正确答案。）

学生：他们并没有正确地展示他们的所有作业。如果我们逆推，他们的答案就是错的。

老师：这些答案确实是错的，但你没有告诉我原因。有哪位同学知道为什么出错了吗？（学生们摇头。）看，你们忘记了二次方程式的右侧值必须为零。

学生：把零放在等式的一边，然后……是啊……在解题时就可以使等式右侧等于零。

老师：没错。所以如果我来解决这个等式，我会先得到$x^2 + 2x - 15 = 0$。

一旦我这样做，我第一步要找到哪个因子？

学生：找出15这个因子。

老师：太好了。下一步是什么？

（然后他们一起解决剩下的问题。）

让我们看看这个版本与战略型提示版本的区别。请注意数学老师使用了与读写课程教师相同的方法，只是使用了不同的内容。

数学课案例研究

教学提示（版本2）：战略型提示

同样的背景：学生们现在遇到一个数学问题，产生了 $x^2 + 2x = 15$ 这个初始等式。

学生们在作业中犯下了同样的错误，老师将全班同学聚到一起来解决问题。

老师：我看到你们大多数人在这个问题上遇到了困难。我们一起来试试吧。让我们想想我们本周学到的东西。我们在这个问题中列出了什么类型的方程式？

（因为出现了x的平方，学生将其识别为二次方程问题。）

老师：我们对求解二次方程有什么了解？

（学生提到通过分解因子来解题的过程。当学生讲到将每个因子设定等于零的过程时，教师介入。）

老师：为什么我们能够将每个因子设定为零？

学生：你把零放在等式的一边，然后……对了……我们就可以在解题时使等式右边等于零。

老师：用数学语言向我解释。你使用了什么属性允许你将每个因子设置为零？

（学生停顿。）

老师：充分利用已经学过的知识。回想一下到目前为止我们已经学过的关于方程属性的内容。

学生：零的特定属性。（根据学生所说的内容，老师用非语言形式来拓展。）每当两个变量相乘等于零时，那么其中一个或两个变量……因为在这种情况下是因子……所以就必须等于零。因此，如果任一因子等于零，我们就找到了公式的解决方案。

老师：下面，请转身跟你的搭档交流，这个属性怎么可以帮我们解决这个问题？

（学生们转身交谈，完成后，教师再将全班同学聚到一起。学生找出问题中的错误，并回答如何将等式设置为等于零。）

老师：太棒了。那么谁能说出我们在解决能运用二次方程解决的数学问题时学到了什么重要思路？我们可以概括出什么规律来解决任何问题？

在这个案例中，教师自己没有做知识的揭露者，而是让学生回顾他们在以前的课程中学到的知识。像这样的对话，是我们第一阶段到第四阶段为推动精准教学而完成的所有工作的终极目标。最后，学生们不仅正确地回答了数学问题，还能够说明为什么这么回答，即他们理解了所提供答案背后的概念，这些理解将帮助他们长期记住相关的内容和技能。

后续拓展阶段为你提供了引导教师来实现此类高水平课堂讨论的工具。在本章中，我们将阐述能够帮助实现这一目标的战略型提示和概念化思维行动。

一线教学实践反馈：以通用型提示开场，再解决具体问题，最后回头查看学生的理解

当学生存在疑惑时，教师引导的课堂讨论可能就会出现问题。对我来说，最有效的解决办法就是直接介入，并亲自为教师示范如何从一个简单的教学提示到提供更复杂的提示。所以我们从通用型提示开始，随后给出的第二个提示通常与特定内容有关，第三个提示一般是重复学生的错误——目的是让学生自己找出错误。你可能会说："你说分母是三组，但在你的方程式中只有两组。你会有什么不同的做法？"

亚当·费勒（Adam Feiler），教学领导，新泽西州纽瓦克市

战略型提示

教师职业化发展目标

战略型提示： 为了解决一个艰难的任务，可以点目标学生来回答问题，并提供教学提示，以此让学生们充分利用他们所学的知识。

我们在前两个案例研究中看到了战略型提示的示范教学。以下是教师想要在学生提供错误答案后做出适当回应时最有可能面临的挑战：

- 尽管使用了展示和询问、通用型提示和讨论习惯等技能，学生还是不能掌握概念或解决任务；

- 教师总是提问已经知道答案的成绩优异的学生，因此不能保证全班所有的学生都在真正地学习；

- 教师总是提问那些存在困难的学生，导致讨论进度停滞不前；

- 教师不断提示学生要使用讨论的习惯，但学生并没有养成相互促进的习惯。

战略型提示：回顾已经掌握的知识

 培训要点

当前困境

尽管使用了展示和询问、通用型提示和讨论习惯等技能，学生还是不能掌握概念或解决任务。

行动步骤

提示学生去回忆之前学到的知识：

- 点明可援引的资源（笔记、发布的概念和内容、讲义等）；
- "我们对_____了解多少（在之前课程上学到的内容）？"
- 利用提示方法指南来设计问题（如《良好的习惯，伟大的读者》）。

行动步骤概述

从本质上讲，战略型提示就是让学生利用他们已经掌握的知识来处理全新的内容。当没有教师提示时，学生往往不会将之前掌握的知识与现在面临的问题联系起来。我们很难脱离实际环境来培养战略型提示技能，因为它们涉及对内容的深入了解。但是，某些提示可以让老师和学生达到这样的深度：

- "我们对_____（学生在以前的课程中学到的内容）有什么了解？"
- "关于_____，我们学到的关键概念/技能/策略是什么？"
- "在解决这些问题时我们需要记住什么？"
- "查看你们的资源（贴在墙上的注释、概念和内容、讲义）。什么是_____（学生们应该知道的任何核心内容）？"

我们在前面阶段已经为教学领导和教师们提供了随时可以查阅的教学提示入门。接下来最重要的行动步骤是，确保老师知道提示的标准答案。关于这个技能，我们可以回顾第二阶段的编写标准答案的行动步骤，但在这里，重点并不是对学生作业的示范性回应，而是如何正确地引导学生，让他们讲出在前面课程中掌握的关键理解或技能。如果教师们能够将这个意识当成工作的重点，那么他们就知道在听学生的答案时应该听什么内容，并且在学生给出正确的答案之前不会放松。

关键领导力行动	
探索性提问	• "让我们来看看昨天的课程。你希望学生在课程结束时掌握哪些关键理解？" • "他们要实现这些关键理解还需要做什么？" • "回顾一下之前的教学。有哪些关键理解可以帮助学生们解决这个任务或问题？" • "有哪些可以利用的资源能够提供一系列可以跟孩子们一起使用的教学提示？"
计划和练习	• 选择即将上的一节课作为范例。在为核心任务提供标准答案之后，指出学生们可能需要回顾哪些之前学过的关键理解来帮助解决问题。 • 为学生准备获取相关知识或信息的材料，包括： 　– 贴在教室墙上的关键术语列表（包括关键理解本身，或突出某个技能使用的已经被解决的问题）； 　– 放在学生的文件夹/活页夹中的讲义； 　– 学生在活页夹中做过的关于类似主题的笔记。 • 编制要求学生回顾这些知识的表述，确定在课程中的哪些关键时刻需要使用这些表述来提示学生。
实时反馈	• 非语言提示：指向教室里的参考资源。 • 耳语提示："我认为学生正在犯_____错误。要求他们回顾_____（以前学过的知识或技能），提示他们可以帮助他们解决问题的策略。"

战略型提示：基于学生的学习需求来进行提问

培训要点

当前困境

　　• 教师总是提问已经知道答案的成绩优异的学生，因此不能保证全班所有的学生都在真正地学习；

- 教师总是提问那些存在困难的学生，导致讨论进度停滞不前。

行动步骤

根据学生的学习需求（数据驱动）来进行学生提问：

- 提问中低水平的学生；

- 如果他们存在困难，则试试提问一个成绩更好的学生；

- 如果他们很容易就完成解答，那么可以尝试点一个成绩更差的学生来回答；

- 整合前述方法实施，根据每个教学提示的难度来安排提问学生的顺序（例如，先询问中等水平学生，再是低水平学生，最后是高水平学生等）。

行动步骤概述

让学生回顾以前学过的知识的完美辅助策略，就是提问班上不同水平和层次的学生。这个行动的出发点是教师们常常会犯错的地方，即教师总是提问班上最优秀的学生，导致其他学生充满困惑或不需要思考（这通常是新教师常犯的错误）；或教师总是坚持提问存在困难的学生，导致无法确保班上其他学生的学习效率最大化。在确定了教师的错误之后，我们就可以规划正确的教学行动以缩小教学差距。

关键领导力行动	
探索性提问	• "回想一下在课堂上，当哈维尔、克莱尔和玛塔都努力回答这个问题的时候，根据你在讨论之前对他们独立练习的监控，班上是否有其他学生可以提供更多的帮助？当其他学生存在困难时，提问他们三个中的任何一个人有何好处？" • "让我们看看你班上最近的测试成绩，按照从最低到最高排序。回想一下你今天在课堂上提问了哪些学生，他们的成绩属于哪个数据段？只提问那个水平区间的学生有何弊端？"

（续表）

关键领导力行动	

计划和练习	• 确保实践有效的关键在于能够提前预测不同水平的学生在课堂上会给出的答案。在确定可能的回答之后，可以要求教师写出提问学生的顺序：
	   – 从中低水平的学生开始，看看他们自己可以回答到什么程度；
	   – 如果该学生存在困难，则提问一个高水平的学生；
	   – 当前面的学生回答了部分学习的内容后，可以提问成绩较差的学生，让他来解决剩余部分的问题或强化理解。
	 • 准备一份将学生按照高中低水平进行排序的名单，用于提问模拟训练，同时可以监控教师在不同水平区间中的提问频次。
	 • 进行多次角色扮演练习，按照下列提问顺序进行：
	   – 第一轮：第一个被提问的学生能够回答正确（迫使教师继续提问中低水平的学生来巩固理解）；
	   – 第二轮：第一个学生回答错误，在提问更高水平的学生之后，水平较低的学生回答正确；
	   – 第三轮：第一个学生回答错误，在提问更高水平的学生之后，水平较低的学生还是回答错误。

实时反馈	• 在独立练习中监控学生的学习。没有这个监控过程，教师就很难对学生进行干预。

战略型提示：学生相互促进

 培训要点

当前困境

教师不断提示学生要使用讨论的习惯，但学生并没有养成相互促进的习惯。

行动步骤

学生相互促进：鼓励学生利用讨论的习惯来相互批评和完善彼此的答案。

• 深入探讨："××，你有没有考虑过这一点……"

行动步骤概述

我们在前面阶段中培养的学生的讨论习惯，能够确保他们的答案是基于同班同学的评论和回答的。在这里，我们鼓励学生主动引导讨论。学生们不再需要等待老师来提示他们进一步详细说明，就可以主动使用这些技能。以下是一些学生需要养成的重要习惯。

● 同班学生通过通用型提示来相互促进。（例如："可否告知更多？""你为什么会这么想？""你怎么知道的？""为什么这个很重要？"）

● 学生来负责总结。（"好的。到目前为止，我们已经得到的是……"）

● 学生激励对方来进一步阐述。（"你可以为我解释一下你的观点吗？你建议的是……"）

● 同伴给一个学生提供了找到答案的线索，而不是直接告知答案。（"还记得你之前提到过的从第_____页开始的内容吗？在这里将那些内容与你的答案联系起来。"）

让学生养成这些习惯有两个步骤：老师先实施（就像任何例行程序一样，先介绍再练习），再给学生提供实时提示。在大多数情况下，这些习惯将是非常新的，所以成功的关键在于教师在刚开始时如何施行。

关键领导力行动	
探索性提问	● 观看课堂录像或一起回忆，提问："让我们评估一下上次课的课堂讨论。在什么时候讨论的活力、精准性或方向开始出现错误？有哪些理想的学生干预本可以用来保持讨论的重点？" ●"让我们来看看教学提示指南（如《良好的习惯，伟大的读者》）关于引导学生讨论的描述，找一下我们需要培养的下一个适当的习惯是哪个？" ●"回想一下你今年年初是如何制定教学常规和流程的。在制订养成讨论习惯的计划时，我们可以复制哪些关键行动？"（参考第一阶段的行动步骤）
计划和练习	● 研究上节课的课堂录像或文字实录。判断学生没有使用哪些讨论习惯，并确定教师可以干预的地方。确定一个或两个常见错误，以及你希望学生用于解决错误的通用型提示。练习如何提示学生使用该通用型提示。 ● 练习养成这个习惯（参见第一阶段的关键行动）。
实时反馈	● 非语言提示：指向教室墙上的通用提示图表。 ● 亲自示范："丹妮拉（学生），看看贴在墙上的讨论习惯。你能对同学们说些什么来促使他们做出更深层次的回应？"

表7-3 战略型提示的培训策略

行动步骤	何时使用	探索性提问	练习的场景	提供实时反馈的信号
回顾已经掌握的知识	尽管使用了展示和询问、通用型提示和讨论习惯等技能，学生还是不能掌握概念或解决任务。	• "让我们来看看昨天的课程。你希望学生在课程结束时掌握哪些关键理解？" • "他们要实现这些关键理解还需要做什么？" • "回顾一下之前的教学。有哪些关键理解可以帮助学生们解决这个任务或问题？" • "有哪些可以利用的资源能够提供一系列可以跟孩子们一起使用的教学提示？"	• 在为下一次课的核心任务提供标准答案之后，指出学生们可能需要回顾哪些之前学过的关键理解来帮助解决问题。 • 为学生准备获取相关知识或信息的材料（贴在教室里的关键术语表、学生讲义、以前的笔记等）。 • 编制要求学生回顾这些知识的表述。	• 非语言提示：指向教室里的参考资源。 • 耳语提示："我认为学生正在犯____错误。要求他们回顾____（以前学过的知识或技能），提示他们可以帮助他们解决问题的策略。"
基于学生的学习需求来进行提问	教师总是提问已经知道答案的成绩优异的学生，因此不能保证全班所有的学生都在真正地学习；教师总是提问那些存在困难的学生，导致讨论进度停滞不前。	• "回想一下在课堂上，当哈维尔、克莱尔和玛塔都努力回答这个问题的时候，根据你在讨论之前对他们独立练习的监控，班上是否有其他学生可以提供更多的帮助？当其他学生存在困难时，提问他们三个中任何一个人有何好处？" • "让我们看看你班上最近的测试成绩，按照从最低到最高排序。回想一下你今天在课堂上提问了哪些学生，他们的成绩属于哪个数据段？只提问那个水平区间的学生有何弊端？"	• 计划：提前预测不同水平的学生在课堂上会给出的答案。 • 写出讨论过程中提问学生的顺序：（1）从中低水平的学生开始；（2）如果该学生存在困难，则提问一个高水平的学生；（3）提问成绩较差的学生来强化理解。 • 准备一份将学生按照高中低水平进行排序的名单，用于提问模拟训练，同时可以监控教师在不同水平区间中的提问频次。 • 第一轮：第一个被提问的学生能够回答正确（提问中低水平的学生来巩固理解）； • 第二轮：第一个学生回答错误，在提问更高水平的学生之后，水平较低的学生回答正确； • 第三轮：第一个学生回答错误，在提问更高水平的学生之后，水平较低的学生还是回答错误。	• 在独立练习中监控学生的学习。没有这个监控过程，教师就很难对学生进行干预。

（续表）

行动 步骤	何时 使用	探索性提问	练习的场景	提供实时 反馈的信号
学生相 互促进	教师不断提示学生要使用讨论的习惯，但学生并没有养成相互促进的习惯。	• 观看课堂录像或一起回忆，提问："让我们评估一下上次课的课堂讨论。在什么时候讨论的活力、精准性或方向开始出现错误？有哪些理想的学生干预本可以用来保持讨论的重点？" • "让我们来看看教学提示指南（如《良好的习惯，伟大的读者》）关于引导学生讨论的描述，找一下我们需要培养的下一个适当的习惯是哪个？" • "回想一下你今年年初是如何制定教学常规和流程的。在制订养成讨论习惯的计划时，我们可以复制哪些关键行动？"（参考第一阶段的行动步骤）	• 确定一个或两个常见错误，以及你希望学生用于解决错误的通用型提示。练习如何提示学生使用该通用型提示。 • 练习养成这个习惯（参见第一阶段的关键行动）。	• 非语言提示：指向教室墙上的通用提示图表。 • 亲自示范："丹妮拉（学生），看看贴在墙上的讨论习惯。你能对同学们说些什么来促使他们做出更深层次的回应？"

概念化

教师职业化发展目标

概念化： 在每节课上要求学生进行概念层面的思考和理解。

本书最后的行动步骤是所有之前精准教学行动步骤的升华，它们将更进一步地深化前面的操作。下面是这一行动的核心。

核心理念

如果你知道要如何操作，你就掌握了基础的知识。

如果你能够解释如何做以及为什么这么做，你就完全掌握了这门艺术。

　　为了帮助解释这个行动步骤，让我分享一下从我的女儿身上观察到的经验。

　　说到成绩，我的两个女儿几乎是两个极端。大女儿热爱文学，十分擅长人文学科，可以轻松地读懂复杂的文本，但数学很差。另外一个女儿则觉得数学非常简单，她似乎天生就能够理解数学的概念，也很喜欢解决复杂的数学题。但她的历史很差，英语写作能力也不太好。

　　我没办法解释为什么有着相同基因的两个孩子会产生如此大的差异。但这也为我提供了一个非常有趣的机会，让我能够近距离地观察她们两人的大脑是如何运作的。

　　在她们各自擅长的领域，她们对于知识的理解已经形成了一个整体的有机框架：她们将所有的知识"挂在"这个框架上，让她们能够轻松地添加全新的知识，并实现更深入的理解。因为整个过程是如此自然，所以她们根本没有意识到自己这样做了。但是在她们比较欠缺的领域，她们的大脑就没有按照这种模式运作。每一点知识都是一个独立的存在，它们分布在大脑的不同区域，相互之间也没有关联。因此，要记住并持续运用这些零碎的知识是很困难的。

　　而形成概念性理解，就是要在学生的大脑中创建一个可以很轻松"悬挂"知识的框架。这个框架让学生们可以理解他们正在做的事情的背后原因，并且使得知识的内化和保留变得更加容易。来自人文学科和STEM学科的案例可能有助于我们理解这个观点。

　　对于我那个更擅长人文学科的女儿来说，学习二次方程式就是学习一个流程，她只需要按照步骤完成即可。当然，这个方法的弊端就是，如果你给她一道稍微复杂一点的数学题，她就会被难倒。因为她之前学习的流程不能帮助她培养解决问题的能力。在她被迫掌握这些算法背后的概念性理解后，她才真正地实现了成功的学习。例如，她需要能够清楚地表述零的属性（我们在战略型提示的介绍中已经对此进行了阐述），才能够明白为什么需要将因子设置为零。这也帮助她找出了自己正在犯的计算错误。

对于我那个更擅长数学的女儿来说，分析弗兰肯斯坦的野蛮与文明的主题是一项艰巨的任务。为了学会分析文本和写出高质量的作文，她需要掌握在进行文本解读和主题理解时必需的技能，比如，指出文本注释的步骤，掌握一篇好的文章需要具备的特征。

在这两种情况下，我的女儿们都需要了解她们学习内容的"如何"和"为什么"，才能给出高质量的答案。这是概念性理解的核心，即概念性理解能够巩固学习，使学习更深入，使学生具备在各种情况下掌握技能或内容的能力。

一线教学实践反馈：师生一起学习教学内容

有一次，我正在和一位小学老师谈论她的科学课程计划，我意识到她自己并不了解密度的概念。于是我们开始用计算机进行模拟，并一起观看了这个过程。在模拟中，我们操纵浮在水中的不同物体的质量和体积。例如，我们发现，如果我们增加其中一个物体的质量而不增加体积，该物体的密度就会增加，并且下沉。这时候，这个老师终于说："哦，现在我明白了！"只有在这种情况下，教师才能够引导他们的学生达到同样的目的。要真正推动内容的教学，无论是科学还是其他学科，教师自己必须先深入研究。有时，这意味着在你可以教授内容之前，把自己当成是学生来进行学习。

克里斯蒂娜·丹尼森-利普席茨，校长，得克萨斯州达拉斯市

以下是教师们尝试构建概念性理解时发生的典型错误：

● 在提出具有挑战性的问题之后，教师太快进入下一环节的教学——教师很可能自己回答了问题，而没有给学生提供尝试回答的机会；

● 老师能意识到学生何时犯了错误，但很难找出导致他们回答不正确的更深层错误；

● 在给出答案时，教师不要求学生使用术语；

● 学生很容易地答出了问题后，老师继续下一环节教学，而不是推动他们更深入地思考。

概念化：用语言表达对内容的概念性理解

 培训要点

当前困境

- 在提出具有挑战性的问题之后，教师太快进入下一环节的教学——教师很可能自己回答了问题，而没有给学生提供尝试回答的机会；
- 老师能意识到学生何时犯了错误，但很难找出导致他们回答不正确的更深层错误。

行动步骤

要求学生用语言表达对内容的概念性理解，而不只是回答特定问题：

- "你描述了过程。现在，请告诉我为什么会有效。"
- "你可否将自己的想法概括一下，使其可以适用于所有此类问题？"
- "使用以下术语（以前的课程中学到的术语）来重述你的答案。"

行动步骤概述

解决问题或完成任务能够在某种程度上体现学生的熟练程度。但能够阐明这项任务背后的概念性理解体现的是另一个层次的熟练程度，它意味着彻底掌握。不断推动学生解释答案背后的原因的教师，将能够促使学生保持和加深他们的理解能力。

关键领导力行动	
探索性提问	•"让我们回顾一下与此任务相符的标准。掌握这一目标需要达到的关键理解是什么？" •"当你要求学生解释为什么时（学生给的答案是正确的），你希望看到的理想反应是什么？" •"学生给你的回应是什么，你是如何回应的？" •"看看可以引导概念性理解的适用提示，在这种背景下使用哪个提示效果最佳？"

（续表）

关键领导力行动	
计划和练习	编写理想的答案和能够促使学生给出理想答案的提问序列，并练习"强化理解"：让学生在正确解决问题后明确表达关键理解。
实时反馈	• 亲自示范："史密斯先生，我对乔丹的回答印象深刻。乔丹，你能概括一下我们在任何问题上可以使用的＿＿＿＿＿（规则/战略/技能）吗？"

概念化：词汇升级

 培训要点

当前困境

在给出答案时，教师不要求学生使用术语。

行动步骤

词汇升级——要求学生在回答问题时使用术语：

• "大体来说你的答案是正确的，下面请使用正确的数学/历史/科学用语再表述一遍。"

• "请参考学术词汇库再表述一遍。"

行动步骤概述

如果你既可以写又可以表达，那么你就完全掌握了一个概念。然而，在讨论时，教师经常会主动帮助学生进行表述。如果学生对概念有一般性的理解，他们就会止步于此。因此，要求学生使用适当的术语不仅提高了答案的质量，还有助于学生变得更聪明。

关键领导力行动	
探索性提问	• "你希望学生在他们的回答中使用什么理想的术语？" • "这种理想的答案和学生说的答案之间有何差距？" • "我们怎样才能创造或利用能够促使学生在答案中提升词汇量的资源？"

（续表）

关键领导力行动	
计划和练习	• 这一行动步骤中最重要的部分是确保学生能够获得正确的词汇。重点关注如何用关键术语创建一个词汇墙或术语备忘单。这样就可以在学生回答问题时指向这些参考资源。 • 编写教师们在亲自示范时何时使用关键术语的计划方案。编写的方案应该包含能够运用关键词汇的学生的理想答案。 • 编写在学生不使用术语回答时可以使用的提示，例如："这是正确的想法。现在再次使用你的术语备忘单作为资源。"
实时反馈	• 非语言提示：指向术语资源（词汇墙、备忘单等）。

概念化：拓展已有知识

 培训要点

当前困境

学生很容易地答出了问题后，老师继续下一环节教学，而不是推动他们更深入地思考。

行动步骤

拓展已有知识——要求特定的学生来回答更有难度的给定题目的拓展问题：

• "如果我将其改为_____（将问题变为更复杂的问题），答案是什么？"

• "有没有其他方法可以解决这个问题或完成这个任务？"

• "你认为对你最强有力的驳斥是什么？你如何反驳回去？"

行动步骤概述

这个行动步骤放在后续拓展阶段的理由十分充足——现阶段的学生已经学习了他们最迫切需要的内容，让每个学生都达到初始的掌握水平是下一个重要任务。它是一个不容小觑的步骤，能使教师为那些最快速掌握特定技能的学生提高学习的精准性。即使对于那些可能仍在试图将前阶段技能拼凑在一起的学生来说，他们也可以利用这个操作步骤来保持尚可接受的掌握水平。

关键领导力行动	
探索性提问	• "在你点杰梅起来回答问题，并且他给出了正确答案之后，发生了什么？这对他的学习有何影响？在确保其他学生的学习不会失控的同时，你能够做些什么来提高他学习的精准性？" • 亲自示范在学生提供正确答案后运用后续拓展技能，提问："我做了什么来拓展和延伸学生的学习？"
计划和练习	• 找出课程计划中学生可以轻松地提供正确答案的时刻，编写后续拓展执行方案，以提升这些时刻的教学精准性。例如，提出如何或为何等问题、引用论据、评价答案等。
实时反馈	• 非语言提示：将手指分开——就像拉伸一块口香糖那样，用此信号表明这是一个提升教学精准性的好时机。

表7-4　概念化的培训策略

行动步骤	何时使用	探索性提问	练习的场景	提供实时反馈的信号
用语言表达对内容的概念性理解	在提出具有挑战性的问题之后，教师太快进入下一环节的教学——教师很可能自己回答了问题，而没有给学生提供尝试回答的机会；老师能意识到学生何时犯了错误，但很难找出导致他们回答不正确的更深层错误。	• "让我们回顾一下与此任务相符的标准。掌握这一目标需要达到的关键理解是什么？" • "当你要求学生解释为什么时（学生给的答案是正确的），你希望看到的理想反应是什么？" • "学生给你的回应是什么，你是如何回应的？" • "看看可以引导概念性理解的适用提示，在这种背景下使用哪个提示效果最佳？"	编写理想的答案和能够促使学生给出理想答案的提问序列。	• 亲自示范："史密斯先生，我对乔丹的回答印象深刻。乔丹，你能概括一下我们在任何问题上可以使用的_____（规则/战略/技能）吗？"

（续表）

行动步骤	何时使用	探索性提问	练习的场景	提供实时反馈的信号
词汇升级	在给出答案时，教师不要求学生使用术语。	• "你希望学生在他们的回答中使用什么理想的术语？" • "这种理想的答案和学生说的答案之间有何差距？" • "我们怎样才能创造或利用能够促使学生在答案中提升词汇量的资源？"	• 用你希望学生在回答问题时使用的关键术语创建一个词汇墙或术语备忘单。 • 编写教师们在亲自示范时何时使用关键术语的计划方案。编写的方案应该包含能够运用关键词汇的学生的理想答案。 • 编写在学生不使用术语回答时可以使用的提示，例如："这是正确的想法。现在再次使用你的术语备忘单作为资源。"	• 非语言提示：指向术语资源（词汇墙、备忘单等）。
拓展已有知识	学生很容易地答出了问题后，老师继续下一环节教学，而不是推动他们更深入地思考。	• "在你点杰梅起来回答问题，并且他给出了正确答案之后，发生了什么？这对他的学习有何影响？在确保其他学生的学习不会失控的同时，你能够做些什么来提高他学习的精准性？" • 亲自示范在学生提供正确答案后运用后续拓展技能，提问："我做了什么来拓展和延伸学生的学习？"	• 找出课程计划中学生可以轻松地提供正确答案的时刻，编写后续拓展行动方案，以提升这些时刻的教学精准性。例如，提出如何或为何等问题、引用论据、评价答案等。	非语言提示：将手指分开——就像拉伸一块口香糖那样，用此信号表明这是一个提升教学精准性的好时机。

暂停并思考

在给新教师进行后续拓展阶段的精准教学技能培训时，你会优先选择哪三项技能进行培训？

_____

_____

_____

◎ 本章小结

1959年，在传奇足球教练文斯·隆巴迪（Vince Lombardi）开始负责训练绿湾包装工队（Green Bay Packers）时，他发表了一场演讲，为他赢得了励志演说家的称号。他的言论不仅激励了他的球员，还揭示了他将成为什么样的领导。这个演讲设定了前所未有的高标准，也规定了教练和球员都将为之持续奋斗的期望，因为即使他们表现最好，也不可能完美无瑕。

以下是隆巴迪如何向他的球员描述他的愿景：

先生们，我们将不遗余力地追求完美，哪怕我们已经知道完美是不可实现的，因为没有什么是完美的。但我们依然会不遗余力地追求它，因为在这个过程中，我们将实现卓越；因为我远远不满足于还不错这个评价。

核心理念

用文斯·隆巴迪的话说就是："完美是不可能实现的。但如果我们追求完美，我们就能实现卓越。"

追求完美，追求卓越——在描述学校领导和他们的老师在接受明确的提升方法后实现的成功时，我认为没有比这更好的表述。我们无法打造完美的教师——在教学的前90天、在教学的第一年、在十年的教学中，都不可能。但追求完美，正是我们在确定课堂里可以改进的哪怕最细微的地方时所做的事情，当我们一次一个地解决这些细微的问题，并保持稳定和可持续的发展时，当我们反复演练，直到上课铃声响起之前才尽可能接近完美无瑕时，我们就能实现卓越。

我们在本书中了解到的新老师之一——杰克逊·托宾的经历就充分论证了这一点。杰克逊一直喜欢写作，在我撰写本书时，他将这种能量以及对教学的热爱投入了威斯康星大学麦迪逊分校创意写作系的研究生教学中。正如他在给尼基·布里奇斯的电子邮件中所解释的那样，本科生的教学与小学生的教学有很多的共同之处：

我还想写信告诉你，我上周获得了本科目的理查德·诺尔斯教学奖（Richard Knowles Teaching Award）。每年创意写作部门只有一名教师可以获得这个奖项。

今年早些时候我与我的主管会面，让我对自己获奖充满了信心。在那次会议前一周，他来到我的班级，观摩了我的课堂教学，记录了大量的笔记。当我们见面时，他逐一翻阅了这些笔记。他给了我诸多赞美，让我受宠若惊，但最让我印象深刻的是，他所强调的许多事情都是我没有计划过的事情。虽然我关于《在地铁站内》（In a Station of the Metro）的讲解整体都很棒，但真正让他感到震惊的是，我对一名学生明显不正确的分析做出了回应——我既没有表示赞同也没有表示否定，而是又点了一个学生来帮助我完成答案评估的工作。没错，他喜欢我用学生自己的作文作为展示诗意意象的强有力示例，但真正伟大的是我让其他学生对这些诗意意象的描述进行排名，并让排名第三的小组来捍卫或反对自己的排名。这样确保在练习结束时，班上的每个学生都有发言。

换句话说，那些杰出的教学操作恰恰是我在您对我的教学培训中学到的东西——我在结束培训时牢牢地掌握了这些技能，并可以在课堂上自然而然地使用。我甚至没有意识到我在大学课堂上使用了这些技能。当然，我的确还需要训练自己不要自己破坏这些技能的效果。我曾两次对着一个满是本科生的课堂下达"听我说"这样的适合小学生的指令。我真正想表达的是，我仍在使用你教给我的东西。我每天都在使用它，甚至没有刻意计划或安排。如果没有你的培训，我永远也不可能赢得这个奖项。

杰克逊的故事展示了本书中的策略能够有力地影响一位教师，以及教师在其未来的职业生涯中将要教授的每位学生。尼基为杰克逊提供的教学培训在杰克逊的教学生涯中产生了举足轻重的作用，杰克逊又用他在那段时期学到的技能，影响着他的学生的成长。授人以鱼不如授人以渔，教会老师如何教学，将产生永无止境的多米诺效应。

更重要的是，这一场追逐完美的竞赛能够在极大程度上提升整个教师群体的凝聚力和发展速度。像这样的有效辅导策略正在被更多有才能的教学领导者采用。得到类似技术支持的教师们发展的速度更快。许多教师成长后又担任了教学领导角色，并能够将他们新发现的技能再传递给他人。他们已经在使用本书中的教学原则以及教学技巧。他们使多米诺骨牌接连产生反应。

不可否认，追求完美是一项艰苦的工作，也是一个永无止境的循环。但是，追求完美不仅使教师在工作中表现得更加专业，也使他们更愿意成为教育工作者。如果我们相信人类学习和成长的能力，那么从新教师到教学大师的这种成长循环，是我们能够为学校领导提供的培训新教师的唯一礼物。它具有诗意和实用的美感——让学生获得光明未来的关键是现在为他们的老师提供光明的未来。只要为每个孩子提供这份礼物的目标仍未实现，我们就不必，也不能放松对完美的追求。"路漫漫其修远兮"，但我们在这条道路上收获的卓越表现将是对我们最大的奖励。